HISTOIRE

DES

BOURSES DU TRAVAIL

HISTOIRE

DES

BOURSES DU TRAVAIL

ORIGINE - INSTITUTIONS - AVENIR

Ouvrage posthume

DE

FERNAND PELLOUTIER

SECRÉTAIRE GÉNÉRAL DE LA FÉDÉRATION DES BOURSES DU TRAVAIL
DE FRANCE ET DES COLONIES

PRÉFACE PAR GEORGES SOREL

NOTICE BIOGRAPHIQUE PAR VICTOR DAVE

PARIS

ANCIENNE LIBRAIRIE SCHLEICHER

ALFRED COSTES, ÉDITEUR

8, RUE MONSIEUR-LE-PRINCE, 8

1921

Tous droits réservés.

HISTOIRE

DES

BOURSES DU TRAVAIL

ORIGINE - INSTITUTIONS - AVENIR

Ouvrage posthume

DE

FERNAND PELLOUTIER

SECRÉTAIRE GÉNÉRAL DE LA FÉDÉRATION DES BOURSES DU TRAVAIL
DE FRANCE ET DES COLONIES

PRÉFACE PAR GEORGES SOREL

NOTICE BIOGRAPHIQUE PAR VICTOR DAVE

PARIS

ANCIENNE LIBRAIRIE SCHLEICHER

ALFRED COSTES, ÉDITEUR

8, RUE MONSIEUR-LE-PRINCE, 8

1921

FERNAND PELLOUTIER

Fernand-Léonce-Emile Pelloutier est né à Paris le 1ᵉʳ octobre 1867 et il est mort dans la même ville le 13 mars 1901.

Il avait donc à peine trente-trois ans lorsqu'il mourut.

A l'encontre de beaucoup qui se séparent du peuple pour aller à la bourgeoisie, Pelloutier abandonna la bourgeoisie pour vivre de la vie populaire. Il descendait de Simon Pelloutier, dont le grand'père avait été forcé de quitter la France, lors de la Révocation de l'Edit de Nantes, et qui, né à Leipzig le 29 octobre 1694, fut successivement gouverneur des fils du duc de Würtemberg, prince de Montbéliard, pasteur de l'Eglise française de Berlin, conseiller ecclésiastique et assesseur du consistoire supérieur, éphore du Collège français, membre et bibliothécaire de l'Académie des Sciences et des Belles-Lettres de Prusse. Il laissa de nombreux écrits, au nombre desquels on cite surtout une remarquable *Histoire des Celtes,* en huit volumes, qu'il publia en 1733.

Léonce Pelloutier, son grand.père paternel, exerça, par ses ouvrages, une influence considérable, peut-être décisive, sur les idées de son petit-fils. Il était avocat à Nantes et s'occupait très activement de politique et de journalisme. Quoique issu d'une famille légitimiste et ultra-cléricale, il embrassa de bonne heure les idées libérales, collabora pendant de longues années au *Phare de la Loire,* s'affilia aux ventes des carbonari, à d'autres organisations secrètes, fit partie de la Société des Droits de l'homme avec Godefroy Cavaignac, Félix Avril, Astruc, et offrit, en 1835, la rédaction en chef de *l'Alliance libérale,* journal qui du reste ne devait jamais paraître, à Auguste Blanqui. L'offre lui en fut faite par l'intermédiaire de Philippon, qui dirigeait *le Réformateur,* et de François-Vincent Raspail, amis tous les deux de Léonce Pelloutier. En 1870, toujours sur la brèche, il fonda à Niort le *Progrès des Deux-Sèvres et de la Vendée,* où, chose curieuse, on put lire des articles signés Jules Guesde. Le vieux démocrate libéral mourut en 1879 et fut enterré civilement, au grand scandale de la très cléricale population nantaise.

Un des frères de Léonce, Ulrich Pelloutier, fut par contre royaliste ardent et militant. Entièrement dévoué à Charles X, il fut créé par lui baron de Boisrichard. Il prit une part active à l'insurrection de 1832, fut arrêté comme agent de la duchesse de Berry, au château de Launay,

près Châteaubriand, en compagnie d'un core-
ligionnaire du nom de Clemenceau, parent, si je
ne me trompe, du célèbre homme politique actuel. Au sujet de cette arrestation, il existe des
lettres curieuses du préfet de la Loire-Inférieure
et du commissaire central de Nantes de cette
époque, ainsi que de Montalivet, pair de France
et ministre de l'Intérieur.

Fernand Pelloutier rompit, à l'exemple de
son grand'père, avec les traditions familiales et
marcha dans la voie que lui avait tracée celui-
ci, malgré l'éducation cléricale que ses parents
lui firent donner. Il fit en effet ses études pri-
maires à Paris, chez les Frères de la doctrine
chrétienne. Puis, ses parents ayant quitté Paris
en 1879, à la mort du grand'père, pour aller
s'installer à Nantes d'abord et ensuite à Saint-
Nazaire, Fernand fut envoyé, en 1880, ainsi que
son frère Maurice au petit séminaire de Guéran-
de. Ils y restèrent trois ans. Fernand dont la com-
plexion fut de tout temps faible, délicate, y con-
tracta les germes de la maladie qui devait l'em-
porter plus tard. La nourriture y était médiocre
et insuffisante, les soins nuls, l'hygiène déplo-
rable; les maîtres infligeaient, pour les moindres
peccadilles, des corrections sévères qui dégéné-
raient en véritables mauvais traitements. Le
jeune Pelloutier tenta par deux fois, mais sans
succès, de s'évader de ce mauvais lieu. Un jour,

on trouva dans le pupitre de son voisin d'étude une diatribe violente contre les hommes d'Eglise, à laquelle il avait largement collaboré. Ce méfait le sauva de la griffe des prêtres: le principal coupable fut renvoyé, et on conseilla aux parents de Pelloutier de retirer du séminaire leur fils, élève insoumis et déjà imbu d'idées « subversives ». C'est ainsi qu'il put, de 1883 à 1886, achever ses études classiques au collège de Saint-Nazaire.

Dès 1885, à peine âgé de dix-neuf ans, et encore sur les bancs de l'école, Pelloutier collaborait déjà à *La Démocratie de l'Ouest*, que venait de fonder un ouvrier typographe, Eugène Courronné. Il écrivait aussi dans plusieurs feuilles littéraires qui lui ouvraient volontiers leurs colonnes, mais les années suivantes furent plutôt cependant des années d'attente et de préparation. Il mûrit ses idées, il lit beaucoup, énormément, le jour et la nuit, non pas seulement pour accroître et augmenter ses connaissances qui deviendront très remarquables, très étendues, mais déjà aussi pour chercher une consolation au mal affligeant et *ostensible* dont il vient d'être atteint et que le docteur Poisson, de Nantes, diagnostiquera, en 1890, comme étant un lupus tuberculeux de la face. Vraisemblablement, ajoutera-t-il quelques mois plus tard, le malade ne vivra plus deux ans et bien que la sombre

prédiction ne se soit pas réalisée à la lettre, elle
faisait pressentir cependant que la maladie aurait une issue fatale et prématurée.

Prévoyant, dès ce moment, que sa carrière ne
serait pas longue, Pelloutier se multiplia en tous
sens; bientôt son activité ne connut plus de bor-
nes. Aux élections législatives de 1889, il créa
l'Ouest républicain, feuille éphémère dans laquelle il soutint, sans succès du reste, la candidature radicale d'Aristide Briand. En 1891, il
prit la direction de *la Démocratie de l'Ouest,* à
laquelle il n'avait pas cessé de collaborer depuis
sa première apparition, en 1881. Il fit appel, pour
le seconder, à des écrivains connus appartenant
à divers partis politiques: Caumeau, alors conseiller municipal socialiste de Paris, décédé depuis; Brunellière, conseiller municipal socialiste
de Nantes; Vaillant, Landrin, Guesde, d'autres
encore. Toute la cuisine du journal incombait
à Pelloutier, rédacteur en chef d'une feuille
qui... ne comptait pas un seul rédacteur. Aussi
dut-il suffire à tout: la chronique locale et la
chronique régionale, la politique intérieure et
les événements du dehors, le mouvement maritime et commercial, tout, jusqu'aux moindres
faits divers, y compris même les rares annonces
et quelque vague publicité, était rédigé par lui.
Sa plume incisive et mordante trouva encore
l'occasion de malmener les autorités, dont il de-

vint dès lors la bête noire. Leur animosité contre
lui redoubla lorsqu'il fonda à Saint-Nazaire, avec
quelques amis, *l'Emancipation*, section du Parti
ouvrier français. La bourgeoisie, sentant que son
règne est près de finir, est sans cœur pour tout
ce qui n'est pas elle; elle est surtout sans cœur
et sans entrailles pour ceux d'entre ses fils qui,
comprenant que son empire est désormais impossible, ont embrassé la cause de la révolution sociale. Ceux qui, nés dans son sein, l'ont
abandonnée à cause de ses impuretés, sont
d'avance désignés à ses coups: les persécutions
des familles, celles des prétendus amis les acca-
blent; la misère les attend, la faim les étreint, la
maladie, sinistre messagère de la caste délaissée,
les enveloppe de toutes parts, et la mort, préma-
turément, les achève, comme pour donner raison
à leurs bourreaux. C'est dans les villes de province surtout qu'il est grand le nombre de ceux
que la bourgeoisie *châtie* ainsi à cause de leur
sincérité et de l'indépendance de leur caractère,
et ce sera son éternel déshonneur d'avoir appelé
la mort à son aide pour ressaisir un pouvoir qui
lui échappe. Depuis le jour où il devint membre
du Parti ouvrier français, et surtout depuis le
3 septembre 1892 où, comme délégué des Bourses du Travail de Saint-Nazaire et de Nantes au
Congrès de Tours, organisé par la *Fédération
des travailleurs socialistes de l'Ouest* (parti

broussiste), il fit voter la grève générale (1) (cette grève générale que le parti répudie et qu'en 1901 il répudiera encore), Pelloutier fut en butte à toutes les tracasseries, à toutes les persécutions, à toutes les misères (2). Aussi, dans les premiers mois de 1893, il quitta Saint-Nazaire pour aller se fixer à Paris. Il ne tarda pas à se séparer du parti marxiste, séduit par les idées libertaires qu'il ignorait presque au fond de sa province et qu'il embrassa sous l'influence des écrivains et des camarades anarchistes qu'il eut l'occasion de fréquenter dès son arrivée dans la capitale au centre même du mouvement. Il chercha cependant sa voie pendant toute une année, tout en collaborant déjà à *l'Avenir social* de Dijon, et à *l'Art social*, de Gabriel de la Salle. Délégué par la Fédération des Bourses, où il était entré

(1) Dès le 27 mai 1869, le journal *l'Internationale*, organe officiel des sections belges de l'Association internationale des Travailleurs, préconisait en ces termes l'idée de la grève générale : « Lorsque les grèves s'étendent, se communiquent de proche en proche, c'est qu'elles sont bien près de devenir une grève générale et une grève générale, avec les idées d'affranchissement qui règnent aujourd'hui, ne peut qu'aboutir à un grand cataclysme, qui ferait faire peau neuve à la société ».

(2) Il y eut à ce sujet une controverse véhémente, dans *la Démocratie*, entre Jules Guesde et Fernand Pelloutier, controverse sur laquelle crut devoir revenir Guesde au lendemain de la mort de son adversaire, ce qui amena Eugène Guérard, dans la *Voix du Peuple*, à faire observer au « jésuite rouge » que Pelloutier n'était plus là pour lui répondre.

au commencement de 1894, au Congrès national
ouvrier qui se tint à Nantes, au mois de septembre de cette année, il y soutint encore une fois
la grève générale. L'ardeur qu'il apporta à la
défense de ses idées attira sur lui l'attention. La
presse ne le ménagea pas, elle l'attaqua au contraire d'autant plus violemment qu'il affirmait
hautement son dédain des formules politiques
et préconisait la lutte sur le terrain purement
économique. Les fureurs des journaux ne par-
venaient pas à le détourner de la voie qu'il
s'était tracée; il répondit à leurs criailleries par
une brochure (1): *Qu'est-ce que la grève générale?* dont voici la conclusion: « Ou la grève
générale est impossible et il est stupide de la
combattre, parce que la conspiration du silence
la détruirait, tandis que les attaques la forti-
fient. Opposer une digue à un torrent, c'est accroître sa puissance dévastatrice; élargir son
lit, c'est le rendre inoffensif et le réduire aux
proportions d'un ruisseau. Il en est de même
pour la grève générale. Ou bien elle est possible,
et criminel qui la combat parce qu'elle est la
ruine du système autoritaire. »

En 1895, Fernand Pelloutier, membre des Che-
valiers du travail français, collaborateur à la
Revue Socialiste, de Paris, à la *Société Nou-*

(1) Ecrite en collaboration avec Henri Girard.

velle, de Bruxelles, aux *Temps Nouveaux* avec Grave et Delesalle, à *l'Enclos* avec Lumet, fut nommé secrétaire de la Fédération des Bourses. A partir de sa nomination à ce poste important, il entra dans la phase particulièrement active de sa vie. Il semble que, se rendant compte qu'il ne saurait plus avoir de longues années à vivre, il veuille faire tenir dans un court espace de temps le maximum de travail qu'un homme est à même de fournir. Il fait tous les travaux du Comité fédéral, prépare les Congrès, organise les grands services de la Fédération, remplit les fonctions de secrétaire du Comité d'action de la Verrerie ouvrière, écrit une *Méthode pour la création et le fonctionnement des Bourses du Travail,* en un mot, se prodigue sans compter, de mille manières.

Voici comment l'apprécie, dans un article ému paru, au lendemain de sa mort, dans *les Temps Nouveaux* (1), son ami Paul Delesalle: « Opposer à l'action politique une action économique forte, puissante, tel était le rêve qu'il avait conçu et qui, prenant corps, est devenu un peu une réalité. Il savait et aimait à répéter que la bourgeoisie capitaliste n'accorde aux travailleurs que ce qu'ils sont capables d'exiger, et voyait dans l'organisation et dans la force des syndicats ou-

____

(1) *Temps Nouveaux,* n° du 23 mars 1901. *Fernand Pelloutier,* par Paul Delesalle.

vriers un moyen de contraindre la société bourgeoise à capituler.

« Dans une « Lettre aux Anarchistes », il a, en quelques lignes, fort bien défini sa pensée, la nôtre aussi : Partisans de la suppression de la propriété individuelle, nous sommes en outre ce qu'ils ne sont pas (les politiciens), des révoltés de toutes les heures, hommes vraiment sans dieu, sans maître et sans patrie, les ennemis irréconciliables de tout despotisme, moral ou collectif, c'est-à-dire des lois et des dictatures (y compris celle du prolétariat) et les amants passionnés de la culture de soi-même. »

« Libertaire dans le grand sens du mot, il demandait, dans cette même lettre, aux anarchistes qui n'admettent pas l'efficacité de l'action syndicale, « de respecter ceux qui croient à la « mission révolutionnaire du prolétariat éclairé, « de poursuivre plus activement, plus méthodi- « quement et plus obstinément que jamais l'œu- « vre d'éducation morale, administrative et « technique nécessaire pour rendre viable une « société d'hommes libres ».

« Organisateur, la Fédération des Bourses du Travail, qui a déjà rendu et est appelée à rendre de si importants services à la classe ouvrière, fut son œuvre maîtresse, œuvre pour laquelle il vécut et dont il mourut un peu par le surcroît de travail qu'il s'était imposé. Pendant que certains individus prenaient la Verrerie ouvrière d'Albi comme tremplin et la faisaient servir à leurs petites ambitions, Pelloutier, dans ses modestes fonctions de secrétaire, grâce à ses qualités d'administrateur, parvint à édifier l'usine ouvrière. Et dans cette mare à purin que fut le comité d'action de la Verrerie ouvrière, où tant d'exploiteurs du socialisme se compromirent irrémédiablement, il sut rester propre, et la boue dont voulurent le salir de malhonnêtes adversaires ne parvint jamais qu'à les salir un peu plus eux-mêmes. Il fut l'un des rares qui en sortirent les mains nettes et la tête haute (1). »

Au mois de juin 1895, Pelloutier fut délégué au Congrès de Nîmes où il fit, sur la Fédération des Bourses, deux rapports importants, qui furent très discutés, l'un surtout où il défendit cette idée qu'il est nécessaire, pour que la Révolution triomphe, que les forces ouvrières soient temporairement groupées en un faisceau compact et discipliné. Malgré cette concentration des forces quelque peu autoritaire, il n'en affirmait pas moins très résolument, comme toujours, les théories libertaires. C'est cette même idée qui se retrouve dans le manifeste qu'il

(1) Il n'est pas inutile de rappeler ici que ce fut Pelloutier qui, en sa qualité de secrétaire du Comité d'action de la Verrerie ouvrière, prit énergiquement la défense de quatre ouvriers, congédiés pour s'être élevés contre le règlement par trop draconien de l'usine.

lança, le 1er mai 1896, au nom des 41 Bourses du Travail fédérées et dans lequel il dit:

« Volontairement confinées jusqu'à ce jour dans le rôle d'organisatrices du prolétariat, les Bourses du Travail de France entrent désormais dans la lutte économique, et à cette date du 1er mai, choisie depuis quelques années par le socialisme international pour formuler les volontés de la classe ouvrière, viennent exposer ce qu'elles pensent et le but qu'elles poursuivent.

« Convaincues qu'au mal social les institutions ont plus de part que les hommes, parce que ces institutions, en conservant et accumulant les fautes des générations, font les hommes vivants prisonniers des fautes de leurs prédécesseurs, les Bourses du Travail déclarent la guerre à tout ce qui constitue, soutient et fortifie l'organisme social. Confidentes des souffrances et des plaintes du prolétariat, elles savent que le travailleur aspire, non pas à prendre la place de la bourgeoisie, à créer un Etat « ouvrier », mais à égaliser les conditions, et à donner à chaque être la satisfaction qu'exigent ses besoins. Aussi méditent-elles, avec tous les socialistes, de substituer à la propriété individuelle et à son effroyable cortège de misère et d'iniquités, la vie libre sur la terre libre!

« Dans ce but, et sachant que la virilité de l'homme se proportionne à la somme de son

bien-être, elles s'associent à toutes les revendications susceptibles, — en améliorant, si peu
que ce soit, la condition immédiate du prolétariat, — de le libérer des soucis démoralisants
du pain quotidien et d'augmenter, par suite, sa
part contributive à l'œuvre commune d'émancipation.

« Elles réclament la réduction de la durée du
travail, la fixation d'un minimum de salaire, le
respect du droit de résistance à l'exploitation
patronale, la concession gratuite des choses indispensables à l'existence: pain, logement, instruction, remèdes; elles s'efforceront de soustraire leurs membres aux angoisses du chômage
et aux inquiétudes de la vieillesse en arrachant
au Capital la dîme inique qu'il prélève sur le
Travail.

« Mais elles savent que rien de tout cela n'est
capable de résoudre le problème social; que
jamais le prolétariat ne sortirait triomphant de
luttes où il n'opposerait à la formidable puissance de l'argent que l'endurance acquise, hélas!
par des siècles de privations et de servitude.
Aussi, adjurent-elles les travailleurs demeurés
jusqu'à ce jour isolés de venir à elles, de leur
apporter l'appoint de leur nombre et de leurs
énergies. Le jour (et il n'est pas éloigné) où le
prolétariat aura constitué une gigantesque association, consciente de ses intérêts et du moyen

d'en assurer le triomphe, ce jour-là, il n'y aura plus de capital, plus de misère, plus de classes, plus de haines. La Révolution sociale sera accomplie ! »

En 1896, *l'Art social* publie un travail intéressant de Pelloutier sur *l'organisation corporative et l'anarchie*. Il y établit la concordance qui existe entre l'union corporative qui s'élabore et la société communiste et libertaire, à sa période initiale. « Nous voulons, dit-il, que toute la fonction sociale se réduise à la satisfaction de nos besoins ; l'union corporative le veut aussi, c'est son but, et de plus en plus elle s'affranchit de la croyance en la nécessité des gouvernements ; nous voulons l'entente libre des hommes ; l'union corporative (elle le discerne mieux chaque jour) ne peut être qu'à condition de bannir de son sein toute autorité et toute contrainte ; nous voulons que l'émancipation du peuple soit l'œuvre du peuple lui-même ; l'union corporative le veut encore : de plus en plus, on y sent la nécessité, on y éprouve le besoin de gérer soi-même ses intérêts ; le goût de l'indépendance et l'appétit de la révolte y germent ; on y rêve des ateliers libres où l'autorité aurait fait place au sentiment personnel du devoir ; on y émet sur le rôle des travailleurs dans une société harmonique des indications d'une largeur d'esprit étonnante et fournies par les travailleurs mêmes. Bref, les ouvriers, après s'être crus si longtemps condamnés au rôle d'outil, veulent devenir des intelligences pour être en même temps les inventeurs et les créateurs de leurs œuvres. Qu'ils élargissent donc le champ d'étude ouvert ainsi devant eux. Que, comprenant qu'ils ont entre leurs mains toute la Vie sociale, ils s'habituent à ne puiser qu'en eux l'obligation du devoir, à détester et à briser toute autorité étrangère. C'est leur rôle, c'est le but de l'anarchie. »

Dans *l'Art et la Révolte*, paru la même année, il nous montre la bourgeoisie disparaissant peu à peu comme une coulée de boue qui emporte pêle-mêle préjugés, croyances et morales. « Il y a aux pays du soleil des fruits malsains qui, mûris vite, se gâtent plus vite encore; des végétations sans pareilles, dont la vie n'est qu'une hâte vers la mort et qui brillent d'un éclat d'autant plus vif qu'il sera plus éphémère. Ces végétations, ces fruits, c'est notre bourgeoisie. A peine née, elle fut riche et puissante. A l'âge où races et castes s'arment encore d'habitude contre les retours de la fortune et l'instabilité des pouvoirs, elle était déjà en pleine possession de sa force. Cinquante années elle a joui, et la voici mourante. Quelle plus terrible leçon! On chercherait vainement ailleurs qu'en elle-même la raison de son agonie. Il y a cent ans, les peuples avaient encore, pour les gouvernements, les re-

ligions, la famille, la patrie, le même respect
qu'il y a trente siècles. Ils avaient renversé des
dynasties, coupé des têtes couronnées, détruit
des autels et violé des territoires, mais ils cour-
baient encore le front devant l'autorité. Le maître tué, ils criaient: « Vive le maître!» Un dieu
disparu, ils pliaient le genou devant d'autres
dieux, et la patrie était pour eux le monstre in-
dien de qui l'appétit sanguinaire est une faveur
passionnément désirée. Cent ans, et tout cela
s'en est allé. On subit encore des gouvernements;
l'autorité est honnie, et l'on crache sur la barbe
des maîtres; les religions vivent; Dieu est mort,
et l'athée a fait place au sceptique; la famille
subsiste; l'autorité en est proscrite, et l'homme
dit: « Amour à qui m'aime; indifférence à qui,
fût-il de mon sang, exige mon affection sans la
mériter. » Les nations demeurent et parfois s'af-
firme la haine des races; le patriotisme n'est
plus et « le petit doigt qui sert à détacher la
cendre du cigare » paraît enfin plus précieux
que la conquête d'un empire.

En 1897, Fernand Pelloutier fonda *l'Ouvrier
des Deux-Mondes*, revue mensuelle d'économie
sociale qui renferme de nombreuses études d'une
réelle valeur dues à sa plume. Et cependant les
conditions misérables dans lesquelles il fut souvent obligé de faire cette revue ne devaient pas
le prédisposer favorablement au travail de l'es-

prit. Lorsque les mémoires de l'imprimeur se furent élevés à des chiffres fantastiques pour la bourse d'un prolétaire, Pelloutier prit un parti héroïque: il *composa* lui-même entièrement sa revue et il consacra à ce labeur fatigant jusqu'à dix heures consécutives par jour, après quoi, en manière de délassement, il était obligé de donner plusieurs heures encore à la correspondance très étendue de la Fédération. Entre temps il trouvait encore le loisir nécessaire pour collaborer à plusieurs revues françaises et étrangères. C'est à cette époque qu'il fit, avec son frère Maurice, une grande partie de sa *Vie Ouvrière*, qui ne devait être publiée qu'en 1900, quelques mois avant sa mort.

Il était impossible que sa constitution, minée par la tuberculose, résistât longtemps à ces multiples travaux. Déjà, au retour du Congrès de Rennes, en septembre 1898, il avait eu une première hémoptysie qui l'avait complètement exténué. Il se rétablit pourtant, mais comme il se trouvait dans une situation pécuniaire difficile, il avait dû, pour en sortir, solliciter quelques travaux d'écriture. Je me le rappelle — alors qu'il aurait dû se reposer — en novembre, rue des Deux-Ponts, enveloppé dans une couverture, copiant un cours d'économie sociale, puis traduisant de l'anglais un ouvrage de mécanique! On finit cependant, sur les conseils des médecins, par l'envoyer à la campagne; au mois d'avril 1899, il alla occuper, aux Bruyères-de-Sèvres, un pavillon composé de deux pièces dans l'une desquelles il installa sa chère bibliothèque, qu'il avait mis tant de soin et qu'il avait eu tant de peine aussi à composer. Là, au milieu d'un site ravissant, à deux pas du bois de Meudon, sa santé parut s'améliorer un peu. On fut d'autant plus porté à le croire autour de lui, qu'il ne se plaignait jamais. Il n'eût pas voulu qu'on surprît chez lui la plus légère défaillance, et de fait, même au milieu des plus atroces souffrances, il ne fît jamais entendre la moindre plainte. Dans les derniers jours de sa vie seulement, affaibli par la maladie, déprimé par l'abus de la morphine, il lui arriva à plusieurs reprises de verser quelques larmes, larmes de regret allant à tout ce qu'il laissait d'inachevé, à cette Fédération qui fut son œuvre, et qu'il aima au point de lui faire le sacrifice de sa vie.

Au mois d'août de la même année, une seconde hémoptysie, beaucoup plus grave que la première, mit ses jours en danger. On crut qu'il ne s'en relèverait pas. Les soins dévoués de sa famille, et surtout son endurance réellement étonnante, triomphèrent une fois de plus du mal. C'est peu de temps après que, par l'entremise d'un excellent ami, il obtint cette modeste place d'Enquêteur à l'Office du Travail (ministère du Commerce) qui le sauva de la misère, mais qui dut par la suite lui être si amèrement et si injustement reprochée. On sait en effet qu'au huitième congrès des Bourses du Travail, en 1900, le délégué de Lyon, un guesdiste, posa la question de la présence de Pelloutier au ministère. La discussion tourna à la confusion du farouche interpellateur. On n'avait pas oublié que, dans sa séance du 25 mars 1900, le Comité fédéral avait eu à s'occuper de la question de la réglementation des grèves et de l'arbitrage obligatoire et que Pelloutier, comme délégué de Nevers et comme secrétaire du Comité, avait violemment combattu le projet, que c'était en grande partie grâce à ses efforts que celui-ci avait été, à une très grande majorité, rejeté. On n'avait pas oublié non plus que le projet ministériel sur les retraites ouvrières avait subi le même sort, toujours grâce à la persévérante énergie de Pelloutier! Et c'était pendant qu'il remplissait à l'Office du Travail les fonctions d'enquêteur qu'il battait ainsi en brèche les projets hybrides du ministre pseudo-socialiste Millerand!

L'hiver de 1899 se passa pour le pauvre malade relativement bien, quoiqu'une toux incessante lui fût venue, résultant de la laryngite tuberculeuse que le surmenage, l'abus de la parole publique, peut-être aussi l'abus du tabac, mais plus encore l'évolution du lupus, allant se loger par infiltration dans le larynx, avaient déterminée. Il n'en continuait pas moins ses travaux. Pendant toute l'année 1900, il fut absorbé par l'établissement du Viaticum ou secours de route, par la création de l'Office national ouvrier de statistique et de placement, par les préparatifs du Congrès de cette année et par la publication de son beau livre: *la Vie ouvrière en France.*

Ce qu'il souffrit pendant tout ce temps est vraiment inimaginable: des crises d'étouffement prolongées, des accès de toux irritants, des sueurs abondantes et continuelles l'affaiblirent de plus en plus. Appuyé sur sa canne, s'arrêtant pour respirer, à chaque instant, on eût dit d'un vieillard. La vie semblait s'être réfugiée dans sa tête, qui avait pris une ampleur exagérée. Il réussit cependant, à force de volonté, à assister à ce Congrès où, pendant quatre jours, il prit une part active à la discussion de toutes les questions à l'ordre du jour et eut à se défendre encore contre les attaques d'ennemis sans cesse terrassés, mais toujours renaissants.

Ce fut son dernier effort. Au lendemain du Congrès, il s'alita pour ne plus se relever. Pendant près de six mois, il endura un véritable martyre, crachant le sang presque sans interruption, étouffant sans cesse, n'obtenant quelques instants de répit et de soulagement qu'à l'aide de piqûres répétées de morphine. Pourtant, jusqu'au dernier moment, il ne cessa de s'intéresser à la Fédération, guidant son frère qui s'occupait de la correspondance et le remplaçait pour tout ce qui concernait le secrétariat. Quelques semaines avant de mourir, il s'était fait transporter dans son cabinet de travail, où un lit avait été dressé devant sa chère bibliothèque et où il éprouva sa dernière joie, une véritable joie d'enfant, de se retrouver au milieu de ses livres. Le 13 mars, à onze heures du matin, il expirait après une agonie qui durait depuis minuit et pendant laquelle il ne reprit pas une seule fois connaissance.

Il ne nous reste plus qu'à affirmer à cette place la parfaite communion d'idées et l'indestructible solidarité qui unissaient notre courageux ami au parti de la Révolution sociale, au mouvement libertaire international. Nous avons conscience de la grande loi du progrès et nous n'avons pas le droit d'oublier; nous croyons, avec Auguste Comte, que l'humanité compte plus de morts que de vivants et chaque fois que le travail, la misère ou la maladie fauchent dans nos rangs, nous retournons à notre œuvre plus forts et plus vaillants, parce que nous emportons avec nous les âmes de nos morts.

Au milieu de la vieille société que tant d'éléments gangrenés désorganisent de plus en plus, une seule classe, aux yeux de Pelloutier, était restée pure et digne d'intérêt: la classe populaire; d'après lui, la société où nous vivons, et qui étale avec un orgueilleux cynisme ses plaies hideuses à la lumière du jour, ne sera sauvée et régénérée que par l'énergie et le courage des classes laborieuses, et il avait voué aux déshérités toute son âme, tout son cœur. Il n'a eu de confiance et d'espoir que dans les masses populaires, et le peuple, qu'il a profondément aimé, n'oubliera pas son souvenir.

Admettant rigoureusement toutes les déductions de l'expérience et de l'observation, il ne permettait pas à son imagination de se lancer dans les rêves désordonnés du suprasensible; son esprit était trop positif pour se laisser attirer par les mirages décevants de la métaphysique. Aussi est-il mort comme il avait vécu: sans maître et sans Dieu, en vrai libertaire.

Victor DAVE.

PRÉFACE

Dans les dernières années de sa vie, Fernand
Pelloutier avait conçu le projet de faire profiter
ses camarades de la grande expérience qu'il
avait acquise dans sa pratique des organisations
ouvrières; il aurait voulu leur montrer ce
qu'elles peuvent quand elles sont bien pénétrées
de la portée de leur véritable mission; il espérait convaincre les travailleurs qu'ils trouveront
facilement parmi eux les hommes capables de
diriger leurs institutions, le jour où ils cesseront
d'être hypnotisés par les utopies politiques. Apprendre au prolétariat à vouloir, l'instruire par
l'action et lui révéler sa propre capacité, — voilà
tout le secret de l'éducation socialiste du peuple. Pelloutier ne songeait pas à apporter une
nouvelle dogmatique; il n'avait aucune prétention à devenir un théoricien du socialisme; il
estimait qu'il y avait déjà trop de dogmes et
trop de théoriciens. Tous ceux qui ont fréquenté
ce grand serviteur du peuple savent qu'il appor-
tait dans l'accomplissement de ses fonctions un
instinct singulièrement avisé des affaires et qu'il
était vraiment l'homme qui convenait à la place
que la confiance des Bourses du travail lui avait

assignée (1). Ses appréciations possèdent donc une valeur toute spéciale aux yeux des personnes qui s'occupent d'observer les phénomènes sociaux et qui cherchent à tirer parti de l'expérience.

Pelloutier considérait les Bourses fédérées comme le type le plus parfait que l'on puisse adopter pour l'organisation ouvrière; quelques personnes trouveront probablement cette opinion un peu absolue; toutes les études faites de notre temps amènent, en effet, à reconnaître qu'il n'y a point de règles universelles dans les sciences sociales, que les traditions exercent une grande influence sur les divers modes de groupement et que les institutions d'un pays se transportent difficilement dans un autre (2). Il faut entendre la thèse de Pelloutier dans un sens relatif; d'ailleurs, tous les hommes d'action ne parlent jamais d'une manière absolue; leurs jugements sont toujours déterminés par certaines préoccupations pratiques qu'ils omettent parfois d'énoncer et qu'il est facile de découvrir en se reportant à leur vie.

(1) Voici en quels termes L. de Seilhac parle de Pelloutier dans sa grande compilation des documents sur le socialisme français : « Fernand Pelloutier mena la Fédération avec un talent et une sûreté de jugement auxquels ses ennemis les plus acharnés sont forcés de rendre hommage... La Fédération lui doit en grande partie ses rapides succès. » (*Les Congrès ouvriers en France*, p. 272, Colin, éditeur).

(2) Cf. préface de P. de Rousiers au livre de L. Vigouroux, *la Concentration des forces ouvrières dans l'Amérique du Nord* (Colin, éditeur).

Quand des socialistes parlent des institutions ouvrières, ils ne séparent jamais leurs appréciations de trois ordres de considération: tendances qu'ils croient découvrir dans la société capitaliste, conditions dans lesquelles s'opérera d'après eux la rupture mettant fin au monde actuel, conjectures sur l'avenir. Quand on n'a pas une connaissance exacte de cette triple racine des jugements socialistes, on s'expose à mal comprendre ce qu'on lit. — Il est très facile de voir que Pelloutier n'a pas cherché à dissimuler un seul instant l'influence que sa conception personnelle du *devenir* a exercée sur ses jugements.

Il est impossible d'échapper à cette nécessité du relativisme: par exemple la théorie de la lutte des classes dans Marx dépend de l'idée que Marx s'est faite du processus historique par lequel le prolétariat devra s'émanciper. Que l'on supprime l'idée que l'auteur s'est construite de cet avenir du monde et la lutte des classes devient seulement la notion vague d'un antagonisme existant entre des groupes d'intérêts; enfin toutes les déterminations de l'économie marxiste deviennent elles-mêmes inintelligibles. Tout, dans son système, est lié et dépend d'une idée révolutionnaire préconçue.

Dès que les théories subissent l'épreuve de la pratique, il devient difficile de maintenir cachées les hypothèses qu'elles comportent sur l'avenir; les événements qui se sont déroulés dans les dernières années ont plus fait pour éclairer la vraie nature des diverses doctrines socialistes que n'auraient pu le faire vingt ans de discussion; le jour où des socialistes ont possédé une parcelle de pouvoir, il est devenu facile de comprendre ce qu'ils entendaient par la destruction de l'Etat, l'émancipation des travailleurs, la lutte politique, etc.

*
* *

S'il y a une science sociale, elle doit nous apprendre à lire dans les tableaux historiques et nous amener à des conclusions pouvant servir dans la vie, en définissant exactement la valeur réelle de ces conclusions. Il ne faut pas espérer trouver jamais dans une philosophie de l'histoire des lois analogues aux lois du monde physique; mais il serait déjà bien beau de découvrir des *règles de prudence*. « Ces règles, ai-je écrit ailleurs (1), ne nous disent pas ce qu'il adviendra... ; mais elles nous avertissent de certains dangers et nous tracent une route à l'abri de certains écueils reconnus... Ces règles ne valent pas pour tous les temps; mais à chaque jour sa peine; l'essentiel est qu'elles soient utiles pour le temps présent. » Il est certain que les formules que l'on a extraites des œuvres de Marx doivent être interprétées de cette manière: « Il nous offre, dit un savant commentateur italien (2), le contraste étrange d'affirmations qui

(1) G. Sorel, *la Ruine du monde antique*, p. 22.
(2) B. Croce, *Matérialisme historique et économie marxiste*, p. 130 (Giard et Brière, éditeurs).

prises rigoureusement sont inexactes et qui nous semblent (et elles le sont en effet) chargées et pleines de vérité. Marx était porté, en somme, vers une sorte de *logique concrète.* » On pourrait faire la même observation sur tous les livres écrits par des hommes d'action.

Ce qu'il y aurait de plus essentiel à connaître pour formuler des règles de prudence fondées sur l'expérience serait le degré de nécessité des divers changements qui s'entre-croisent dans la société: il est clair, en effet, qu'il y a des nécessités pratiques contre lesquelles il serait fort inutile d'essayer la lutte; par exemple, il serait insensé de vouloir empêcher le progrès machinal; il y a d'autres nécessités moins impérieuses contre lesquelles on peut se mettre en garde, à la condition de s'enfermer dans un cercle d'activité convenablement restreint; par exemple, les socialistes peuvent rejeter beaucoup de traditions patriotiques provenant des grandes guerres révolutionnaires, traditions encore très fortes dans les partis radicaux très avancés; mais, pour garder leur complète indépendance, il leur faut vivre à l'écart des organisations officielles.

Dès que l'on aborde l'étude des institutions socialistes modernes, il faut se demander pourquoi tant de tentatives de refonte sociale ont échoué, pourquoi tant de brillantes espérances ont été déçues, pourquoi les hommes jugés les plus fermes ont parfois semblé désespérer de la cause qu'ils avaient embrassée: les accusations de trahison n'expliquent rien; il est clair que, le plus souvent, les hommes ont été les jouets de causes générales.

Les idées sociales ne dépendent pas seulement des conditions de l'économie, des événements historiques et de l'intervention de certains inventeurs (1); elles dépendent aussi des lois inéluctables de notre esprit, qui leur imposent un certain rythme, à peu près constant, de développement. Il y a déjà longtemps que j'appelle (2) l'attention sur l'importance des thèses que Vico a présentées à propos des *suites* et des *recommencements:* toujours l'esprit passe de l'instinctif à l'intellectuel, de l'empirisme à la connaissance raisonnée, de la passion au droit ; et au bout d'un certain temps il y a recommencement par régénération des états psychologiques primitifs. On est loin de connaître exactement toutes les suites qui intéressent l'histoire: Engels a signalé dans le socialisme moderne une très curieuse transformation qu'il a appelée un passage de l'utopie à la science (3), mais qu'il n'a pas analysée d'une manière très approfondie.

L'histoire nous montre que l'homme est éter-

(1) Nous n'avons pas à nous occuper de la filiation des idées entre divers auteurs; ce sujet n'a qu'une très mince importance ici; nous nous occupons seulement de ce qui est devenu collectif.

(2) *Devenir social*, novembre 1896, p. 911. — Cf. Ribot, *Psychologie des sentiments* et *Essai sur l'imagination créatrice*, notamment p. 144 (Alcan, éditeur).

(3) Engels, *Religion, philosophie, socialisme*, pp. 101, 122.

nellement dupe d'une illusion qui lui fait croire qu'il augmente sa force d'action sur le monde et peut atteindre le principe mystérieux du devenir des choses en se plaçant en dehors de la réalité, construisant des thèses unitaires, absolues, idéales: quand il veut rejoindre le réel, il se heurte à des impossibilités, qui l'amènent à transformer ses conceptions ou, tout au moins, à *çantonner son idéal*, de manière à pouvoir agir. Ce passage du spirituel à la vie pratique est plein de complexité; quand l'humanité l'a effectué durant un certain temps, elle revient à l'origine et reconstruit un nouvel idéal. La connaissance de ces passages serait de la plus haute importance pour éclairer la conduite des socialistes modernes. Je vais essayer de montrer comment on peut les étudier.

*
* *

Ce qui rend difficile à comprendre les grandes utopies socialistes du xixe siècle, c'est qu'on ne les rattache pas assez aux événements et aux idées de la Révolution; j'estime, pour ma part, qu'il y a entre l'utopie politique de 1789, l'utopie sentimentale de Fourier, et l'utopie économique de Saint-Simon des affinités très profondes qui permettent de les ranger dans un même genre, en se plaçant au point de vue de leur signification psychologique.

A la fin de l'Ancien Régime, tout le monde semblait être d'accord sur le principe de la transformation qui allait s'opérer: après avoir été le *fidèle* de l'Eglise et le *sujet* du roi, l'homme se sentait assez fort pour devenir *citoyen;* mais que fallait-il entendre par ce terme? Les philosophes se demandaient ce qui resterait en eux quand ils auraient détruit les liens qui les avaient subordonnés à l'Eglise et au roi ; ce résidu était l'homme naturel, abstraction formée avec les qualités et les défauts du lettré du XVIIIe siècle. L'Eglise avait eu sa théologie; la royauté avait fondé sa théorie du pouvoir sur une interprétation du droit romain; on cherchait à justifier la Cité nouvelle sans recourir explicitement à la tradition; mais on continuait à raisonner comme les anciens philosophes politiques: l'on voyait dans la doctrine qui résumait les principes essentiels d'un gouvernement, ce qu'il y avait de plus important à connaître et à déterminer avec précision: formuler des constitutions était le but de toutes les recherches des grands penseurs.

Je n'insiste pas sur ce qu'avait d'utopique la conception politique de nos pères, qui croyaient changer le cours de l'histoire avec des feuilles de papier (1); il est certain qu'on s'aperçut bientôt que tout cela ne conduisait pas à grand'chose; le grand succès du fouriérisme tient sans doute à ce qu'il semblait apporter la solution du problème posé tout d'abord sous une forme trop

---

(1) Proudhon comparait la masse de nos lois modernes à une formation géologique, qu'il appelle la *formation papyracée* (*Idée générale de la révolution au* XIXe *siècle,* p. 137).

abstraite par les fabricants de constitutions. Pour
bien comprendre la valeur de cette utopie et les
causes de sa grande popularité, il faut se reporter à l'histoire militaire de la Révolution. Le
gouvernement de 1793 avait tout mis en œuvre
pour détruire l'armée royale et très peu fait pour
organiser la nouvelle armée; cependant des bandes indisciplinées avaient spontanément engen-
dré le plus formidable engin de guerre que le
monde eût jamais connu. Puisque les abstrac-
tions des profonds fabricants de constitutions
n'avaient pu réussir à construire la Cité politique conforme aux principes de la raison, pourquoi ne pas chercher à organiser une Cité sentimentale en se servant de l'expérience acquise?
Pourquoi ne pas tirer parti de l'enthousiasme
qui avait tant de fois assuré la victoire aux bandes révolutionnaires? Pourquoi, si le métier militaire, jadis si rebutant, était devenu aimable,
le travail ne pourrait-il pas devenir attrayant?
Pourquoi ne verrait-on pas se révéler dans les
ateliers des chefs de génie, analogues aux maréchaux de France qui avaient eu besoin de la Révolution pour sortir de l'obscurité? Pourquoi
se méfier des combinaisons naturelles des pas-
sions alors que de pareilles combinaisons avaient
donné à l'armée française une supériorité incon-
testables sur les autres armées, conduites suivant
des règles pédantesques?

On n'a pas bien compris toujours l'œuvre de
Fourier parce que, le gouvernement n'étant pas
explicitement mis au premier plan, on a vu en

lui un libertaire; mais on pourrait relever beaucoup de passages qui montrent que l'appui de l'autorité ne lui aurait pas répugné. Nous savons d'ailleurs que, dans toutes les organisations sentimentales, une discipline de fer s'impose d'elle-même: c'est ce que nous montrent les corps monastiques, les bandes sauvages, etc.

Ces guerres eurent aussi une grande influence sur la propagation des idées saint-simoniennes. La France avait été comme une grande cité assiégée (1) et toutes ses énergies économiques avaient été réquisitionnées en vue d'assurer l'existence des citoyens; l'Etat avait dû prendre, parfois, presque complètement en main la direction de la production. Sous Napoléon, l'administration militaire avait conduit des opérations auprès desquelles tout ce que faisait alors l'industrie était bien peu de chose. On devait se demander pourquoi on n'appliquerait pas aux arts de la paix le principe d'une direction unitaire qui avait si bien réussi dans la guerre. Il était certain que l'administration de la guerre avait été fort corrompue; mais on rejetait cette corruption sur l'ignorance et l'incapacité de fonctionnaires improvisés: d'ailleurs, la gloire, couvrait tout. Depuis que nous avons fait l'expérience des vastes conceptions de Freycinet et ainsi mis à l'épreuve les grands plans unitaires des hommes d'Etat et de science, nous savons que les administrations les plus éclairées sont

(1) Lichtenberger, *le Socialisme et la Révolution française*, pp. 253-279 (Alcan, éditeur).

incapables de concevoir et de mener à bonne fin un ensemble de travaux publics (1): que serait-ce donc si elles avaient à s'occuper du détail de la production?

Dans toutes ces utopies, on admettait que les faits historiques se développent comme conséquences du principe — à peu près comme les propositions de géométrie s'alignent à la suite des axiomes. On peut encore dire qu'on regardait la vie sociale d'un pays comme déterminée par son *espèce constitutionnelle,* comme les mœurs des animaux sont déterminées par leurs *espèces naturelles;* et à cette époque les zoologistes s'occupaient plutôt de décrire l'ensemble des actes se rapportant à l'être typique que de rechercher des lois physiologiques. Mais si puissantes que soient les analogies logiques, elles ne sauraient suffire pour expliquer l'illusion de nos pères; il faut tenir compte des considérations sur lesquelles avait été fondée jusque-là l'étude historique: on avait surtout cherché à connaître la manière de vivre des gens entourant soit le pape, soit le roi; toute réforme sociale avait été conçue comme une réforme morale des cours; l'éducation des princes avait été le grand objet des méditations des philosophes; — ajoutons que la Révolution avait été une

(1) Il n'y a plus que des professeurs d'histoire et de philosophie pour conserver les illusions saint-simoniennes; on peut douter que ces manieurs de bouquins aient en industrie la haute compétence qu'ils s'attribuent.

suite de *journées* et de coups d'Etat, et enfin que Napoléon avait donné à l'autorité un éclat incomparable.

Une fois de plus, il faut tenir compte de l'influence des guerres de la Révolution; ces guerres constituent le fait capital de l'histoire du xix⁰ siècle et elles pèsent encore sur nous; il y eut une nouvelle conquête de la France par le pouvoir central et la notion d'autorité se trouva régénérée par la guerre. Quand la paix survint, les idées unitaires se trouvaient plus fortes qu'elles n'avaient jamais été; tout le monde se tournait vers le pouvoir pour lui demander d'organiser et de revivifier la vie sociale. Napoléon avait eu une véritable manie organisatrice; il aurait voulu refondre tous les usages des hommes et les réglementer par ce qu'il appelait des *lois organiques;* ses contemporains étaient persuadés qu'il réalisait le type du vrai gouvernement fondé sur la raison.

Dans tout ce travail nous voyons une seule et même tendance: le désir de traduire matériellement l'idée d'une autorité rationnelle, souveraine directrice du monde. Les Allemands ont conservé, comme on le sait, beaucoup de conceptions qui sont démodées chez nous; on ne comprendrait rien aux théories actuelles des social-démocrates si on ne se reportait à ce qui se pensait en France il y a soixante ans; ils disent, par exemple, qu'il faut conquérir l'Etat pour frapper au cœur le mode de production capitaliste et régénérer la société par la dictature (1); chez eux, on ne sépare jamais ces deux idées: le changement absolu du principe et l'autorité absolue. Les idées de liberté, de justice et d'initiative personnelle ne sont pas encore bien acclimatées en Allemagne.

*
* *

Les constitutions politiques ont passé, en grand nombre, sur la France sans beaucoup changer notre pays: elles n'ont pas même eu une très grande influence sur les lois; on peut en dire autant de toutes les autres utopies unitaires. Ce n'est pas que les utopistes n'aient souvent soulevé et élucidé certains problèmes intéressants; mais ce sont là des œuvres accessoires, qui doivent être considérées indépendamment de leur philosophie de la société.

A partir du milieu du règne de Louis-Philippe apparaissent des projets d'organisation de l'industrie que l'on a eu tort, en général, de confondre avec les véritables utopies: la France était toujours le pays de Colbert et ses manufactures continuaient à se développer à l'abri d'un régime hautement protectionniste; on devait se demander si l'Etat démocratique ne pourrait pas faire pour les *ateliers de travailleurs* ce que

(1) La formule apocalyptique de *dictature du prolétariat* était en 1848 le mot d'ordre de jeune journalistes qui écrivaient des articles incendiaires et que C. Vogt appelait, à cause de cela, la *bande soufrée* (W. Vogt, *la Vie d'un homme, C. Vogt,* p. 124, Schleicher frères, éditeurs).

les rois avaient fait par les *manufacturiers privilégiés;* les idées de L. Blanc me semblent avoir dû une grande partie de leur succès à ce qu'elles se rattachaient étroitement à la tradition nationale.

L. Blanc se défend énergiquement d'être un continuateur des saint-simoniens: « Il est certain, dit-il (1), que l'Etat, devenu entrepreneur d'industrie et chargé de pourvoir aux besoins de la consommation privée, succomberait sous le poids de cette tâche immense... Mais qu'y a-t-il de commun entre notre système et les doctrines saint-simoniennes? Nous avons dit que l'Etat devait fonder des ateliers sociaux, fournir aux travailleurs des instruments de travail, rédiger des statuts industriels ayant forme et puissance de loi; cela veut-il dire que l'Etat doit se faire spéculateur, entrepreneur d'industrie? »

Il me paraît inutile de discuter, ni même d'essayer de classer tous les systèmes imaginés durant cette période; ils oscillent entre celui de L. Blanc et l'organisation du crédit que Proudhon a développée dans ses écrits de 1848 à 1851. Il semblait que la cause essentielle des souffrances qu'éprouvait la société provenait de l'intervention abusive des hommes d'argent, qui percevaient d'énormes commissions, se montraient parfois d'une témérité insensée et en même temps opposaient la routine au progrès

(1) L. Blanc, *Organisation du travail,* 4ᵉ édition, pp. 106-107.

scientifique: il semblait que des associations ouvrières, qui renfermeraient l'élite de chaque métier, seraient capables d'assurer une marche
économique, sage et progressive à la production; — la seule question était de leur procurer
du capital.

Le second Empire a souvent prétendu qu'il
a réalisé tout ce que renfermaient de réalisable
les projets des réformateurs sociaux. Est-ce
que beaucoup des plus ardents réformateurs
n'étaient pas devenus ses auxiliaires? Il est certain que l'Empire tira parti de l'élucidation des
idées qui s'était faite avant lui; il tira notamment parti des doctrines enseignées sur le bon
marché du crédit et des transports. Son œuvre
économique n'est pas, du tout, négligeable: la
construction d'un vaste réseau de chemins de
fer, les subventions données à la grande naviga-
tion, la multiplication des voies vicinales; — la
création du Crédit foncier; — les encouragements donnés aux crédits mobiliers qui, par leur
concurrence, matèrent l'orgueil de l'ancienne
Haute-Banque et donnèrent tant de facilités aux
créateurs d'affaires. La troisième République n'a
fait que continuer l'œuvre du second Empire.

On vit ainsi pratiquement qu'il faut dans la
science sociale séparer la production et tout ce
qui se rapporte à l'échange (1); jadis, on voulait briser l'ordre capitaliste et on n'avait rien

(1) Cf. ce que j'ai écrit sur la *socialisation de l'é-
change*, dans un article intitulé *Economie et agriculture* (*Revue socialiste*, avril 1901).

produit; maintenant, on se bornait à réformer la circulation, la rendre plus économique pour les entrepreneurs, et on obtenait des résultats inattendus; — au lieu de changer *l'organisme vivant*, on se bornait à améliorer *l'appareil mécanique* dont il se sert; — on passait de la transformation par le changement du principe fondamental au perfectionnement empirique de ce qui est étranger au principe de la société.

Ce passage si remarquable n'a pas été jusqu'ici défini d'une manière bien exacte; on y a vu, trop souvent, un passage de la révolution à l'évolution ou à l'adaptation, ou au progrès obtenu par légers changements. Gambetta a donné une formule célèbre: « Il n'y a pas de question sociale, il n'y a que des questions sociales; » — il entendait dire qu'il faut se borner à étudier les problèmes dont la solution ne trouble pas le mode de production capitaliste. La politique du second Empire fut, presque tout entière, dirigée dans cet esprit; jamais l'industrie ne fut aussi prospère qu'après l'accomplissement des réformes que les contemporains de Louis-Philippe avaient considérées comme révolutionnaires: on est souvent parti de cette constatation pour affirmer qu'au fond il y a moyen d'établir la paix sociale et d'harmoniser les intérêts (1).

---

(1) Dans le cas examiné, il a été démontré seulement par l'expérience que le mode d'échange est, dans une certaine mesure, indépendant du mode de production et qu'il a besoin d'être réformé, de temps à autre, pour assurer la prospérité de l'industrie capitaliste.

On pourrait trouver dans l'histoire d'autres passages plus ou moins analogues au précédent: on part de l'idée d'une transsubstantiation de la société et, quand on veut sortir de la théorie pour arriver à la pratique, on se trouve avoir travaillé à consolider le régime existant au lieu de le détruire.

Le deuxième passage que je vais examiner est emprunté à l'histoire du socialisme français de 1880 à 1899; ici nous trouverons un passage plus complexe et peut-être moins frappant que le précédent, parce que la grande concentration autoritaire provenant des guerres de la Révolution n'intervient plus avec autant de force pour maintenir l'illusion d'une unité indissoluble et nécessaire entre les parties.

A l'origine, on était pleinement révolutionnaire. « Ce n'est pas un programme de réformes que l'on a à dresser; ce n'est pas l'entrée de quelques socialistes dans le Parlement que l'on doit avoir en vue; ce n'est pas une action parlementaire quelconque que l'on doit viser; on ne doit chercher qu'un moyen de rallier la classe ouvrière..., de l'organiser en *force* (1) distincte capable de briser le milieu social » (*Egalité*, 21 juillet 1880). — « A *l'Egalité* on se vante de poursuivre une transformation économique impossible sans la prise de possession violente du pou-

____

(1) Remarquer l'emploi de ce terme *force*, au lieu de *parti* : il y a une nuance entre les deux idées.

voir politique par le prolétariat révolution-naire » (*Egalité*, 22 janvier 1882). Après la rup-ture survenue au congrès de Saint-Etienne, les guesdistes reprochaient aux *possibilistes* de cor-rompre le programme révolutionnaire (1) en y introduisant des questions locales (construction du canal dérivé du Rhône, dans le Midi; achè-vement de la rue Monge, à Paris). Les affaires municipales étaient alors regardées comme peu importantes; et contre les défenseurs de l'au-tonomie des villes, *l'Egalité* se déclarait *franche-ment et scientifiquement* centralisatrice (11 dé-cembre 1881).

Dix ans plus tard tout change; les guesdistes font passer un assez grand nombre de candidats aux élections municipales de 1892 et dès lors ils s'occupent beaucoup plus des questions prati-ques. Le congrès de Marseille rédige un pro-gramme agricole qui est définitivement arrêté en 1894 à Nantes; on a en vue « des réformes immédiatement faisables en société capitaliste » (*Socialiste*, 19 mai 1894). A ceux qui voulaient maintenir l'ancienne orientation, Ch. Bonnier répondait: « Si nous commençons à discuter sur les principes jusqu'à perte d'haleine, nous oublierons d'étudier notre terrain et nous serons repoussés des campagnes avec la maigre satis-faction d'être restés fidèles à un programme qui n'était pas fait pour elles. » En 1881, on avait

(1) *Programme du parti ouvrier*, 1re édition, p. 20. Cette partie fort intéressante, qui trace l'histoire du parti, a disparu des éditions actuelles.

reproché à Joffrin (1) d'avoir demandé seulement la réduction légale de la journée du travail, sans avoir affirmé le chiffre fatidique de
huit heures; en 1894, Bonnier disait que « parler
de la journée de huit heures dans les campagnes
est une singulière sorte d'utopie » (*Socialiste,* 24
novembre 1894).

Enfin arriva le fameux discours de Saint-
Mandé en 1896, dans lequel Millerand (2) propo-
sait de procéder à une nationalisation progressive de quelques-unes des très grandes industries en commençant par les raffineries de su-
cre; en 1897, les députés socialistes demandèrent
cette *réforme* en vue de faire cesser la crise et
de délivrer cultivateurs et fabricants de la ty-
rannie exercée par une oligarchie sans scrupules. Nous voyons tous les jours la presse socialiste se donner beaucoup de mal pour fournir
des conseils aux industriels et leur expliquer
que l'augmentation des salaires, combinée avec

----

(1) *Programme du parti ouvrier,* p. 17.

(2) Millerand se rendait si bien compte qu'il se mettait en dehors de la tradition qu'il ne prononça pas les
noms de Marx et d'Engels : il ne fit pas allusion à l'Internationale; son silence est d'autant plus significatif
qu'il crut devoir « incliner l'hommage des nouveaux-
venus et des jeunes... devant la mémoire de Benoît Ma-
lon ». De plus, il se déclarait *patriote et internationa-
liste* à la manière des « ancêtres de la Révolution française ». — Il me semble que cette manière d'interna-
tionalisme est quelque peu conquérante !

Dans *le Socialiste* du 30 juillet 1899, P. Lafargue a
déclaré que ses amis et lui avaient eu tort de ne jamais
critiquer *en public* le *Credo* de Saint-Mandé.

le raccourcissement de la journée, est réclamée pour leur plus grand bien: la presse socialiste veut procéder à un *éclaircissement* des industries au plus grand profit des patrons qui comprennent le progrès (1).

Ces transformations me semblent dépendre des lois générales de notre esprit et je crois que nous parcourons ces chemins d'une manière à peu près fatale. Nous partons d'une utopie unitaire et autoritaire fondée sur un changement produit dans la société par la détermination de nouveaux principes; — nous aboutissons à un *possibilisme* plus ou moins confus, qui peut varier depuis la simple démagogie jusqu'à un *socialisme de professeurs*, qui se donne pour but l'assainissement (2) du régime capitaliste.

Je ne chercherai pas ici à déterminer les lois psychologiques qui expliquent ces mouvements; je me bornerai à faire ressortir les caractères des deux types principaux de conduite qu'ils engendrent:

1° Dans un premier mode, qui rappellerait assez une évolution complète, la doctrine reste conséquente avec la conduite; il y a une dégénérescence progressive mais cohérente, que l'on prétend justifier au moyen d'une philosophie

(1) Cf. par ex. *Mouvement socialiste*, 1ᵉʳ mai 1899, p. 467. — Au XVIIIᵉ *siècle* on appelait *Clearing of estates* la suppression des petites terres paysannes (*Capital*, p. 321, col. 2).

(2) Les financiers appellent *assainissement* d'un marché la disparition des mauvaises affaires qui gênent l'essor des bonnes.

plus ou moins nuageuse de l'histoire. Que ne
peut-on démontrer par les grands enseignements
de l'histoire, quand on se place assez haut pour
ne plus distinguer les causes? On croit développer les principes, alors que l'on conserve seulement une terminologie, qui devient, tous les
jours, moins intelligible, et on tue l'esprit;

2° Quelques-uns ne veulent pas se donner tant
de peine: ils conservent en bloc le vieux formu-
laire, tout en suivant une voie complètement op-
portuniste; ils arrivent à concilier, par une sub-
tile (et facile) casuistique, l'intransigeance la
plus absolue avec un souci bien entendu des
intérêts politiques immédiats (1).

Restent des socialistes avisés qui observent
que le danger de la dégénérescence est d'autant
plus grave que l'on se mêle davantage à la vie
des institutions politiques de la bourgeoisie et
que les socialistes peuvent trouver sur les *con-
fins du capitalisme* un champ d'activité fort
étendu, où il leur est facile de librement travailler, sans subir sensiblement l'influence du
mode de production actuel. Il est donc possible
de sortir de la *tour d'ivoire*, où il faudrait s'enfermer d'après les hommes des deux premiers

(1) Cette casuistique est facilitée par l'emploi de formules qui ne rappellent aucune image d'action connue : « La plupart des membres de ces sectes ne connaissent rien au delà de quelques termes qui n'ont de
signification précise dans aucune langue : socialisation, conscience de classe, etc. » (F. Pelloutier, *le
Congrès général du parti socialiste français*, p. 66,
Stock, éditeur).

types si l'on voulait conformer sa conduite aux principes essentiels et primitifs du socialisme; on peut agir, organiser les ouvriers et faire des œuvres pratiques excellentes dans le présent et pleines d'avenir, sans s'exposer à la dégénéres-cence et à la casuistique, dont il vient d'être question.

L'observation peut seule nous apprendre dans quelle mesure est possible ce genre d'action, con-ciliable avec les exigences de la vie actuelle et permettant de conserver les convictions révo-lutionnaires. Depuis que les anarchistes sont en-trés dans les syndicats et ont cherché à les éloi-gner de la politique, ils ont prouvé que cela est très possible; mais nous savons aussi, par l'expérience, que les hommes se laissent beau-coup plus facilement entraîner vers les deux for-mes de transformations décrites plus haut qu'ils ne se décident à adopter un mode d'action dans lequel la modestie des résultats immédiats con -traste si singulièrement avec leurs espérances révolutionnaires. Nous devons, par suite, atta-cher une importance tout à fait exceptionnelle à des institutions qui, comme celle de la Fédé-ration des Bourses, réalisent une conception si remarquable de la vie socialiste.

Il ne faut pas croire, comme beaucoup de doctrinaires actuels du socialisme, que la dégé-nérescence et la décomposition dont il a été ques-tion ici, puissent continuer indéfiniment; les hommes du premier type s'écrient souvent avec emphase: « L'avenir est à nous, car nous suivons scientifiquement l'évolution naturelle des idées qui s'opère sous l'influence des faits; » mais, de temps à autre, des accidents historiques viennent se mettre en travers de cette prétendue évolution; l'esprit révolutionnaire reprend ses droits et de nouvelles transformations recommencent.

*
* *

On ne saurait trop répéter que le milieu du XIXe siècle marque dans l'histoire sociale une des dates les plus remarquables qui existent; nous avons grand'peine, aujourd'hui, à comprendre les doctrines des utopistes; il nous semble surtout étrange que l'on ait cru les anciens capitalistes incapables de conduire une production qui semble aujourd'hui bien modeste. J'ai appelé, plusieurs fois, l'attention sur ce fait que l'esprit du XVIIIe siècle a continué à gouverner le monde jusqu'en 1848; nous ne voyons plus du tout les choses avec la sentimentalité ancienne.

A cette époque l'ancienne conception de l'unité sociale a subi une véritable dislocation: d'un côté on a laissé les capitalistes conduire leurs affaires librement; mais l'Etat a fortement agi pour perfectionner la circulation et les ouvriers se sont, presque uniquement, renfermés dans la défense de leurs intérêts immédiats. Tandis qu'autrefois, le renversement complet de l'ordre bourgeois était considéré comme la base nécessaire de tout progrès, sa conservation est devenue le postulat des nouvelles institutions, sans que

4

leurs initiateurs s'en soient toujours bien rendu compte (1).

Il ne faudrait pas croire que les anciennes utopies fussent mortes définitivement; jamais elles ne peuvent mourir; l'esprit les reproduit perpétuellement; il était impossible que l'idée d'unité disparût et que les ouvriers abandonnassent toute conception d'une unité de pensée se réalisant dans une autorité centrale; une telle conception est trop naturelle, elle est soutenue par trop de traditions pour qu'elle ne reparaisse point par une sorte de nécessité physique.

La fondation de l'Internationale semblait n'avoir pour but que de créer l'unité intellectuelle entre les ouvriers; la publication d'un bon journal aurait rendu alors les plus grands services; mais les congrès de l'Internationale se mirent à formuler des dogmes relatifs à la réorganisation de la société sur de nouvelles bases. Jadis Marx s'était beaucoup moqué (2) de « la synagogue socialiste [du Luxembourg] dont les grands-prêtres, L. Blanc et Albert, avaient pour mission de découvrir la terre promise, de publier le nouvel évangile... A la différence du pouvoir profane, cette chapelle n'avait à sa disposition ni budget, ni pouvoir exécutif. Le cerveau devait, à lui tout seul, abattre les fondements de la

(1) C'est à cette époque que les ouvriers anglais constituent le trade-unionisme moderne et abandonnent les grandes organisations révolutionnaires.

(2) Marx, *la Lutte des classes en France*, p. 15 (Schleicher frères, éditeurs).

société bourgeoise ». L'Internationale tomba dans le même travers.

Tout le monde sait aujourd'hui que l'Internationale faisait plus de bruit que de besogne, qu'elle manquait d'argent (1) et qu'elle était impuissante. On a bien prétendu qu'elle aurait révolutionné l'Allemagne en faveur de la France en 1871 si Thiers ne s'était trop hâté de conclure: « Encore un mois de résistance, écrit P. Lafargue, et Bismarck était forcé d'accepter la paix sans indemnité et sans cession de territoire » (*Socialiste*, 3 janvier 1893). C'est là une légende et Ch. Longuet a bien raison quand il avoue (2) que la social-démocratie eût « été balayée si elle eût tenté d'opposer un acte révolutionnaire » à la politique de Bismarck (3). — « L'Internationale, encore trop faible matériellement pour barrer la route à la guerre, se sent, du moins moralement, assez forte pour en analyser les causes, pour en dévoiler les origines, pour en dénoncer l'hypocrite infamie; » son autorité était, tout juste, celle que pouvaient posséder ses publicistes.

Les représentants les plus officiels de la social-démocratie ont de grands doutes sur la valeur des services rendus par l'Internationale. Au congrès de 1900, le député hollandais Van Kol, proposant la création d'un bureau perma-

---

(1) Cf. Engels, *Religion, philosophie, socialisme*, p. 7.
(2) Dans la préface à: Marx, *la Commune de Paris*, p. XII.
(3) *Loc. cit.*, p. VI.

nent, disait (1) : « Nous n'avons pas à craindre
que ce comité ait le sort du comité général de
l'ancienne Internationale... [celui-ci] exprimait
le *rêve de quelques penseurs.* » Le socialisme
était alors un « enfant chétif, s'affaissant sous
des vêtements trop lourds (2) ».

L'Internationale, étant une *autorité impuissante,* subit la loi de tous les gouvernements *in
partibus;* elle connut les plus violentes divisions.
Quand les congrès eurent copieusement dogma-
tisé, quelques personnes pensèrent que le moment était venu d'employer cette autorité universelle à attaquer effectivement la Société et
qu'il fallait enfin pratiquer la révolution après
avoir si bien déterminé son lendemain: — ce
fut le signal de la dislocation, l'unité disparut le
jour où il fut question de la faire servir à quelque chose.

On a prétendu restaurer encore une fois
l'unité en 1900; mais les socialistes sérieux se
demandent encore une fois à quoi elle sert:
« Nous avons vu venir des manifestes ou des
projets de manifestations pour les Boers, pour
les Arméniens, pour les Tagals, que sais-je?

(1) Compte rendu sténographique, dans le seizième
Cahier de la quinzaine (2ᵉ série), p. 55.

(2) Mais aujourd'hui d'après Van Kol, « c'est la
femme robuste aux puissantes mamelles, qui a besoin
d'un double corset élastique pour contenir les formes
toujours grandissantes du mouvement international ».
Je prie le lecteur d'observer que ce député hollandais
est un des hommes qui n'admettent point que l'on
mette en doute le caractère *scientifique* de la social-
démocratie allemande !

Dans tout cela, il n'a jamais été question des travailleurs... Il ne faudrait pourtant pas que le prolétariat fût amené à douter si cette Internationale-là est bien la sienne » (*Socialiste*, 17 novembre 1901). L'illusion unitaire se dissipe vite, dès que l'épreuve de la pratique vient à l'étreindre.

Les congrès internationaux en sont réduits à rabâcher les mêmes vœux ou à se contenter de vœux démocratiques; Singer avait bien raison quand il disait (1) qu'il est mauvais de réunir trop souvent des congrès et que « cette répétition diminue la valeur des résolutions ». A chaque nouveau congrès, il y a dégénérescence de la doctrine; pour maintenir une unité apparente, on abandonne les traditions. Engels avait écrit en 1894 (2) que le programme agricole de Nantes devrait être révisé pour être mis d'accord avec les principes; deux ans après, le congrès de Londres décidait « qu'il y a lieu de laisser aux différentes nationalités le soin de déterminer les moyens d'action les mieux appropriés à la situation de chaque pays »; cette résolution fut considérée comme une approbation tacite de ce qu'Engels avait critiqué; — à Paris, en 1900, il ne fut plus question du remplacement de l'armée par les milices, et encore moins de l'armement général du peuple; — enfin, le congrès n'osa pas prendre de décision sur la question capitale de la participation d'un socialiste

(1) Compte rendu sténographique déjà cité, p. 142.
(2) Cf. *Mouvement socialiste*, 15 octobre 1900, p. 462.

au gouvernement. Ce fut la faillite définitive; en voulant sauver l'unité, on aboutissait à montrer qu'elle ne sert à rien (1).

On avait voulu avoir une autorité centrale pour éclairer les divers partis, et cette autorité centrale se déclarait incompétente!

*
* *

Dans notre pays la croyance à la nécessité des autorités centrales ne dépend pas seulement d'une loi commune des illusions humaines, qui nous porte à croire qu'il faut donner un corps matériel à l'unité pour qu'il puisse y avoir unité de pensée entre les hommes; elle dépend aussi de notre tradition historique; on nous raconte si amplement, dès notre jeunesse, comment la royauté a fondé l'unité française que nous en arrivons à croire que le processus d'émancipation du prolétariat devra suivre une voie analogue. Constituer un gouvernement qui, peu à peu, arrive à *soumettre* tous les groupes dissidents, voilà l'idéal auquel devait conduire l'imitation de la routine bourgeoise. Il serait impossible de faire comprendre aux bourgeois lettrés devenus récemment socialistes que les choses puissent se passer autrement; mais il y a dans le

(1) « Il faudrait en finir une fois pour toutes avec ces embrassades générales qui terminent les congrès, » dit Ch. Bonnier à propos du dernier congrès des social-démocrates autrichiens à Vienne (*Socialiste*, 8 décembre 1901). — Ou bien on aboutit au bavardage, ou bien on rompt; l'unité intellectuelle se conserve bien plus facilement quand on ne prétend pas l'assimiler à une unité politique.

monde ouvrier beaucoup de personnes qui n'acceptent pas la théorie historique bourgeoise et qui pensent que la formation du prolétariat pourrait bien se développer suivant un plan tout opposé à celui que la formation de la bourgeoisie a suivi. Je crois que ces personnes sont les seules qui aient une intelligence exacte des conditions de l'avenir du socialisme.

Il me semble impossible d'arriver à ce que Marx appelait, tout comme Proudhon, l'anarchie (1), si l'on commence par reproduire l'ancienne organisation centraliste qui a conduit à subordonner la gestion des affaires au souci de la suprématie, que se disputent des groupes dirigeants. Ne serait-ce pas une vraie politique de Gribouille que celle qui viserait à former le peuple pour une vie nouvelle, radicalement différente de la vie bourgeoise, en l'enfermant dans des institutions copiées sur celles de la bourgeoisie?

L'histoire de la Confédération du Travail va nous montrer, encore une fois, combien est puissante l'illusion unitaire: des hommes distingués par leur talent, leur dévouement et leur activité

(1) « Tous les socialistes entendent par *anarchie* ceci : le but du mouvement prolétaire, l'abolition des classes, une fois atteint, le pouvoir de l'Etat, qui sert à maintenir la grande majorité productrice sous le joug d'une minorité exploitante peu nombreuse, disparaît et les fonctions gouvernementales se transforment en de simples fonctions administratives » (*les Prétendues scissions de l'Internationale;* circulaire privée de 1872, p. 97). Cf. Proudhon, *Idée générale de la révolution au* XIXe *siècle,* p. 129 et pp. 259-260.

intelligente, ont cru que les anciens essais d'unification avaient échoué parce qu'ils avaient été beaucoup trop mêlés à des préoccupations politiques; observant que les divergences politiques engendrent beaucoup de discordes inutiles et que le socialisme moderne est tout pénétré de préoccupations économiques, ils ont pensé que l'unité pouvait se faire sur le terrain économique. Leur erreur est d'autant plus naturelle que presque tous les historiens séparaient l'histoire de nos constitutions politiques et celle des premières utopies socialistes, comme des choses absolument étrangères l'une à l'autre. Sans doute l'*unité intellectuelle* est fort désirable dans le peuple; mais quelle que soit la voie que l'on adopte pour créer une *unité gouvernementale* du socialisme, on aboutira aux mêmes échecs.

H. Ponard, dont tout le monde connaît le solide jugement, écrivait dernièrement: « Je suis sorti du congrès Japy, du congrès Wagram écœuré, et du congrès de Lyon de même. Qu'on en fasse tant qu'on voudra dans le même genre, je n'y mettrai plus les pieds et je ne crois pas être le seul (1)... Après les congrès soi-disant so-

---

(1) Pour 1902, on nous promit un congrès d'un genre un peu nouveau; à propos de la communion de Mlle Jaurès on devait approfondir les relations qui existent entre le programme de Saint-Mandé et la croyance à la transsubstantiation eucharistique. « Pauvre Empereur, écrivait Proudhon à propos du Concile de 1811, le voilà tombé dans la théologie; il ne se réveillera pas » (*la Révolution sociale démontrée par le coup d'Etat*, p. 136).

cialistes, j'ai suivi la série des congrès purement corporatifs, qui viennent d'avoir lieu, et je crois, quoi qu'on ait prétendu, qu'il n'y a pas grande différence... De plus en plus je suis convaincu que nous mourons de centralisme et que le grand mal provient de l'esprit étatiste dont les travailleurs eux-mêmes sont inspirés » (*Eclaireur de l'Ain*, 15 octobre 1901). Il conclut en engageant les ouvriers à se renfermer dans le cercle d'œuvres locales.

La Confédération du Travail est très faible d'après le compte rendu du dernier congrès. Ses recettes montaient pour l'année à 1.470 francs: « Ce n'est pas avec un budget aussi misérable, disait le Comité, que la Confédération pourra accomplir sa mission; » — son journal officiel n'a que mille abonnés (1) et la vente au numéro atteint au maximum 600 à Paris. Elle n'est qu'une autorité *in partibus:* tout au plus peut-on la considérer comme une société qui se charge de formuler les vœux de la masse des travailleurs; mais une pareille société ne peut subsister si elle se contente de faire des circulaires et des brochures; on lui demandera d'aboutir à des résultats pratiques. Elle ne peut rendre des services directs aux institutions locales; elle devra donc chercher à rendre des services indirects et généraux par l'entremise de son action sur les pouvoirs publics. Dès que cette

(1) Il avait été décidé que les syndicats, Bourses et fédérations s'abonneraient à *la Voix du Peuple;* 462 seulement l'on fait sur près de 4.400.

nécessité sera reconnue, il faudra abandonner l'attitude vraiment révolutionnaire, faire la paix avec les représentants officiels de la force concentrée du capitalisme et prouver que l'on peut accepter des transactions avec l'Etat bourgeois. Les sociétés d'agriculture les plus réactionnaires sont bien obligées, elles aussi, d'en venir à avoir des relations avec le gouvernement; quant à celui-ci, il recherche ces relations, parce que, d'après nos traditions nationales, l'Etat doit chez nous se mêler de tout et que le premier des droits du citoyen français est d'être surveillé par la haute police. La Confédération du Travail me paraît destinée à devenir une sorte de conseil officieux du Travail, une académie des idées prolétariennes, qui présentera des vœux au gouvernement — comme le font les grandes sociétés d'agriculture; il semble d'ailleurs que le gouvernement se préoccupe de cette évolution et s'apprête à la faciliter. La lutte qui s'est produite dernièrement pour le choix du secrétaire chargé de la publication du journal a été une première manifestation d'une tendance qui ne pourra manquer de s'accuser (1).

(1) Cette transformation paraît être tout aussi nécessitée que celle que l'on constate dans tous les groupes socialistes parlementaires. — Un de ces jours on verra, sans doute, de jeunes avocats également amis du ministère et du peuple offrir leurs services à la Confédération, comme cela s'est produit pour l'Union des syndicats de la Seine. Je vois figurer dans le conseil juridique de ce groupe (*Voix du peuple*, 1ᵉʳ décembre 1901) un avocat dont la thèse a été publiée avec une préface de Waldeck-Rousseau !

N'oublions jamais que l'esprit populaire n'a pas tant changé depuis que Corbon écrivait en 1865 (1) : « Les révolutions successives n'ont pu ruiner dans l'esprit des populations ouvrières le caractère omnipotent de cet être de raison qu'on appelle l'Etat. Oui, ce peuple d'élite... en est encore à croire que l'Etat est le résumé de l'intelligence et de la puissance générales..., la providence visible de la société et particulièrement celle des classes déshéritées. »

Pelloutier a eu le très grand mérite de comprendre qu'il était possible de constituer la Fédération des Bourses sur un plan tout différent, de réaliser un type d'organisation vraiment neuf et de rompre avec les imitations de la tradition bourgeoise. Il avait été peut-être conduit à la pratique qu'il a fait adopter, en partie par des préoccupations anarchistes, mais bien plutôt encore par le sens remarquable qu'il avait des conditions de la lutte de classe. Au lieu de chercher à constituer une nouvelle autorité, il voulait réduire le Comité fédéral à n'être qu'un bureau administratif, qui servirait à mettre les Bourses en relations entre elles, pour que chacune d'elles pût profiter des idées émises et des expériences tentées ailleurs. Il ne sera pas facile de continuer cette œuvre dans le même esprit, parce que cette administration est fort contraire à tout ce que nous sommes habitués à voir faire autour de nous; il faudra que le Comité fédéral

____

(1) Corbon, *le Secret du peuple de Paris*, p. 216.

reste fortement empreint de sentiments révolutionnaires (1) pour que cela puisse durer.

A cause de la nouveauté de cette administration l'expérience est très importante à suivre de près. Si la Fédération des Bourses parvient à se maintenir sur le terrain où Pelloutier espérait la voir de se développer, il sera démontré expérimentalement que la classe ouvrière peut réaliser « cette unité profonde et tout intellectuelle », sans laquelle le socialisme ne serait qu'une chimère et qui différencie l'ordre nouveau cherché par le prolétariat de l'ordre ancien créé par la société bourgeoise. « Vous n'avez jamais su ce que c'est que l'unité, disait Proudhon (2) en 1851 à ses adversaires, vous qui ne pouvez la concevoir qu'avec un attelage de législateurs, de préfets, de procureurs généraux, de douaniers, de gendarmes ».Ce n'est pas une unité de ce genre, non plus que l'unité ecclésiastique qu'il s'agit de reproduire.

L'organisation des Bourses du Travail a pour

(1) Dans sa *Lettre aux anarchistes,* du 12 décembre 1899, Pelloutier écrivait : « Nous sommes des révoltés de toutes les heures, des hommes vraiment sans dieu, sans maître, sans patrie, les ennemis irréconciliables de tout despotisme, moral ou matériel, individuel ou collectif, c'est-à-dire des lois et des dictatures (y compris celle du prolétariat) et les amants passionnés de la culture de soi-même. » (*Le Congrès général du parti socialiste français,* p. VII).

(2) Proudhon, *Idée générale de la révolution au XIXe siècle,* p. 260.

base première l'existence des relations qui découlent entre les travailleurs, appartenant à diverses professions, de la vie dans un même lieu; on n'attache pas toujours assez d'importance aux liens locaux; sans doute parce qu'ils sont trop faciles à constater, les savants les laissent de côté. Dans le plus grand nombre de cas, les ouvriers d'une même ville ont plus d'intérêts communs que les ouvriers d'une même profession habitant des villes éloignées. Sans doute, les mécaniciens de chemins de fer n'ont pas de profondes attaches locales, parce que les administrations dont ils dépendent sont centralisées à Paris, et qu'ils peuvent être appelés à faire leur service sur des points très divers d'un même réseau; mais c'est là une situation exceptionnelle. Les ouvriers d'une même ville provinciale ont beaucoup de parents et d'amis communs, ils ont été à l'école ensemble; leur manière de vivre et leurs conditions générales d'existence sont très semblables; ils sont mélangés dans de nombreuses associations (de coopération, de secours mutuels, d'enseignement ou d'amusement); ils forment un peuple ayant une véritable unité; on peut dire que, dans toute localité où le socialisme a pris de l'extension, il existe une Commune ouvrière en voie d'organisation.

La France est l'un des pays où le mélange local est le plus complet et où, par suite, l'unité concrète des ouvriers est le plus facilement réalisable. L'industrie est ancienne chez nous et elle est restée dispersée beaucoup plus qu'en Angle-

terre, parce que les vieilles manufactures ont
été, presque partout, des centres d'attraction.
Le régime parlementaire a contribué à maintenir une grande dispersion économique, parce
que les députés arrivent à obtenir du gouvernement des mesures propres à protéger les situa-
tions acquises: c'est ainsi que l'on a été amené
à améliorer quantité de ports secondaires ou des
rivières qu'on aurait abandonnés dans d'autres
pays, — que l'on a construit des voies ferrées
de premier ordre dans des régions pauvres, —
que l'on a maintenu des ateliers travaillant pour
l'Etat dans de petits centres.

Les fédérations de métiers, que l'on a constituées, en assez grand nombre, n'ont pu montrer
une très grande vitalité, parce que les groupes
qu'elles réunissent ont trop d'intérêts strictement dépendants d'usages locaux et de conditions particulières. Les fédérations qui ont fait
quelque chose semblent être celles qui sont en-
trées en contact permanent avec le gouvernement et ont cherché à faire passer des lois fa-
vorables à leurs adhérents: l'Office du travail
fait ressortir que telle a été l'utilité de la Fédération des mineurs (1). Ce genre d'action a son
utilité pratique; mais il n'est pas démontré que

(1) Office du travail, *les Associations professionnelles
ouvrières*, tome I, page 413. — Voir aussi, page 866, les
démarches faites par la Fédération des travailleurs du
livre pour obtenir que les adjudicataires des travaux
de l'Etat acceptent les tarifs syndicaux. — Cette Fédération paraît avoir définitivement rompu avec toute
tendance socialiste depuis 1889 (pp. 856-857); son ob-

les mêmes résultats n'eussent pu être obtenus
autrement, en ne suivant pas une tactique aussi
dangereuse pour le progrès des idées socialistes.
Dans un pays comme le nôtre tout devient rapidement objet de marchandages politiques; pour
entrer en relations efficaces avec le gouvernement central, il faut tempérer son socialisme et
s'exposer à la dégénérescence dont il a été question plus haut. L'action locale sur les députés
n'offre pas le même danger; Riom a montré au
congrès corporatif de Rennes, en 1898, comment
on peut réussir (1).

En Angleterre les trade-unions jouent un très
grand rôle comme sociétés de secours mutuels;
60 pour cent de leurs fonds sont employés dans
ce but et un peu plus de 20 pour cent seulement pour les grèves. En France, il n'existe
rien de semblable; il y a d'assez bonnes raisons
à présenter en faveur de l'organisation des mu-
tualités par villes; de nos jours le placement de
leurs fonds devient de plus en plus difficile et
beaucoup de personnes pensent qu'elles devraient employer une grande partie de leur for-

jectif semble être d'arriver à constituer un grand conseil mi-patronal, mi-ouvrier (p. 864).
(1) « Faire signer par *tous les candidats sans exception* l'engagement de présenter et de voter nos revendications; — combattre avec acharnement tout candidat
ou élu sortant qui ne se conformerait pas strictement
à nos résolutions. En un mot, faire échouer sa candidature par tous les moyens, *quel que soit son parti* » (Cir-
culaire du Musée social, février 1899, p. 85, col. 2,
note).

tune en construction de maisons ouvrières : la gestion de ces immeubles sera toujours meilleure entre les mains d'un groupe local que dans celles d'une grande fédération.

Le grand avantage des fédérations est de pouvoir organiser des secours de route; aussi Pelloutier avait bien compris que si l'on pouvait constituer un service de régularisation des marchés du travail, faire du remplacement à distance et faciliter les voyages des hommes sans travail, l'avenir des Bourses serait définivement assuré. Il avait commencé à s'occuper de cette question capitale, que son successeur espère mener à bonne fin.

Il semble que les villes auraient grand avantage à utiliser l'intermédiaire des Bourses pour administrer les secours de chômage. Une des grandes difficultés qui se présente est de savoir si l'ouvrier chômeur doit être dirigé sur une localité plus ou moins éloignée, être conservé et appliqué à un travail plus ou moins voisin de sa spécialité, ou recevoir des secours en argent. Les bureaux municipaux ne peuvent pas arriver à résoudre de pareilles questions qui comportent trop de détails professionnels et leurs décisions paraissent toujours arbitraires aux travailleurs; mais ceux-ci se soumettront facilement à ce que réglera une commission de gens de métier. Je crois devoir indiquer ici une question qui me semble avoir une grande importance pratique: il n'est pas du tout indifférent que les villes s'embellissent, comme au Moyen-Age, par des travaux où se manifeste une main-d'œuvre supérieure; la conservation de la bonne qualité du travail est capitale, à mes yeux, pour l'avenir de la classe ouvrière (1): il serait donc très convenable que les villes confiassent à des commissions formées d'habiles et d'anciens ouvriers le soin d'employer une partie importante des fonds de chômage pour faire exécuter des choses ayant une valeur esthétique; — on conviendra que cela ne peut être obtenu que par une direction purement ouvrière.

L'expérience a montré que l'éducation artistique, scientifique et littéraire du peuple pourrait très utilement être dirigée par les Bourses; dans une solide étude sur les Universités populaires, Ch. Guieysse estime qu'elles ne peuvent réussir que si les conférenciers ne cherchent pas à s'ériger en *maîtres;* il faut qu'ils se mettent à la disposition de leur auditoire pour traiter les sujets dont celui-ci éprouve le besoin: « Les U.P. (1) fondées par des Bourses du travail, des syndicats, que l'autoritarisme politique n'a pas atteints, sont les meilleures. »

(1) J'ai indiqué ailleurs quel rôle pourrait jouer un apprentissage intelligent et l'influence qu'exerce l'éducation artistique sur l'esprit d'indépendance (*l'Avenir socialiste des Syndicats*, pp. 82-86, et *la Valeur sociale de l'art*, pp. 29-30. Rivière, éditeur). — **Cf.** sur l'apprentissage comme base de l'éducation ce que Proudhon a écrit dans la sixième étude de la *Justice* et dans la *Capacité politique des classes ouvrières* (3ᵉ partie, chap. VII).

(1) Deuxième *Cahier de la quinzaine* (3ᵉ série), p. 30: cf. pp. 42-44 et p. 60.

Cet enseignement n'a qu'un rapport si lointain avec les intérêts de parti que l'on peut trouver partout des hommes de bonne volonté pour le donner d'une manière très satisfaisante; mais l'Université et l'Eglise rivalisent pour transformer les questions historiques et philosophiques en matières de propagande; aussi beaucoup de socialistes ont-ils vu avec quelque crainte les professeurs de l'Etat se mêler de vouloir enseigner le peuple. Au congrès des Bourses tenu en 1900 à Paris, on a même émis l'opinion qu'il y aurait lieu de créer un enseignement primaire pour les enfants des syndiqués, de manière à les soustraire à l'influence des manuels *civiques* officiels (1).

A ce même congrès on décida d'établir des relations suivies entre les Bourses et les jeunes ouvriers appelés sous les drapeaux. L'affaire Dreyfus a rendu l'armée à moitié folle; enivrés par les témoignages d'admiration que leur prodiguaient les gens comme il faut, les officiers sont devenus tellement ridicules qu'il est maintenant très facile de montrer aux soldats ce que valent les *forces* de l'enseignement civique.

(1) Dans la brochure *Comment l'Etat enseigne la morale* (aux *Temps nouveaux*), on trouve de réjouissants exemples de cet enseignement. Voir notamment (p. 149) un chant de guerre attribué au célèbre professeur Lavisse :

> « On va leur percer le flanc
> Rantan, rantan plan, tirelire,
> On va leur percer le flanc,
> Nous allons rire. »

Lorsque les travailleurs ont *appris à voir* et qu'ils ont reconnu ce qui se cache de bassesses, souvent de saletés, derrière des masques jusqu'alors vénérés, le service militaire cesse d'être une école de docilité, pour se transformer en école de révolte; et il se produit une révolte contre tout l'ensemble des classes dirigeantes. Rien ne peut avoir plus d'influence sur la propagande du socialisme que cette éducation du soldat dans les Bourses: les révolutionnaires trouveront là un large champ pour exercer leur initiative.

Quel que soit, d'ailleurs, le genre d'activité que l'on considère, on se rendra rapidement compte que, dans presque toutes nos villes, les Bourses peuvent devenir facilement des administrations de la *Commune ouvrière* en formation, et diriger (1) « l'œuvre d'éducation morale, administrative et technique, nécessaire pour rendre viable une société d'hommes libres ».

G. SOREL.

Décembre 1901.

(1) F. Pelloutier, *Le Congrès général du parti socialiste,* p. VIII.

HISTOIRE

DES

BOURSES DU TRAVAIL

I

Après la Commune.

La section française de l'Internationale dissoute; les révolutionnaires fusillés, envoyés au bagne ou condamnés à l'exil; les clubs dispersés, les réunions interdites; la terreur confinant au plus profond des logis les rares hommes échappés au massacre: telle était la situation du prolétariat au lendemain de la Commune.

Du côté de la bourgeoisie, au contraire, on sentait comme une renaissance. Le commerce et l'industrie subissaient, sans doute, encore les conséquences de la guerre; bien des ateliers restaient fermés, dont les meilleurs ouvriers, — rappelant l'exode des protestants, — étaient allés porter à Londres, à Bruxelles et à Genève leurs facultés d'initiative et leur capacité technique (1), et malgré l'assurance que paraissait avoir donnée aux négociants la facile victoire des « soldats de l'ordre », ce n'était pas sans appréhension qu'ils tournaient leurs regards tantôt du côté de l'Allemagne et tantôt du côté de ce peuple qui leur avait une fois de plus montré de quelle énergie il est capable. Néanmoins, l'association des syndicats patronaux, connue

(1) Les ouvrages relatifs aux expositions de Lyon (1872), de Vienne (1874), de Philadelphie (1876) sont unanimes à signaler le dommage que causa à l'industrie française l'expatriation des insurgés du 18 mars 1871.

« ... J'ai parlé, dit M. L. Cambrion, carrossier, des différentes catégories de travailleurs qui ont quitté leur patrie pour le nouveau continent et y ont porté toutes espèces d'industries dont la France avait le monopole dans l'univers entier, et dont quelques-unes n'étaient pas ou peu connues en Amérique au commencement de la seconde moitié de notre siècle. De ce nombre est la carrosserie, qui s'y est implantée sérieusement depuis cette époque, grâce à l'émigration volontaire ou forcée de ceux qui, à la suite du coup d'Etat de Décembre, purent échapper aux persécutions du pouvoir de l'époque. Ensuite les guerres étrangères et surtout la Révolution de 1871 eurent les mêmes résultats : les conséquences en sont incalculables au point de vue industriel et de notre commerce d'exportation, qui a une tendance à péricliter de plus en plus surtout depuis que les derniers événements auxquels je fais allusion ont obligé de nombreux ouvriers à quitter Paris... » (*Délég. ouvr. libre à l'Expos. univ. de Philadelphie*, p. 49).

« ... Les diverses fluctuations politiques qu'a subies notre pays ont amené, à diverses époques, une certaine quantité de nos compatriotes à aller se fixer aux Etats-Unis. C'est ainsi que New-York et Newark, par exemple, ont compté et comptent encore un certain nombre d'ouvriers parisiens qui ont contribué à amé-

sous le **nom** d'*Union nationale du commerce et de l'industrie*, prenait une extension chaque jour plus considérable, et, ne trouvant en face d'elle aucune puissance ouvrière rivale, fixait à son gré la valeur et la durée du travail.

Quelques hommes, alors, de ceux qui, après avoir fondé l'Internationale, s'en étaient écartés

liorer la fabrication américaine... « (*Ibid.* (Chapeliers), p. 51).

« ... Puis, les persécutions politiques (qui) obligent un certain nombre de citoyens à chercher un asile sur cette terre hospitalière; et, pour ne parler que de la France, qui ne se souvient de l'empressement des industriels étrangers, parmi lesquels se trouvaient des Américains, à embaucher ceux de nos collègues de différentes professions que les conseils de guerre mettaient en liberté, après un premier examen, lors de nos dernières luttes pour la revendication ?... » (*Ibid.* (Mécaniciens), p. 119).

« ... L'industrie (des Etats-Unis) a pris une extension considérable surtout depuis la Révolution de 1871, où des milliers d'ouvriers français, principalement des ouvriers parisiens, craignant de devenir les victimes de la contre-révolution triomphante, sont allés porter à l'étranger le secret de leurs industries. Tous les rapports constatent que cette émigration fut très funeste à l'industrie française et que le séjour des travailleurs expatriés a été assez long pour permettre aux capitalistes du Nouveau-Monde de créer, pour ainsi dire, des industries nouvelles et de jeter sur les marchés de l'Europe des produits pouvant avantageusement supporter la concurrence... » (*Ibid.* (Examen général), p. 131).

« ... Après une série de calculs approximatifs de dépenses et de produits, ils (les Américains) constatent que l'émigration de 1871 a ajouté 285.000.000 de dollars (1.425.000.000 fr.) à leur richesse nationale... » (*Délég. ouv. libre à l'Expos. de Philadelphie* (Relieurs), p. 185).

parce qu'ils avaient peur de la révolution, songèrent à reprendre l'œuvre abandonnée jadis. Se
croyant à jamais délivrés des révolutionnaires,
déplorant l'horrible répression de 1871, mais
satisfaits intimement que la caste bourgeoise
leur eût débarrassé la voie qui pouvait mener à
la « conciliation entre le capital et le travail »,
ils posèrent les bases d'associations nouvelles au
sein desquelles les ouvriers, s'abstenant de
toute critique sur le gouvernement et les lois,
se borneraient à traiter de la location du travail dans ses rapports avec les lois de l'échange
économique. De ces premières tentatives naquit
le *Cercle de l'union syndicale ouvrière* « qui devait, dit Barberet, un de ses fondateurs (*la Bataille des intérêts*, p. 301), relier solidairement tous
les syndicats d'ouvriers et faire contrepoids à
l'*Union nationale du commerce et de l'industrie* ».

Ce cercle, sans doute, était peu subversif,
ayant « pour but de réaliser par l'étude, la concorde et la justice » et de convaincre l'opinion
publique « de la modération qu'apportent les
travailleurs dans la revendication de leurs
droits ».

Si modérés qu'ils fussent, néanmoins, de que-
que sagesse qu'ils fissent preuve, les fondateurs
du Cercle étaient encore trop hardis au gré de
l'Ordre moral. Ils se disaient, en effet, répubi-
cains, et des républicains adonnés à l'économie
sociale, eussent-ils la ferme intention de ne jamais discuter la politique de M. de Broglie, pai-

vaient devenir des ennemis dangereux. Le *Cercle de l'union syndicale ouvrière* fut donc dissous, et si l'autorité n'inquiéta pas les chambres syndicales, c'est que ces chambres, peu nombreuses, sans existence certaine, privées par la dissolution du Cercle de tout lien commun, paraissaient vouées à l'impuissance et à une disparition prochaine.

Comment donc subsistèrent-elles? Comment se fit-il qu'en 1875 on en comptât cent trente-cinq, dont quelques-unes, notamment celle des tisseurs roubaisiens, douées de quelque activité? Il semblait bien qu'après l'hécatombe de 1871 tout essai d'affranchissement du prolétariat fût devenu impossible et que le peuple, s'il n'avait perdu jusqu'au goût de la liberté, souvent endormi, jamais mort, fût du moins condamné à subir longtemps le joug capitaliste. Or, moins de quatre ans après la défaite de l'insurrection, deux ans après la dispersion finale de toutes les intelligences et de toutes les énergies ouvrières, voici que se révélaient des intellligences et des énergies nouvelles, et que la foule des travailleurs, un instant arrêtée, reprenait sa marche vers l'émancipation. N'était-ce pas que l'intuition populaire perçût dans l'association par classes l'unique moyen de transformation sociale et que, malgré ses sentiments de conciliation économique, malgré son apparente indifférence politique, sous l'empire, en quelque sorte, d'une clairvoyance irraisonnée, l'ouvrier devinât dans le communisme des idées et des intérêts à la fois l'instrument de destruction du despotisme et l'instrument d'édification de l'harmonie économique?

Quoi qu'il en soit, il existait donc vers 1875 cent trente-cinq chambres syndicales, soumises aux articles 291 à 294 du Code pénal, à la loi du 10 avril 1834 et aux décrets du 25 mars et du 2 avril 1852. Tant que dura la période de réaction, ces chambres syndicales, trop heureuses de n'être pas inquiétées, s'accommodèrent du régime précaire qui les mettait à la merci d'un coup de force. Mais quand vint le temps où la France commença de respirer, où l'on put parler à voix haute d'association professionnelle, de représentation ouvrière au Parlement, de coopération, sans être suspecté d'avoir fusillé les otages, alors les chambres syndicales revendiquèrent des droits, réclamèrent d'abord la suppression des lois et décrets auxquels elles étaient soumises ainsi que la reconnaissance légale de leur institution, puis discutèrent et condamnèrent le projet de loi que venait d'élaborer à leur intention M. Lockroy, alors député des Bouches-du-Rhône, et enfin tinrent à Paris un congrès national.

Une délégation ouvrière, constituée sur l'initiative de la chambre syndicale ouvrière florale, venait de partir pour l'exposition universelle de Philadelphie. Un congrès ouvrier venait de se tenir à Bologne. Le 19 juin 1876, le journal *la Tribune* publia l'article suivant: « Maintenant que la délégation ouvrière à Philadelphie a quitté la France, il est nécessaire qu'une nouvelle question soit mise à l'ordre du jour des travailleurs de Paris et de la province. Qu'est-ce que nos amis penseraient d'un congrès ouvrier qui se réunirait à Paris, en août, ou en septembre, quelques semaines après le retour des délégués, congrès dans lequel on discuterait les bases d'un programme socialiste commun?

« Nous nous contentons pour aujourd'hui d'émettre cette idée, qui nous est suggérée par le congrès de Bologne. Elle nous paraît, de prime abord, excellente, et nous sommes persuadé qu'un congrès ouvrier pourrait avoir sur l'émancipation économique de tout le prolétariat français une influence considérable. »

Cette proposition souleva dans la classe ouvrière un enthousiasme compréhensible devant le silence observé pendant les cinq années précédentes. De nombreux articles parurent à ce sujet dans la presse radicale; des adhésions vinrent en foule de Paris et de province, et après quelques réunions tenues par les délégués à l'exposition de Vienne, les membres de la commission ouvrière pour l'exposition de Philadelphie, les conseillers prud'hommes, les syndics des corporations, etc., un comité d'initiative fut chargé d'organiser le congrès et d'en établir l'ordre du jour.

Ce comité se composait de la citoyenne André, de Chabert, A. Corsin, Delion, Deville, Eliézer, Gauttard, Guérin, Guillon, Vernet. Le programme du congrès comportait huit questions:

le travail des femmes; les chambres syndicales; les conseils de prud'hommes; l'apprentissage et l'enseignement professionnel; la représentation directe du prolétariat au Parlement; les associations coopératives; les caisses de retraite; l'association agricole et l'utilité des rapports entre les travailleurs agricoles et les travailleurs industriels.

Le congrès fut ouvert le 2 octobre 1876 à la salle des Ecoles, rue d'Arras. Parmi les délégués nous remarquons les citoyens Chausse, Chabert (alors mutuelliste), Isidore Finance, V. Delahaye, Masquin, Simon Soëns, Barberet, Narcisse Paillot, Aimé Lavy, Feltesse (qui ne fut pas admis à prendre la parole, à cause de sa nationalité). La majorité du congrès était composée de coopérateurs et de mutuellistes. Cependant on remarqua quelques collectivistes (étatistes et anarchistes), qui n'hésitèrent pas à exposer leurs théories, et des protestations très vives furent formulées contre la présence du citoyen Barberet.

Au reste, le rapport présenté à la séance d'ouverture par le comité d'initiative indique nettement quel était l'esprit du congrès. « Ce que nous voulons, dit ce rapport, c'est faire que l'ouvrier laborieux ne manque jamais d'ouvrage, c'est que le prix du travail soit véritablement rémunérateur, c'est que l'ouvrier ait le moyen de s'assurer contre le chômage, la maladie et la vieillesse... Nous avons voulu également, avec le congrès, montrer à nos gouvernants, à nos classes dirigeantes qui se disputent et se battent pour s'emparer du gouvernement et s'y maintenir, qu'il y a dans le pays une fraction énorme de la population qui souffre, qui a besoin de réformes, et dont on ne s'occupe pas assez.

« Nous avons voulu que le congrès fût exclusivement ouvrier, et chacun a compris de suite nos raisons. Il ne faut pas l'oublier, *tous les systèmes, toutes les utopies qu'on a reprochés aux travailleurs ne sont jamais venus d'eux; tous émanaient de bourgeois, bien intentionnés sans doute, mais qui allaient chercher les remèdes à nos maux dans des idées et des élucubrations, au lieu de prendre conseil de nos besoins et de la réalité. Si nous n'avions pas décidé, comme mesure indispensable, qu'il fallait être ouvrier pour parler et voter dans le congrès, nous aurions vu la répétition de ce qui s'est passé à une autre époque, c'est-à-dire des faiseurs de systèmes bourgeois qui seraient venus gêner nos débats et leur imposer un caractère que nous avons toujours repoussé.* Il faut qu'on le sache bien, l'intention des travailleurs n'est pas de vouloir améliorer leur sort en dépouillant les autres. Ils veulent que les économistes, qui ne se préoccupent que des produits et pour lesquels l'homme n'est rien, considèrent également l'homme en même temps que le produit; ils attendent de la nouvelle science économique toutes les améliorations qui consistent dans la solution de la question sociale. »

Les inexactitudes de ce document montrent

bien quel était le caractère, sinon des 360 délégués qui composaient le congrès, ni même de la totalité de la commission d'initiative, tout au moins du comité organisateur. Non seulement les membres de ce comité s'attachaient à calmer les inquiétudes que pouvait donner le congrès aux gouvernants et aux industriels, mais, pour s'assurer la protection capitaliste, ils n'hésitaient pas à calomnier (en les confondant avec les politiques du genre de Louis Blanc) les ouvriers d'élite, Varlin, César de Paëpe, Emile Aubry, Albert Richard, Dupont, etc., qui avaient professé et répandu les doctrines de l'Internationale.

Malgré, cependant, l'approbation donnée à ce rapport par le congrès, les organisateurs purent constater tout de suite que, même dans les cerveaux de la fraction ouvrière demeurée étrangère aux actes de la Commune, la prédication de l'Internationale, parce qu'adéquate aux intérêts populaires, avait laissé des traces profondes. Sur la première question (celle du travail des femmes), le congrès préconisa l'application du principe: *A travail égal salaire égal*, recommanda la constitution de syndicats féminins et la réduction légale du travail à 8 heures sans diminution du salaire. Sur la sixième question, Isidore Finance se prononça énergiquement contre la coopération. Après avoir esquissé la carrière malheureuse fournie, depuis Buchez, par les diverses formes d'association coopérative, il conclut: « Ainsi, ce serait au moyen de l'épargne réalisée sur un maigre salaire que le

prolétariat des villes et des campagnes pourrait
faire passer entre ses mains la propriété du sol,
des matières premières et de l'outillage industriel, et contre-balancer l'influence du capital
accumulé depuis des siècles! Combien de siècles, à son tour, lui faudra-t-il pour toucher au
but? On s'abstient de le lui dire. Si c'est là ce
qu'on appelle être pratique, qu'appelle-t-on utopie, alors?... La coopération sacrifie forcément
l'indépendance individuelle et le loisir nécessaire à l'acquisition de l'instruction, à un espoir
de bénéfice matériel, que sa nature commerciale rend incertain; elle tend à enlever au prolétariat ses aspirations généreuses pour lui donner les préoccupations de la bourgeoisie mercantile et égoïste; par conséquent, la coopération est le plus grand obstacle à cette régénération intellectuelle et morale qui, de l'aveu même
des coopérateurs, devrait précéder l'amélioration matérielle des travailleurs... » Un délégué
se prononça contre toutes les formes de l'aumône, parce que l'aumône semble dire que le
chômage est un fait nécessaire ou inévitable,
quand il dépend du prolétariat de le faire disparaître. De même, un autre délégué condamna
les sociétés de secours mutuels, parce qu'elles
« ne donnent aucun moyen d'amener l'*extinc-
tion du salariat* », dont elles sanctionnent, au
contraire, l'existence, et que « ce qui doit absorber nos pensées et diriger nos actions, c'est
d'ouvrir un débouché en vue de notre émancipation économique ». Enfin, le délégué Hardy,

des bronziers de Paris, après avoir accepté la demande de caisses de retraite, à condition qu'elles fussent alimentées exclusivement par le budget militaire, s'écria, sans soulever la moindre protestation, bien qu'on fût au lendemain des revers de 1870: « Il nous importe peu que la France soit petite et l'Allemagne plus grande ». Le congrès réclama l'institution de caisses de retraite dont l'administration fût soustraite à la tutelle de l'Etat.

Restait la question des chambres syndicales. Comme nous l'avons dit, le congrès avait à examiner une proposition de loi sur les associations ouvrières déposée par M. Lockroy. Aux termes des articles 5 et 6 de cette proposition, toute chambre syndicale devait lors de sa fondation, puis le 1er janvier de chaque année, remettre soit au maire, soit au préfet de police, soit au procureur de la République, suivant l'endroit où elle avait son siège social, une déclaration contenant ses statuts, le nombre de ses membres, ainsi que leurs noms et adresses. Ces prescriptions, qui avaient soulevé de vives discussions dans la classe ouvrière, émurent également le congrès.

Ils constituent, dit le délégué du syndicat des mécaniciens de Paris, « un traquenard que nous pouvons comparer, toutefois avec des circonstances aggravantes, à la loi du 22 juin 1854 sur les livrets: c'est une loi de police d'un nouveau genre, et nous ne ferons pas aux conseils syndicaux l'injure de croire qu'ils consentiront à devenir les auxiliaires de la préfecture de police et des parquets ».

Le projet Lockroy, dit le citoyen Daniel, « pose aux associations de travailleurs les conditions qu'on ne demande jamais aux associations de capitaux, aux associations religieuses et même aux associations civiles ».

Qu'étaient donc, pour les membres du congrès, les chambres syndicales? Quel rôle devait être le leur? Quelle serait leur composition?

« Les chambres syndicales, dit Charles Bonne, délégué de Roubaix, sont plutôt des comités organisateurs d'autres sociétés. Elles doivent s'occuper d'abord de la question de l'enseignement mutuel, après s'être occupées, bien entendu, des intérêts professionnels; elles doivent procéder ensuite à l'organisation de bibliothèques populaires et d'associations de consommation, afin d'empêcher l'exploitation du travailleur par le capitaliste. Les chambres syndicales doivent aussi faire des efforts pour créer des caisses de retraite au profit des familles d'ouvriers... Elles doivent encore s'occuper de la réorganisation des conseils de prud'hommes, dont le fonctionnement est si défectueux... »

Et Bonne conclut: « Pour créer cette organisation, il y a différents systèmes: les uns veulent que les chambres syndicales opèrent avec une seule corporation; mais en province ce système est très difficile, attendu qu'une seule corporation ne réussit pas toujours à composer une chambre syndicale sérieuse... Je crois donc qu'en groupant les différents corps de métier qui ont des intérêts similaires il est plus facile d'y constituer des chambres syndicales. Chaque corps de métier élit un nombre de syndics proportionnel au nombre de citoyens qui font partie de la corporation... Je demanderai, en outre, que les chambres syndicales, pour faire avancer le progrès dans cette voie, fassent imprimer un rapport administratif des opérations de leurs sociétés, qui soit envoyé à un bureau désigné à cet effet. Ce bureau prendra communication des divers rapports administratifs de toutes les chambres syndicales de France; avec ce système, on pourra se tenir au courant des progrès accomplis... »

Pour Charvet (de Lyon), « les chambres syndicales ne doivent pas être mixtes; elles doivent faire respecter les intérêts des travailleurs et faire cesser les abus existant dans les corporations. Elles peuvent également, après en avoir référé à leurs sociétaires, établir, avec l'assentiment des patrons, des usages qui ont force de loi et qui seront la ligne de conduite des conseillers prud'hommes... »

Enfin, Dupire (de Paris) propose: « Les chambres syndicales ouvrières sont invitées à concentrer tous leurs efforts en vue de diminuer la durée générale et normale du travail dans toutes les professions, et en même temps de faire augmenter le salaire de l'ouvrier; elles doivent user de toute leur influence pour entraver la concurrence que font aux hommes les femmes mariées et les enfants dans les usines, ateliers, fabriques et manufactures; elles useront également de toute leur influence pour faire passer ces idées dans les esprits et faire accepter ces principes par l'opinion publique. »

Ces opinions traduisent éloquemment le sentiment du congrès. Foyers d'étude économique librement constitués: telles devaient être les chambres syndicales. On devine donc quel accueil il fit au projet Lockroy. En effet, le rapport de la commission, adopté sans débat, formula les conclusions suivantes:

1° Abrogation des articles 291, 292, 293, 294 du Code pénal, ainsi que des autres lois ayant pour but de restreindre la liberté de réunion et d'association;

2° Retrait du projet de loi sur les chambres syndicales déposé à l'Assemblée;

3° Nomination d'une commission chargée de faire connaître à l'Assemblée les délibérations du congrès.

Telle fut l'œuvre du premier congrès ouvrier qui se tint en France après la Révolution du 18 mars. Assurément ses revendications furent timides, et à maintes reprises on put constater que ses membres, loin de faire cause commune avec les héroïques travailleurs tombés sous les balles versaillaises, n'avaient d'autre souci que d'affirmer leur éloignement de tout essai de bouleversement social. Mais ce congrès allait rouvrir les associations professionnelles, créer un nouveau lien entre les ouvriers, les obliger à étudier le problème social, et il n'était pas douteux que tôt ou tard les exploités, après avoir cherché de bonne foi la conciliation entre eux et le capital, ne comprissent que cette conciliation est impossible et que l'un des deux facteurs de l'économie politique officielle doit disparaître.

A peine le congrès clos, les syndicats parisiens nommèrent une commission de 62 membres, chargée de régler au mieux des intérêts ouvriers la question des chambres syndicales. Cette commission se mit immédiatement à l'œuvre et, pour débuter, tenta de reconstituer le *Cercle de l'Union syndicale ouvrière*. Mais le gouvernement veillait, et ministre de l'Intérieur et préfet de police s'opposèrent au projet de la commission. Alors celle-ci entreprit d'élaborer une proposition de loi qui pût remplacer celle de M. Lockroy. Mais elle n'y parvint pas aisément. Les collectivistes faisaient très justement observer que les syndicats n'avaient pas à prêter leur collaboration au ministère, que d'ailleurs, les syndicats s'étant, malgré l'absence de toute loi, reconstitués, rien ne motivait de leur part une modification du *statu quo*, que l'adoption du projet Lockroy était douteuse, qu'il convenait donc d'ajourner toute décision et de continuer à vivre comme on l'avait fait jusqu'à ce jour. Bref, leurs efforts furent couronnés de succès: le projet enfin établi par la commission des 62, puis amendé par les syndicats, resta dans les cartons.

Les collectivistes avaient vu juste, d'ailleurs.

Le projet Lockroy fut repoussé; les syndicats se multiplièrent, et comme la propagande qu'y faisaient les ouvriers intelligents, tout active qu'elle fût, était silencieuse et n'éveillait point l'attention publique; comme, d'autre part, les événements politiques absorbaient toute l'attention des « sphères officielles », ainsi qu'on disait alors, les idées socialistes allaient se propageant de jour en jour.

Deux années s'écoulèrent ainsi. Puis se tint à Lyon, en 1878, un second congrès ouvrier. A ce moment, quelques hommes qui avaient joué un rôle dans l'Internationale, mais qui, n'ayant pris au mouvement communaliste qu'une part effacée, avaient échappé à la répression, tentaient d'organiser, en dehors des chambres syndicales, un parti socialiste. De ces hommes, qui s'appelaient Guesde, Lafargue, Chabert, Paulard, Deynaud, certains étaient en relations de famille ou d'amitié avec Karl Marx, Engels et les débris du conseil de l'Internationale dispersés après le congrès de La Haye (1872). La propagande qu'ils avaient faite pendant les mois précédents avait porté de tels fruits qu'ils avaient pu manifester l'intention de tenir à Paris, pendant l'Exposition, un congrès socialiste international. Ce projet, néanmoins, était prématuré, et les promoteurs du congrès furent poursuivis en police correctionnelle.

C'est alors que leurs amis, malgré l'aversion que professaient les socialistes révolutionnaires pour les ouvriers syndiqués, songèrent à profiter de la tenue du congrès mutuelliste de Lyon pour catéchiser les travailleurs qui devaient s'y rendre.

Leur petit nombre, il est vrai, les empêcha de modifier le caractère du congrès; mais ils firent d'intéressantes déclarations sur lesquelles il est nécessaire de s'appesantir pour montrer d'abord quelles théories professaient à cette époque les collectivistes... (qui, depuis...)... et, en second lieu, pour faire comprendre les événements qui allaient bientôt creuser un infranchissable fossé entre les partisans de l'action législative et de la conquête des pouvoirs publics et les partisans de l'action économique et corporative.

A propos de la question de l'instruction, Calvinhac, délégué de l'Union démocratique des travailleurs de Paris, dit: « Vous trouverez le remède (à tous les maux sociaux) dans la collectivité de toutes les exploitations, c'est-à-dire dans l'établissement de l'industrie et de la propriété collectives. » Calvinhac parla ensuite de l'Etat. A cette époque tous les collectivistes français étaient, non seulement partisans de l'abolition de l'Etat, mais encore hostiles à toute idée d'appel à l'Etat en faveur du prolétariat; les révolutionnaires qui, peu d'années après, devaient se diviser en étatistes et en anarchistes, étaient alors en parfaite communion d'idées sur ce point. Calvinhac, donc, parlant de l'Etat, s'exprima ainsi: « Oh! apprenons à nous passer de cet élément à l'égal de la bourgeoisie dont le gouvernementalisme est un idéal. Il est notre ennemi. Dans nos affaires il ne peut arriver que pour réglementer, et soyez sûrs que la réglementation, il la fera toujours au profit des dirigeants. Demandons seulement la liberté complète, et nous trouverons la réalisation de nos rêves quand nous serons bien décidés à faire nos affaires nous-mêmes. »

Le congrès devait examiner, et du reste sanctionna, une résolution, déjà prise par le congrès de Paris, touchant la représentation directe du prolétariat dans les corps électifs. Mais il fallut préalablement entendre le délégué Ballivet, des mécaniciens de Lyon, qui s'éleva avec éloquence contre la participation des révolutionnaires aux luttes électorales.

« Pour nous, dit-il, la question doit être posée en ces termes: y a-t-il avantage ou inconvénient à ce que le prolétariat se fasse représenter dans nos assemblées législatives? A cette question nous répondons nettement: le prolétariat ne retirerait de cette représentation que des avantages illusoires, que des succès de pure apparence, et cette représentation entraînerait pour lui d'assez graves inconvénients. Parmi les socialistes qui se prononcent pour la représentation directe du prolétariat au Parlement..., les plus illusionnés espèrent arriver à conquérir légalement la majorité dans nos assemblées politiques. Une fois la main au gouvernail, ils comptent faire fonctionner au profit des ouvriers tout ce mécanisme gouvernemental qui, jusqu'à ce jour, a fonctionné constamment contre eux. —

Quelques-uns ont des espérances plus modestes. Ils aspirent seulement à faire pénétrer dans les assemblées une minorité assez forte de députés ouvriers pour arracher à la majorité bourgeoise tantôt une amélioration matérielle dans la situation du travailleur, tantôt de nouveaux droits politiques qui lui permettent de poursuivre l'œuvre de son émancipation avec plus de chances de succès. — Les plus expérimentés, les socialistes allemands, par exemple, ne croient plus à la conquête du pouvoir politique par voie électorale. En adoptant cette tactique (la candidature ouvrière), ils ont en vue seulement un but de propagande et d'organisation. Nous allons réfuter les uns après les autres les arguments de ces diverses catégories de partisans de la représentation directe du prolétariat au Parlement...

« Est-ce en France que l'on peut se bercer de cette illusion folle: la bourgeoisie assistant, les bras croisés, dans le plus grand respect de la légalité, à son expropriation légale?... Le jour où les travailleurs feront mine de toucher à ses privilèges économiques, il n'y aura pas de loi qu'elle ne viole, de suffrage qu'elle ne fausse, de prisons qu'elle n'ouvre, de proscription qu'elle n'organise, de fusillades qu'elle ne prépare.

« L'espoir que forment d'autres socialistes de faire pénétrer dans les assemblées législatives une minorité de députés ouvriers assez forte pour arracher à la majorité quelques concessions est aussi illusoire. Cette minorité, par cela même qu'elle est minorité, ne pourra rien par elle-même. Elle sera naturellement entraînée à contracter des alliances avec les fractions bourgeoises du Parlement... Certaines réformes politiques, direz-vous cependant, telles que la liberté de réunion et la liberté d'association, peuvent hâter notre émancipation, et si les députés que nous pouvons envoyer au Parlement n'obtenaient que ces deux réformes, il vaudrait déjà la peine de les y avoir envoyés. Mais y a-t-il vraiment nécessité d'envoyer des nôtres pour obtenir ces libertés? La bourgeoisie républicaine n'a-t-elle pas autant d'intérêt à nous les donner que nous en avons à les demander?... Ce qui est une arme dans ses mains devient dans les nôtres un instrument inutile. Liberté de la presse! Mais que nous importe à nous d'avoir le droit de faire une chose si nous n'en avons pas le moyen? Liberté de réunion! Pour entendre les débiteurs de belles phrases que la bourgeoisie nous envoie. Liberté d'association! Associez la misère à la misère; total: misère. Ces libertés-là, citoyens, seront les conséquences et non pas la cause de notre émancipation...

« Ceux-là qui, parmi les socialistes, connaissent assez la bourgeoisie pour savoir qu'on ne lui arrachera par la voie légale aucune réforme sérieuse, mettent en avant ce raisonnement: « La participation des ouvriers aux élections nous fournit un excellent moyen de propagande... » Eh bien! nous prétendons que la représentation directe ne fournit pas aux ouvriers un bon moyen de propagande, et que si elle les conduit à la formation d'un parti nombreux, elle les conduit à un parti sans organisation et sans force réelle. Quand on parle de propagande, il faut se demander ordinairement deux choses: d'abord quels sont les principes que l'on veut propager, ensuite si le moyen choisi est bien efficace pour cela.

«... Ne savons-nous pas que la cause véritable de notre misère est l'accumulation dans quelques mains de toute la richesse sociale... et ne voulons-nous pas mettre fin à cet état de choses en remplaçant le mode individuel d'appropriation par le mode collectif?... Ne savons-nous pas, en outre, que ce qui maintient cette injustice économique, c'est l'organisation politique centralisée, autrement dit l'Etat, et ne devons-nous pas être anti-autoritaires et anti-étatistes?

« Les deux principes qu'il faut donc propager sont le principe de la propriété collective et celui de la négation de l'Etat. Eh bien! pendant une période électorale, on ne souffle pas un mot de tout cela. Pendant une période électorale, il faut avant tout, faire passer son candidat... Aussi, que voit-on dans les programmes électoraux? la boursouflure de la forme et le peu de radicalisme du fond...

« Mais, dira-t-on, une fois élu, le député ouvrier développera son programme dans le retentissement de la tribune française, et, tiré à plusieurs mille par tous les journaux, ce programme sera profondément répandu. Nouvelle erreur! Quand un député ouvrier paraîtra à la tribune, il y sera accueilli par... des huées, des interruptions grossières et la musique des couteaux à papier... Les journaux, dites-vous, reproduiront sa harangue? Oui, tous les journaux de la bourgeoisie la falsifieront et en feront circuler la caricature; seuls les journaux socialistes, s'il en existe, inséreront le discours tel quel, et alors, ce discours d'un député dont l'élection a coûté des milliers de francs aux pauvres bourses ouvrières jouera ni plus ni moins le rôle d'un article ordinaire que l'on eût pu rédiger et imprimer à bien meilleur compte et sans tant de fracas.

« J'admets qu'en montrant le moins possible de rouge dans notre programme... nous arrivions en France, comme en Allemagne, à constituer un parti nombreux;... le jour où nous deviendrons dangereux aux yeux de la bourgeoisie,... ce jour de l'intervention violente, brutale, illégale de la bourgeoisie, ce parti nombreux sera-t-il aussi un parti fort, capable de résister? Eh bien! non, disons-le franchement. Quand un instrument a été fabriqué pour une besogne, il ne faut pas lui demander d'en accomplir une autre. Ce parti constitué en vue de l'action électorale n'aura que des rouages électoraux; ses soldats seront des électeurs, ses chefs des avocats. Il pourra sortir de son sein des héros, des martyrs, des Baudin, qui sauront mourir pour le droit; mais ce parti, armée toute pacifique et légale, n'aura pas l'organisation qu'il lui faut pour résister aux violences des armées de coups d'Etat... »

Tel fut l'effet produit par ce discours que la commission d'organisation du congrès menaça ceux qui désormais affirmeraient soit le collectivisme, soit même le positivisme, représenté par Isidore Finance, de leur interdire la parole. Dès lors, il ne fut plus dit de choses subversives, sauf au moment du vote des résolutions, où le congrès rejeta une proposition de Dupire et Ballivet, qui concluait à l'appropriation collective du sol et des instruments de travail.

Ajoutons, pour en terminer avec le congrès de Lyon, qu'il aborda lui aussi, mais sans plus la résoudre que son prédécesseur, la question d'une législation sur les syndicats.

Les « partis ouvriers » et les syndicats

Qu'on ne s'y trompe pas: au moment même
où quelques membres obscurs du troupeau collectiviste affirmaient dans « le congrès de coopérateurs et de mutuellistes proudhoniens »
leur foi révolutionnaire et témoignaient aux
chambres syndicales le regret que des groupes
d'ouvriers fissent preuve à l'égard de l'Etat et
du Capital d'une modération excessive, les chefs
du parti socialiste naissant avaient déjà modifié
leurs principes et leur tactique. Inspirés par
Karl Marx et Fr. Engels, ils élaboraient dans
l'ombre un nouveau plan d'action, et quand
s'ouvrit à Marseille, en 1879, le troisième congrès ouvrier, toutes leurs mesures étaient prises pour séparer définitivement les socialistes
des syndicats, en attendant qu'ils pussent éliminer du parti socialiste quiconque persisterait
à répudier la théorie, chère à Marx, de la conquête du pouvoir politique.

Le congrès de Marseille, en effet, constitua
le Parti ouvrier avec un double programme:
politique et économique. Le programme politique (objet principal de la sollicitude des fonda-

teurs du Parti) comportait les revendications suivantes: abolition de toutes les lois sur la presse, les réunions et les associations; suppression du livret; suppression du budget des cultes et retour à la nation des bien dits de mainmorte appartenant aux corporations religieuses; suppression du budget de la Dette publique; abolition des armées permanentes et armement général du peuple; la commune maîtresse de son administration et de sa police. Le programme économique (d'importance secondaire et qui avait surtout pour but de conquérir la masse ouvrière au mode d'action préconisé pour aboutir à l' « appropriation collective des moyens de production »), le programme économique revendiquait: l'interdiction *légale* pour les employeurs de faire travailler plus de six jours sur sept; la réduction *légale* de la journée de travail; la fixation *légale* d'un salaire minimum; l'interdiction *légale* aux patrons d'employer les ouvriers étrangers pour un salaire inférieur à celui des ouvriers français; l'instruction scientifique et professionnelle de tous les enfants *par l'Etat* et *par la Commune,* etc. Bref, le Parti nouveau-né réclamait : en matière politique, l'épuration et, pour ainsi dire, la moralisation de l'Etat; en matière économique, l'extension de ses pouvoirs jusqu'aux extrêmes limites de la liberté individuelle (1).

(1) *Le Programme du Parti ouvrier, ses considérants, ses articles,* par Jules Guesde et Paul Lafargue.

Bien qu'il fût l'œuvre d'hommes intelligents
et instruits, ce programme, on le voit, était d'une
simplicité peu commune; il était en même temps
d'une antiquité respectable, la plupart de ses
articles ayant déjà fait la fortune des diverses
fractions républicaines qui, tour à tour, et depuis
1848, avaient brigué le pouvoir. Il avait ce double avantage, en outre, de dispenser ses adeptes
de toute contention d'esprit et de les affranchir
de toute responsabilité en cas d'insuccès. Sa réalisation, en effet, était subordonnée à la prise
de possession du pouvoir politique. Or, pour accomplir cette prise de possession, que fallait-il?
*Avoir organisé le prolétariat en parti politique
distinct*, c'est-à-dire avoir rallié au socialisme
un nombre d'électeurs suffisant pour obtenir
dans le Parlement la majorité absolue. L'action
nécessaire (qui pouvait exiger une longue suite
d'années) devait donc se borner au commentaire, par la voix des journaux, des brochures
et des réunions électorales, des dix-sept articles
du programme, et il suffisait, pour faciliter cette
tâche, « pour fournir à tous les militants du
Parti un arsenal pour leur lutte quotidienne contre l'ordre actuel, de prendre le programme article par article, phrase par phrase, et d'en montrer le bien-fondé tant au point de vue scientifique qu'au point de vue tactique ». Quant à
l'éducation économique du prolétariat, à la culture de son esprit d'initiative, à son façonne-
ment aux modalités d'un organisme socialiste,
fadaises! « L'émancipation sociale subordon-

née à l'appropriation collective des moyens de production; cette appropriation subordonnée à l'action révolutionnaire du prolétariat organisé en parti socialiste distinct »; voilà tout ce qu'il importait de savoir. « On se contenterait d'être certains, suivant une expression de M. Filippo Turati, de la grande ligne directrice de l'évolution et des bases granitiques de la lutte des classes. »

Malgré sa simplicité, pourtant, ce programme rencontra un obstacle imprévu. N'exigeant aucune réflexion, aucune étude; promettant à quiconque se sentait la parole facile, les succès peu estimables des tréteaux populaires, il ouvrait carrière à toutes les ambitions et convoquait toutes les médiocrités. Aussi chacun des hommes mis par le hasard à la tête du Parti désira-t-il être le seul à diriger l'action collective. Et sous prétexte que la division des forces était la condition même du développement du Parti, en réalité pour servir leurs propres intérêts, les uns et les autres ne tardèrent pas à se séparer, entraînant leurs fidèles et constituant de petites sectes sans principes.

Qu'arriva-t-il? Que, d'une part, les propagandistes, plus soucieux du nombre des élections que de leur valeur, et croyant (peut-être de bonne foi) que le nom du candidat heureux suppléerait, pour caractériser chaque succès électoral, au défaut de principes, allèrent jusqu'à atténuer le programme transactionnel du Parti, même jusqu'à supprimer tel ou tel de ses articles, suivant le lieu et les circonstances; que, d'autre part, la foule, tenue dans l'ignorance des véritables principes socialistes, vit dans les candidats du nouveau Parti, non pas les représentants d'une doctrine supérieure, mais uniquement une nouvelle couche d'aspirants-politiciens, à peine différents des radicaux et dépourvus du prestige, alors incontestable, des députés de l'Extrême-Gauche. Aussi le corps électoral, pour qui le mot « socialisme » ne représentait aucune idée nouvelle, se gardait-il de donner ses suffrages à des inconnus, mettant ainsi le Parti dans l'impossibilité d'offrir aucun des avantages qu'il avait promis.

Pour achever de discréditer le parlementarisme préconisé par le Parti, il ne fallait plus que l'adoption par les Chambres de quelques lois « sociales ». Expérimentalement, le peuple se convaincrait que, non seulement ces lois étaient ou incomplètes ou inapplicables, mais qu'elles ne pouvaient pas ne pas l'être, l'argent plaçant les hommes au-dessus de la loi, leur soumettant tous les pouvoirs, juridiques et politiques, et (à défaut même de ces prérogatives) leur assurant la possibilité de rejeter sur la classe qui produit, le poids des charges légales dont ils viendraient à être frappés. C'est ce que permirent, en effet, de constater, outre la loi du 19 mai 1874 sur le travail des enfants et des filles mineures, celles du 12 juillet 1880 supprimant l'interdiction de travail prononcée par la loi du 18 no-

vembre 1874 pendant certains jours de l'année;
du 16 février 1883, qui remettait en vigueur celle
du 9 septembre 1848 sur la durée du travail et
qui n'a jamais été appliquée; du 10 décembre
1884 sur les conseils de prud'hommes, le décret
du 3 avril 1889, qui apporta des exceptions à
l'article 1er de la loi du 9 septembre 1848, l'arrêté
du Conseil d'Etat en date du 21 mars 1890 et relatif aux travaux publics communaux, du 8 juillet 1890 relative aux délégués à la sécurité des
ouvriers mineurs, du 2 novembre 1892 sur le
travail des femmes, des filles mineures et des
enfants.

Toutes ces lois, rendues inapplicables par le
judaïsme des interprétations, par la fertilité
d'esprit des employeurs (prompts à substituer
aux moyens d'exploitation interdits des moyens
plus oppressifs encore), éclairèrent les hommes
qui composaient les diverses fractions du Parti
sur la valeur de l'action parlementaire. Insen-
siblement, mais incessamment, les rangs s'éclair-
cirent, les membres des groupes les plus modérés entrant dans les groupes plus révolutionnaires pour en ressortir bientôt et se donner tout
entiers à l'action économique, devenant peu à
peu des négateurs de toute action législative et
remplacés par de petits bourgeois désireux de
jouer aux dépens des masses, aveugles et d'autant plus confiantes, un rôle politique.

Ainsi, dès la renaissance du mouvement ouvrier en France, deux conceptions se partagè-
rent les esprits, touchant le mode d'organisation

et de lutte de la collectivité socialiste. L'une, professée par des hommes ignorants et routiniers (en dépit de leurs connaissances économiques), s'inspirait uniquement des faits visibles et, croyant que l'Etat, simple instrument de l'organisation sociale, en avait été l'artisan, le considérait comme indispensable au perfectionnement des sociétés et, par suite, tendait à augmenter ses attributions en y ajoutant celles de producteur et de répartiteur de la richesse publique.

L'autre, émanée d'hommes chez qui l'intuition suppléait au défaut de science économique, considérait (avec Proudhon) que les fonctions sociales peuvent et doivent se limiter à la satisfaction des besoins humains de tout ordre et, constatant que l'Etat n'a pour raison d'être que la sauvegarde d'intérêts politiques superflus ou nuisibles, concluait à son remplacement par la libre association des producteurs. La première de ces conceptions recommandait la conquête systématique, mais légale, de chaque fonction élective, la substitution du personnel politique socialiste au personnel politique capitaliste devant entraîner la transformation du système économique; la seconde parlait de mutuellisme, de coopération, de crédit, d'association et professait que le prolétariat possède en lui-même l'instrument de son émancipation.

Sans doute, on pouvait reprocher aux unions professionnelles une timidité excessive. Elles se défendaient de professer le socialisme et n'avaient même pas été éloignées de se réjouir, originairement, de la défaite subie par les révolutionnaires en mai 1871. Elles cherchaient ouvertement les moyens de « concilier le travail et le capital », c'est-à-dire d'obtenir par leur sagesse et leur modération seules des salaires constamment proportionnés au coût de la vie; par surcroît, elles prétendaient tirer de leur propre fonds une protection suffisante contre le chômage, les accidents, les maladies, la vieillesse. Le syndicat, qui répudiait jusqu'à l'ancienne forme de société de résistance, bornait son ambition à instituer des comités d'arbitrage, chargés de résoudre avec les employeurs les litiges professionnels, et à organiser un enseignement technique intégral qui permît à l'ouvrier, *spécialisé* par les découvertes mécaniques, de pénétrer tous les secrets du métier, et, conséquemment, de rendre à l'industrie nationale une supériorité qui déterminerait, avec le relèvement des prix de vente, le relèvement des salaires. L'Association coopérative de consommation n'avait pour but que de diminuer le prix des choses nécessaires à l'existence ; l'association coopérative de production, que d'élever jusqu'au patronat de petits groupes d'ouvriers; les sociétés de secours mutuels, les caisses de secours, de voyage, etc., ne visaient qu'à obtenir de l'ouvrier une prévoyance, une auto-protection que lui seul, se devait, et les membres de ces sociétés se confondaient en témoignages de reconnaissance lorsqu'un patron tenait à affir-

mer par une contribution pécuniaire personnelle
sa « sollicitude pour les travailleurs ».

Mais, de même que les rédacteurs du programme socialiste s'étaient, malgré leur érudi-
tion économique, montrés en cette œuvre de
piètres économistes, de même, en   traitant de
haut les associations ouvrières, ils méconnurent
(s'ils ne l'ignoraient pas) la tendance fatale de
l'humanité vers la nouveauté des idées et des
vues, source du progrès.Eux qui affirmaient l'impossibilité en régime capitaliste de toute conciliation entre le travail et le capital, eux qui pro-
clamaient l'inéluctabilité de la lutte de classes,
ils ne songèrent pas que les événements eux-mêmes se chargeraient de modifier les résolutions
de sagesse prises par les associations ouvrières,
ce qui permettrait de les conquérir au socialisme dans un délai pour ainsi dire déterminé;
ils ne songèrent pas davantage que, les membres
des associations préférant aux formules du
Parti les expériences pratiques et personnelles,
peut-être serait-il politique de les ménager, de
telle sorte que, le jour où ils se rallieraient au
socialisme, ils fortifiassent l'organisation politique du Parti (s'ils acceptaient de s'y affilier)
par leur organisation administrative.

En conséquence de cette faute, le fossé se
creusa de plus en plus entre le Parti et les associations ouvrières. De temps à autre, quelque
socialiste avisé préconisait l'entente ; mais la
faillite chaque jour plus évidente des sectes politiques et les dissentiments qu'introduisaient

dans les syndicats les discussions sur l'action
électorale détournaient ceux-ci d'un rapproche-
ment dont ils pressentaient confusément qu'ils
seraient les victimes; et quant aux chefs du Parti, ils prétendaient que les syndicats leur fussent
subordonnés, l'émancipation économique, di-
saient-ils, devant être non la cause, mais la conséquence de l'affranchissement politique. Et c'est
ainsi qu'allaient rester distincts, pour devenir
plus tard antagoniques, les efforts accomplis
par les deux formes de l'organisation prolétarienne.

III

Naissance des Bourses du Travail

Pendant que les diverses fractions socialistes,
divisées, à partir du congrès de Saint-Etienne (1), jusqu'à l'émiettement, condamnées, par
suite, à restreindre et à atténuer de plus en plus
leurs revendications, révélaient l'impuissance
réformatrice de l'action parlementaire, les organisations ouvrières commençaient à reconnaître combien étaient chimériques leurs projets de
conciliation entre le manouvrier et l'employeur.
Ces comités d'arbitrage, sur lesquels elles
avaient fondé tant d'espérances, qu'avaient-ils
produit? Rien, le patronat refusant même de
discuter les conditions du travail. Aussi la grève,
que certains syndicats avaient condamnée
comme de nature à compromettre l'industrie
française sans avantage pour l'ouvrier, était-elle
redevenue l'arme nécessaire, et la déclarait-on
non seulement permise, mais même obligatoire
lorsque les travailleurs étaient menacés d'une
diminution de salaire. Le divorce entre les corporations et les pouvoirs publics, prononcé déjà
en 1876 par le refus des ouvriers de Paris

(1) 1882.

d'accepter la subvention de 100.000 francs relative à l'exposition de Philadelphie, avait été définitivement consommé par la rupture de tout lien entre les syndicats « barberetistes » et les syndicats socialistes. C'est alors que ceux-ci, revenus de l'illusion que l'accord fût possible entre eux et les employeurs, entrèrent dans la deuxième phase de leur évolution.

Croyant que la faillite faite par les écoles socialistes était imputable à la défectuosité de leur tactique, ils aspirèrent, tout en poursuivant leur action syndicale, c'est-à-dire l'organisation du placement, l'institution de services de mutualité, etc., à jouer le rôle de législateurs et à présenter au Parlement, par l'intermédiaire de députés sortis de leurs rangs et soumis à leur contrôle, des projets de réformes économiques élaborés dans leur sein.

Ce qu'ils demandèrent? Ce fut la réduction à huit heures au maximum de la durée quotidienne du travail, avec fixation d'un salaire minimum déterminé par le prix moyen des denrées dans chaque région; l'obligation d'un jour de repos sur sept; l'application du décret-loi du 2 mars 1848, qui interdit « l'exploitation de l'ouvrier par voie de marchandage », la suppression des bureaux de placement libres; la suppression des adjudications, qui entraînent soit la diminution des salaires, soit la malfaçon des travaux, et leur remplacement par le travail en régie; la reconnaissance de la responsabilité patronale en matière d'accidents; la substitution aux compagnies d'assurances de caisses alimentées par les patrons et gérées par les municipalités; la nomination des inspecteurs du travail par les syndicats; la suppression du travail des prisons, couvents et ouvroirs; l'extension de la prud'homie à tous les salariés; l'appréciation par des commissions syndicales des mesures d'hygiène à prendre dans les chantiers et les ateliers.

Est-ce à dire que ce programme marquât, explicitement ou implicitement, une adhésion à la méthode de propagande recommandée par le Parti ouvrier? Pas le moins du monde. Outre que les syndicats révolutionnaires persistaient à croire que le salut social, loin de résider dans la prise de possession du pouvoir politique par la voie parlementaire, se trouvait dans la destruction violente de l'Etat, il y avait entre le programme économique du Parti et celui des associations ouvrières, ces deux différences essentielles: que l'un était considéré comme accessoire, que l'autre était l'objectif unique, et que, si le Parti ouvrier comptait exclusivement, pour réaliser le sien, sur la formation d'une majorité parlementaire socialiste, les syndicats, au contraire, distinguant entre les articles du. leur, n'abandonnaient à « la vigilance et à la sollicitude des pouvoirs publics » que ceux dont il leur était manifestement impossible de s'occuper eux-mêmes ; quant aux autres, ils émettaient la prétention de les faire respecter à l'aide de leurs propres moyens, n'ayant dans le zèle des administrations publiques qu'une confiance limitée.

De plus, les réformes préconisées par les syndicats, à la différence de celles que préconisait le Parti ouvrier, s'inspiraient, non d'une division en classes théorique et partant, platonique, mais d'une division réelle, créée par les souffrances matérielles et morales de chaque jour, particulièrement propre, par conséquent, à rendre de plus en plus aigu le conflit social. Enfin (et il n'est pas inutile de le redire), les syndicats ne croyaient point, comme le Parti ouvrier, que la propagande spéciale nécessaire pour l'obtention de la journée de huit heures ou d'un jour de repos par semaine les dispensât désormais de toute autre forme d'activité. Ils ne cessaient, au contraire, de perfectionner le merveilleux réseau d'institutions à bases mutuellistes qui, en attendant une problématique protection gouvernementale, leur permettaient de se protéger eux-mêmes dans une certaine mesure contre l'exploitation capitaliste.

Telle était la situation en 1886. C'est alors que quelques hommes, qui étaient à la fois membres d'associations ouvrières et du *Parti ouvrier français*, croyant apercevoir dans le nouveau programme syndical la preuve que les organisations ouvrières fussent définitivement acquises au socialisme parlementaire et comprenant en même temps que les syndicats constituaient une force qu'il devenait puéril de dédaigner, projetèrent de réunir tous les syndicats dans une association nationale.

En fait, une union générale des syndicats était nécessaire, et c'est parce qu'elle avait manqué jusqu'alors que les institutions diverses créées par les unions ouvrières avaient quelque peu déçu l'espoir de leurs fondateurs. En effet, l'ignorance du mode d'organisation et de fonctionnement de ces institutions suivant les contrées où elles avaient surgi, des résultats qu'elles avaient obtenus, parfois même de leur existence, empêchait les syndicats de mettre mutuellement à profit leur expérience, provoquait la création de services inutiles ou détestables, ou retardait celle de services reconnus excellents, bref, déterminait un gaspillage considérable de forces; et les syndicats, tout en pressentant que leurs travaux tendaient plus sûrement au but socialiste que les efforts du Parti ouvrier, étaient incapables d'en acquérir cette certitude qui eût doublé leur énergie. Guidés par l'idée générale de libre association et d'initiative individuelle, ils ignoraient les résultats acquis et se voyaient menacés d'être arrêtés dans la voie si heureusement parcourue. L'union fédérative seule pouvait retremper leur ardeur.

Pourtant la fédération nouvelle ne réalisa les espérances ni du monde ouvrier ni même de ses fondateurs. Et pourquoi? parce qu'au lieu d'être une union corporative elle fut dès ses débuts une machine de guerre mise au service du *Parti ouvrier français* pour aider au succès de l'action électorale engagée par cette école. Conçue et dirigée par des hommes qui visaient, non pas à établir patiemment et silencieusement une série d'institutions économiques socialistes ayant pour conséquence d'éliminer mécaniquement les institutions capitalistes correspondantes, mais à apporter au mouvement politique fléchissant un appoint considérable, elle se donna un programme rudimentaire.

« Le but de la Fédération, dit sa *Déclaration de principes* (1), est d'arriver à l'affranchissement de tous ceux qui travaillent, de soutenir plus efficacement la lutte entre les intérêts opposés des employeurs et des producteurs, de relever l'énergie des travailleurs en présentant un plus large front de résistance. » C'était là une déclaration très vague; mais ce défaut avait moins pour cause l'ignorance économique des administrateurs de la Fédération (qui auraient pu, tout au moins, paraphraser la partie économique du programme du *Parti ouvrier français*) que leur dédain de l'action corporative et leur désir exclusif de faire entrer par surprise dans le « Parti » l'armée réellement ouvrière.

Les attributions de la Fédération ne furent pas mieux précisées. Des trois commissions que devait former le conseil national, une, la commission de propagande, chargée « de tout ce qui pourrait faire connaître la Fédération et son but », ne fonctionna jamais; la deuxième avait pour mission d'éditer un bulletin mensuel; ce bulletin ne publia jamais une statistique et ne

(1) Cf. *les Congrès ouvriers,* par M. Léon de Seilhac.

présenta aucun plan d'organisation ou d'action;
la troisième, dite commission de statistique, devait recueillir tous les documents utiles sur la
production de la France et de l'étranger, établir
le prix de revient des matières brutes, indiquer
le prix de vente des matières ouvrées et calcu-
ler, en tenant compte des prix de façon, le bénéfice prélevé par le capital; comparer pour chaque localité le taux des salaires avec le taux des
objets de consommation, des loyers, etc., et faire
connaître ainsi la différence entre le salaire reçu
et le salaire nécessaire. Quels travaux accomplit
cette commission? Quelles enquêtes mena-t-elle
à bonne fin? Là-dessus nous confessons notre
ignorance; mais le fait est que, comme nous venons de le dire, le bulletin de la Fédération,
principal instrument de publicité dont disposât
le conseil fédéral, n'apporta jamais aux syndicats fédérés un renseignement économique. Au
titre des grèves, enfin, les statuts disaient que
chaque organisation adhérente était seule juge
de l'opportunité d'une grève; elle était seulement invitée à informer le conseil national de
sa décision, afin que, le cas échéant, celui-ci, « si
la caisse le permettait », pût prendre les mesures nécessaires pour assurer le succès de l'action
engagée. La caisse ne le permit jamais.

La *Fédération des syndicats et groupes corporatifs ouvriers de France* n'était pas seulement
dépourvue de programme; il lui manqua encore,
pendant sa courte carrière, le mode d'organisation seul susceptible de suppléer à l'insuffisance

de son mode de constitution; elle ne put jamais créer, entre elle et les syndicats dont elle se composait, d'unions locales ou régionales, qui, en rapports immédiats avec les syndicats et bien placées pour connaître et formuler les ressources et les besoins de la vie ouvrière locale, lui eussent préparé une partie de la besogne dont l'avait chargée le congrès de Lyon. Par suite, elle resta toujours sans moyens devant une tâche gigantesque et donna le spectacle d'un pouvoir central débile qui prétendrait administrer une nation sans l'aide d'assemblées intermédiaires.

Enfin, ses congrès mêmes n'introduisirent jamais dans l'organisation corporative le moindre progrès. D'une part, les unités syndicales, par leur isolement et le défaut de renseignements sur les services institués par chacune d'elles, étaient condamnées, sans mériter le moindre reproche, à piétiner toujours dans le même cercle de revendications et à demander constamment l'étude de problèmes cent fois résolus; d'autre part, les membres des conseils nationaux successifs (qui, en mesure de dégager des correspondances reçues les tendances économiques des syndicats, auraient pu rénover les congrès corporatifs et les rendre profitables au développement des idées d'association), ces membres, ne croyant pas à l'efficacité de l'action syndicale, dédaignèrent jusqu'à la fin de rechercher ce qui pouvait être de nature à fortifier les syndicats. Enfin, les congrès de la Fédération, organisés toujours dans le même lieu et à la même époque que les congrès politiques du *Parti ouvrier français*, dirigés par les mêmes leaders, n'avaient d'autre objectif que d'augmenter le lustre de cette école, en laissant croire que les syndicats représentés fussent en même temps adhérents au Parti. De là vient que les réunions fédérales annuelles ne s'entretinrent jamais que des questions déjà inscrites dans le programme du Parti ouvrier et se bornèrent à confirmer les solutions par trop simples qu'il en avait données.

La *Fédération des syndicats* était donc vouée à la dissolution. Deux circonstances hâtèrent sa fin.

L'année même où s'était constituée la Fédération était née la Bourse du Travail de Paris. Le titre de Bourse du Travail dit clairement ce que devait être l'institution nouvelle. Sans elle, avait déclaré le Conseil municipal (1), « l'existence des chambres syndicales sera toujours précaire, les charges qu'elles imposent éloignant d'elles le plus grand nombre des ouvriers. Il importe donc qu'elles aient des locaux et des bureaux où chacun pourra venir sans crainte d'avoir à faire des sacrifices de temps et d'argent au-dessus de ses ressources ; la libre et permanente disposition des salles de réunion permettra aux travailleurs de discuter avec plus de maturité et de précision les questions multiples qui intéressent leur industrie et influent sur les salaires;

____

(1) 5 novembre 1886, rapport Mesureur.

ils auront pour les guider et les éclairer tous les
moyens d'information et de correspondance, les
éléments fournis par la statistique, une bibliothèque économique, industrielle et commerciale, le mouvement de la production pour chaque
industrie, non seulement en France, mais dans
le monde entier ».

Ainsi la Bourse du Travail, centre de réunion
des organisations ouvrières, allait avoir pour
premier résultat de nouer entre elles de solides
et permanentes relations, c'est-à-dire de leur
permettre cette entente, cette éducation mutuelle dont l'absence avait été jusqu'alors l'in-
surmontable obstacle à leur développement et à
leur efficacité. Grâce à la Bourse, les syndicats
pourraient s'unir, d'abord, par professions similaires, pour la garde et la défense de leurs intérêts professionnels, comparer avec les ressources particulières de leur industrie, la durée de
leur labeur et le taux de leur salaire, et (si cette
durée était excessive, si ce taux était dérisoire)
rechercher de combien une suspension de travail augmenterait la valeur de leur force productrice; ils pourraient, d'autre part, se fédérer
sans distinction de métiers, pour réfléchir sur
leur condition, dégager les données générales du
problème économique, étudier le mécanisme des
échanges, bref, chercher dans le système social
actuel les éléments d'un système noùveau, et en
même temps éviter les efforts incohérents faits
jusqu'à ce jour et qui auraient fini par livrer les

travailleurs désarmés à la puissance politique, financière et morale du Capital.

La Bourse du Travail légitimait donc les plus brillantes espérances et nul ne doutait qu'elle n'apportât dans l'économie syndicale une véritable révolution. Mais quelles ambitions ne conçut-on pas quand on vit surgir les Bourses du Travail de Béziers, Montpellier, Cette, Lyon, Marseille, Saint-Etienne, Nîmes, Toulouse, Bordeaux, Toulon, Cholet?

Outre le service fondamental du placement des ouvriers, toutes ces Bourses du Travail possédaient bibliothèque, cours professionnels, conférences économiques, scientifiques et techniques, service d'hospitalisation des compagnons de passage; elles avaient, dès leur ouverture, permis la suppression dans chaque syndicat de services qui, nécessaires tant que les syndicats avaient vécu isolés, devenaient inutiles dès qu'une administration commune était en mesure d'y pourvoir; elles avaient déjà coordonné les revendications, le plus souvent incohérentes, parfois même contradictoires, établies par les groupes corporatifs sur des données économiques insuffisantes; en un mot, elles avaient, en moins de six années, accompli chacune dans sa sphère une tâche dont la *Fédération des syndicats* n'avait pas même soupçonné l'importance et l'opportunité.

L'idée de fédérer ces Bourses du Travail était inévitable. Nous devons à la vérité de reconnaître qu'elle eut une origine plus politique qu'économique. Elle vint à quelques membres de la Bourse de Paris, qui, adhérents à des groupes socialistes rivaux du *Parti ouvrier français* et mécontents de ce que la *Fédération des syndicats* fût entre les mains de ce parti, souhaitaient la création d'une association concurrente, dont le siège pût être fixé à Paris et qui devînt ainsi leur chose. La Bourse de Paris patronna l'idée, la soumit au congrès tenu à Saint-Etienne le 7 février 1892, et obtint la création de la *Fédération des Bourses du Travail de France*.

Il existait donc maintenant deux organisations corporatives centrales. Mais quelle disproportion entre leurs ressources et entre leurs moyens d'action! La *Fédération des syndicats*, rappelons-le, avait cette double tare: de n'offrir ni programme ni organisation fédérative susceptibles d'intéresser les syndicats à son maintien; puis, d'être une machine politique, c'est-à-dire d'aspirer à un rôle que refusait aux unions corporatives l'immense majorité des ouvriers; aussi les syndicats, qui ne négligeaient point d'assister à ses congrès parce qu'il n'y en avait pas d'autres, semblaient-ils, le reste de l'année, avoir totalement oublié son existence.

La *Fédération des Bourses du Travail*, au contraire, possédait tous les éléments de succès. Elle se composait d'unions locales qui joignaient à l'attrait de la nouveauté, l'avantage de répondre à un besoin, et dont l'administration était personnellement, directement intéressée au développement des syndicats et au progrès des études économiques. En conséquence, non seulement ces unions étaient assurées du concours des unités syndicales, mais à son tour le Comité fédéral était certain de trouver dans les unions une collaboration féconde et incessante. Chaque Bourse, en outre, ayant des ressources supérieures à celles qu'auraient pu espérer les conseils locaux de la *Fédération des syndicats,* s'interdisant toute action politique, s'obligeait, en quelque sorte, à édifier sur le terrain économique une œuvre quelconque, si modeste fût-elle; de son côté, le Comité fédéral, s'il voulait légitimer son existence, avait à faire connaître à toutes les Bourses les résultats obtenus par chacune d'elle; dès lors, et l'émulation aidant, quels progrès ne réaliseraient pas les unions syndicales adhérentes à la fédération nouvelle? Et comment la *Fédération des syndicats* (à moins d'une transformation complète) pourrait-elle éviter la dissolution?

Elle ne l'évita pas: une cause, plus sérieuse encore que la rivalité dont nous venons d'exposer les phases, lui porta le coup mortel. Convaincues depuis dix ans qu'elles n'obtiendraient jamais des employeurs le respect volontaire de leurs droits et de leurs intérêts, devenues sceptiques quant à la réalisation de leur programme économique par le Parlement, les associations ouvrières, touchant au dernier terme de leur évolution, cherchaient sans trêve un moyen d'action qui, pourvu d'un caractère nettement économique, mît surtout en œuvre l'énergie ouvrière. A peu près guéries des politiciens, réconfortées par d'importantes institutions dues à·leur initiative, elles aspiraient à devenir les propres agents de leur émancipation. Or, le moyen qu'elles cherchaient avec opiniâtreté se trouva inopinément (1) soumis, en septembre 1892, au congrès tenu par la *Fédération des syndicats* à Marseille.

Quelques jours auparavant (4 septembre), les Bourses du Travail de Saint-Nazaire et de Nantes avaient déjà fait adopter par un congrès socialiste tenu à Tours une résolution (2) procla-

(1) Nous insistons sur ce mot, car, bien que l'idée de grève générale soit fort ancienne, elle n'avait jamais agité sérieusement la classe ouvrière, et le débat qu'elle souleva à Tours et à Marseille, en 1892, fut pour le parti syndical une véritable révélation.

(2) Cette résolution était ainsi conçue :

« Considérant :

« Que la formidable organisation sociale dont dispose la classe dirigeante rend impuissantes et vaines les tentatives amiables d'émancipation faites depuis un demi-siècle par la démocratie socialiste ;

« Qu'il existe entre le capital et le salariat une opposition d'intérêts que la législation actuelle, prétendue libérale, n'a pu ou voulu détruire;

« Qu'après avoir fait aux pouvoirs publics de nombreux et inutiles appels pour obtenir le droit à l'existence, le parti socialiste a acquis la certitude que seule une révolution pourra lui donner la liberté économique et le bien-être matériel conformes aux principes les plus élémentaires du droit naturel;

« Que le peuple n'a jamais conquis aucun avantage aux révolutions sanglantes, dont ont seuls bénéficié et les agitateurs et la bourgeoisie ;

« Qu'en présence d'ailleurs de la puissance militaire mise au service du capital, une insurrection à

mant la nécessité, comme moyen révolutionnaire, de la grève générale, c'est-à-dire de la suspension du travail du plus grand nombre d'industries possible, et surtout des industries essentielles à la vie sociale. Moyen d'ordre purement
économique, excluant la collaboration des socialistes parlementaires pour n'emprunter que
l'effort syndical, la grève générale devait nécessairement répondre au secret désir des groupes
corporatifs.

Le citoyen Briand commenta devant le congrès de Marseille le projet de résolution déjà

main armée n'offrirait aux classes dirigeantes qu'une
occasion nouvelle d'étouffer les revendications sociales dans le sang des travailleurs ;

« Que, parmi les moyens pacifiques et légaux in-
consciemment accordés au parti ouvrier pour faire
triompher ses légitimes aspirations, il en est un qui
doit hâter la transformation économique et assurer,
sans réaction possible, le succès du quatrième Etat ;

« Que ce moyen est la suspension universelle et simultanée de la force productrice, c'est-à-dire la grève
générale, qui, même limitée à une période relativement restreinte, conduirait infailliblement le parti ouvrier au triomphe des revendications formulées dans
son programme ;

« Le congrès régional ouvrier de l'Ouest, réuni à
Tours, les 3, 4 et 5 septembre 1892, prend en considération la proposition de grève universelle déposée par
le citoyen Fernand Pelloutier et décide qu'il y a lieu de
procéder à une organisation spéciale du parti ouvrier
français, dans le but de fournir au congrès international de Zurich, en 1893, un projet complet de grève universelle (a).

(a) L'auteur de cette proposition croit utile de faire remarquer qu'en 1894, c'est-à-dire deux ans après la tenue du congrès de Tours, il en avait déjà modifié certains passages, et
qu'aujourd'hui il en répudierait plusieurs paragraphes.

adopté à Tours, exposa les avantages incomparables qu'offrait l'idée de la grève générale, tant pour le développement de l'organisation ouvrière que pour le relèvement des énergies individuelles; en sorte que les associations séduites acclamèrent d'enthousiasme un moyen d'action si conforme à leurs principes.

Cette décision était la plus grave manifestation publique du désaccord existant entre la tactique du Parti ouvrier et celle des syndicats. Néanmoins, le *Parti ouvrier français* dont le congrès, nous l'avons déjà dit, suivait toujours celui de la *Fédération des syndicats*, n'y attacha pas une grande importance. Ne pouvant admettre — bien que moins d'un an plus tard il dût parler avec amertume de l' « ornière syndicale » — que « le prolétariat jugeât désormais inutile tout appel aux pouvoirs publics » et convaincu qu'un avertissement *ex cathedrâ* suffirait pour ramener dans le sentier politique les travailleurs un moment « égarés », il se borna purement et simplement à déclarer utopique l'idée d'une grève générale.

On ne laissa pas cependant, dans les groupes politiques comme dans les sociétés corporatives, de se demander ce qu'il allait advenir de cette divergence de vues sur une question essentielle. Si, comme le croyaient les membres du *Parti ouvrier français*, les associations ouvrières acceptaient, de la *Fédération des syndicats*, non seulement son caractère professionnel, mais encore son esprit politique, nul doute que dès leur plus prochain congrès (fixé pour 1894 à Nantes) elles « ne reconnussent l'erreur commise par elles » à Marseille et n'abandonnassent un moyen d'action contraire aux principes du *Parti;* mais si, au contraire, il était vrai qu'elles fussent animées d'un esprit nouveau, elles maintiendraient certainement leur décision et, en ce cas, elles sépareraient la Fédération du *Parti* ou se sépareraient elles-mêmes de la Fédération. En toute occurrence, l'association ouvrière française était arrivée à une époque décisive de sa carrière.

A peu près vers le même temps, les Bourses du Travail réunies à Toulouse décidaient l'organisation à Paris, pendant le mois de juin 1893, d'un congrès général des syndicats. Retardé de quelques jours par le conflit qui s'engagea entre le gouvernement et ceux des syndicats parisiens qui refusaient de reconnaître la loi du 21 mars 1884, ce congrès ne se réunit qu'au lendemain de la fermeture de la Bourse du Travail de Paris. Mais il emprunta à ce coup de force une importance et une gravité exceptionnelles, et l'irritation des syndicats contre le gouvernement était si vive qu'un enthousiasme plus grand que celui de l'année précédente accueillit la proposition de grève générale inscrite à l'ordre du jour, et que vingt-cinq délégués allèrent jusqu'à demander la déclaration immédiate de la grève.

L'épreuve était-elle concluante? Pas suffisamment encore, car le vote du congrès pouvait être considéré comme l'effet de la colère, comme la manifestation irréfléchie d'un désir momentané de révolte; et cette façon d'envisager le vote était d'autant plus admissible qu'une affiche récente, invitant les syndicats parisiens à abandonner les ateliers en masse, portait la signature des notabilités mêmes du *Parti ouvrier français*, théoriquement hostiles cependant à l'arrêt général du travail.

Mais le congrès qui venait de se dissoudre avait chargé la *Fédération des Bourses* de réunir un nouveau congrès l'année suivante à Nantes; et comme la *Fédération des syndicats* avait déjà pris la même décision l'année précédente, les délibérations des deux futurs congrès renseigneraient définitivement le prolétariat et sur l'importance numérique des deux fédérations rivales et sur l'état d'esprit des syndicats ouvriers. L'organisation même de ces congrès permit une sorte d'avant-consultation des syndicats. La Bourse du Travail de Nantes, estimant que rien n'exigeait la tenue de deux congrès, que tout, au contraire, militait en faveur d'une assemblée unique, sollicita des deux fédérations l'autorisation nécessaire pour unir tous les syndicats. Cette autorisation, la *Fédération des Bourses du Travail* l'accorda sans difficulté; mais, comme il fallait s'y attendre, la *Fédération des syndicats* la refusa obstinément, formulant d'amères récriminations sur l' « intention évidente qu'on avait de la supprimer », allant jusqu'à taxer la commission nantaise de trahison et essayant même d'obtenir de la Bourse du Travail de Saint-Nazaire (qui déclina l'offre) qu'elle organisât son congrès. La Bourse du Travail de Nantes, persévérant dans ses intentions, trancha la difficulté en consultant les syndicats ouvriers. Comme ceux-ci approuvèrent son projet, la *Fédération des syndicats* dut enfin faire à mauvaise fortune bon visage et accepter le « VI⁰ congrès national des syndicats de France. »

C'était un rude échec, présage d'échecs plus graves encore. Le *Parti ouvrier français* le comprit si bien que, cette fois, il tint son propre congrès avant le congrès corporatif et renouvela, sur la question de la grève générale, l'opinion qu'il avait exprimée deux ans auparavant. Il espérait ainsi influencer les membres du congrès corporatif. Vain espoir! Inutile effort! Malgré la bataille acharnée que mena pendant trois jours l'état-major de la *Fédération des syndicats,* malgré les conseils de guerre tenus après chaque séance entre MM. Guesde et Lafargue, d'une part, et d'autre part, MM. Delcluze, Fouilland, Salembier, Jean Coulet, Raymond Lavigne, etc., qui représentaient au congrès corporatif l'élément ouvrier du *Parti,* malgré d'inqualifiables exigences à propos d'un délégué anarchiste, les politiques subirent une irréparable défaite. *Fédération des syndicats,* direction du *Parti ouvrier français,* revendications parlementaires: le congrès balaya tout; sa rupture avec la théorie de l'émancipation politique fut si nette, nous pourrions dire si brutale, que les chefs de la *Fédération des syndicats* ne crurent pas même devoir prendre part aux dernières délibérations du congrès... leur VI⁰ congrès. Ils disparurent, n'emportant d'une association digne d'un sort meilleur qu'un titre aujourd'hui tombé dans les oubliettes de l'histoire. La *Fédération des Bourses du Travail* restait la seule organisation vivante.

IV

Historique des Bourses du Travail

Bien qu'elles soient de création récente, les
Bourses du Travail ont des origines lointaines.
Dans l'ordre social, non plus que dans l'ordre
physique, il ne se produit de générations spon-
tanées, et les Bourses ouvrières sont l'application définitive et la plus haute des conseils de
groupement et de solidarité donnés il y a trente
ans, au prolétariat par l'Internationale.

Politiquement les Bourses datent d'un siècle,
c'est-à-dire du jour (2 mars 1790) où un rapport (devenu introuvable) de M. de Corcelles
en agita le projet. Renvoyé à l'examen du département des travaux publics, ce rapport disparut,
comme d'usage, dans les archives nationales où
s'ensevelissent tant d'excellents projets, et pendant cinquante-cinq ans, le nom de Bourse du
Travail disparut du vocabulaire. En 1845, M.
de Molinari, rédacteur en chef du *Journal des
Economistes*, retrouva — conçut peut-être —
l'idée d'une Bourse ouvrière sur le modèle qu'il

en a tracé dans son célèbre ouvrage (1), et, pour
la réaliser, se mit en rapports avec les associations populaires et les entrepreneurs parisiens.
Pourquoi ni les uns ni les autres ne comprirent-
ils son idée? Parut-elle aux entrepreneurs de
nature à compromettre le droit que revendique
tout patron de fixer lui-même et souverainement
le taux de ses salaires? Les associations la cru-
rent-elles inconciliable avec le développement
de la coopération productrice, à quoi elles dé-
vouaient si complètement leurs efforts? En tout
cas, M. de Molinari, qui s'était heurté ici à l'indifférence, ailleurs à une hostilité évidente, dut
ajourner d'abord, puis (sept ans plus tard, après
essai de publication d'un *Bulletin* hebdomadaire *de la Bourse du Travail*) abandonner ses
desseins.

Dans cette période pourtant, la question d'une
« Bourse des travailleurs » eut quelques échos
tant au Conseil municipal de Paris qu'à l'Assemblée législative. Au   Conseil   municipal,
M. Ducoux, alors préfet de police, soumit (1848)
un projet très complet; et le 3 février 1851, le
même M. Ducoux, devenu représentant du peuple, disait à l'Assemblée, par allusion à la Bourse des valeurs: « Que vos agioteurs se promè-
nent dans un palais sompueux, peu m'importe; mais accordez-moi un modeste asile, un
lieu de réunion pour les travailleurs. » Vaine
adjuration! Ni ce jour-là ni le 12 août suivant,

______

(1) *Les Bourses du Travail,* 1 vol. in-18.

M. Duvoux n'obtint l'institution sollicitée (1).

Vingt-quatre années s'écoulèrent encore, avant que la question, déjà traitée par le Conseil municipal de Paris, lui fût de nouveau soumise. Le 24 février 1875 il fut saisi de deux demandes relatives, « l'une, à la construction, avenue Laumière, d'une vaste rotonde vitrée; l'autre, à l'établissement, à l'entrée de la rue de Flandre, d'une Bourse du Travail, ou au moins d'un refuge clos et couvert, afin d'abriter les nombreux groupes d'ouvriers qui se réunissent chaque matin pour l'embauchage des travaux du port et

(1) Cette proposition, « tendant à faciliter les rapports entre propriétaires, patrons et ouvriers » et présentée le 12 juin 1851, était ainsi conçue:

« ARTICLE PREMIER. — Dans toutes les communes d'une population de 3.000 âmes et au-dessus, il sera créé des bureaux de renseignements pour les propriétaires et les patrons qui désireront se procurer des ouvriers, et pour les ouvriers qui désireront trouver de l'ouvrage; des bureaux semblables seront établis dans les communes d'une population inférieure à 3.000 âmes si les conseils municipaux le jugent utile à l'agriculture et aux classes ouvrières de la localité.

« ART. 2. — Ces bureaux seront placés sous la surveillance de commissions spéciales nommées par les conseils municipaux et composées de citoyens notables, dans le commerce, l'industrie et la propriété.

« ART. 3. — Ces commissions pourvoient à ce qu'il soit tenu, dans la commune, des registres sur lesquels on inscrira, par catégorie de professions, les demandes d'emploi, le nom et l'adresse des ouvriers ou des serviteurs à gages, le nom et la demeure des patrons et propriétaires, et l'emploi ou l'ouvrage offerts.

« ART. 4. — Dans les villes d'une population de 20.000 âmes et au-dessus, elles nommeront un ou plusieurs employés (suivant l'importance des villes) pour tenir les registres sous l'inspection d'un de leurs mem-

autres ». Ces deux demandes, hélas! à l'instar
de celle qu'avait faite jadis M. de Corcelles, disparurent dans l'ombre des commissions, où les
rejoignirent, au cours des années suivantes, quelques autres, inspirées du même esprit. Il fallut
onze années encore pour que parût sur le bureau du Conseil (5 novembre 1886) le rapport
suivant, dû à M. Mesureur:

« Le Conseil,

« Vu ses résolutions relatives à la création
d'une Bourse du Travail, délibère:

« M. le Préfet de la Seine est invité à négo-

bres. Ces employés seront rétribués sur les fonds municipaux.

« ART. 5. — Dans les villes d'une population au-dessous de 20.000 âmes, les registres seront tenus par les
secrétaires des mairies, avec l'aide et la coopération
des membres de la Commission spéciale à tour de
rôle.

« ART. 6. — Dans les villes où il existe des conseils
de prud'hommes, les membres de ces conseils feront,
de droit, partie de la Commission spéciale.

« ART. 7. — A Paris, il y aura une Commission par
arrondissement et des bureaux spéciaux pour les industries importantes.

« Un état sommaire du nombre des inscriptions reçues sera transmis tous les quinze jours par les maires
au préfet de la Seine, pour devenir, s'il y a lieu, l'objet
de publications, dans l'intérêt de l'industrie et des
classes ouvrières.

« ART. 8. — Les règlements faits par les commissions spéciales et adoptés par les conseils municipaux
des villes d'une population de 100.000 âmes et au-dessus seront soumis à l'approbation du ministre de l'Intérieur.

« ART. 9. — Un règlement d'administration publique déterminera le mode de correspondance des bureaux de renseignements entre eux. »

cier immédiatement avec l'Assistance publique pour la location avec promesse de vente ou pour l'achat de l'immeuble dit de la Redoute et à soumettre au Conseil le résultat de cette négociation avec le devis de l'aménagement dudit immeuble pour installer l'une des succursales de la Bourse du Travail. »

« En restant sur le terrain de la liberté des contrats, disait M. Mesureur, vous avez le droit, sinon le devoir, de fournir aux travailleurs les moyens de lutter à armes égales et légales avec le capital; sans la Bourse du Travail, l'existence des chambres syndicales sera toujours précaire, les charges qu'elles imposent éloignant d'elles le plus grand nombre des ouvriers. Il importe donc qu'elles aient des locaux et des bureaux où chacun pourra venir sans crainte d'avoir à faire des sacrifices de temps et d'argent au-dessus de ses ressources; la libre et permanente disposition des salles de réunion permettra aux travailleurs de discuter avec plus de maturité et de précision les questions multiples qui intéressent leur industrie et influent sur les salaires; ils auront, pour les guider et les éclairer, tous les moyens d'information et de correspondance, les éléments fournis par la statistique, une bibliothèque économique, industrielle et commerciale, le mouvement de la production pour chaque industrie, non seulement en France, mais dans le monde entier. Peut-être verrons-nous alors les véritables assises du travail s'établir... »

Cette fois, la cause de la Bourse du Travail était enfin gagnée et, le 3 février 1887, le Conseil municipal remettait solennellement aux syndicats parisiens l'immeuble de la rue Jean-Jacques-Rousseau, auquel il devait ajouter plus tard (1892) le palais de la rue du Château-d'Eau.

Telle est l'origine apparente des Bourses du Travail; mais, outre que l'*initiative* du Conseil municipal de Paris n'a jamais été imitée, les syndicats de province devant s'être organisés déjà en Bourses libres avant de songer à obtenir la moindre parcelle des... faveurs communales, les Bourses telles qu'elles existent, et sauf le titre, sont bien antérieures à l'inauguration de l'immeuble de la rue Jean-Jean-Rousseau. On en pourrait trouver l'équivalent dans deux ou trois des fédérations ouvrières créées par l'Internationale et dans la plupart des unions locales ou régionales de syndicats qui se constituèrent postérieurement au *Congrès ouvrier de France*, tenu à Paris en 1876. Quand, enfin, les syndicats socialistes eurent définitivement écarté d'eux les quelques syndicats mutuellistes (1) qui, grâce à une subvention du gouvernement, tentèrent en 1886 (congrès de Lyon) un dernier effort pour reprendre la direction du mouvement ouvrier, de nouvelles unions locales, parfois départementales, de syndicats se constituèrent, qui pourvues de services de placement, de secours de chômage et de grève, de commissions d'étu-

(1) Nous nous expliquerons plus loin sur le sens de cette appellation.

des, etc., formèrent ce que nous pourrions appeler des Bourses du Travail avant la lettre.

Nous avons exposé les causes qui empêchèrent la *Fédération nationale des syndicats et groupes corporatifs ouvriers* de remplir le but pour lequel l'avait créée le congrès de Lyon. Les principales furent l'erreur inexplicable qui consistait à vouloir affilier directement à une fédération nationale des unités syndicales qui comprenaient la nécessité évidente, pour gérer convenablement leurs intérêts, de fédérations aussi étroites que possible : régionales, départementales et mêmes locales; puis l'impossibilité, consécutive à cette erreur, où se trouva le Conseil national de la Fédération de rendre aux centaines de groupes ouvriers épars sur le territoire le moindre service; enfin, et surtout, l'intention manifeste de ce Conseil de faire de la Fédération, non pas un instrument d'émancipation économique, empruntant exclusivement ses moyens à l'action corporative, mais une pépinière de militants guesdistes, dévoués surtout à l'action parlementaire, à la « conquête des pouvoirs publics », et résolus à y entraîner toute la masse ouvrière. Les unions syndicales, dont les membres n'avaient point répudié la propagande électorale, mais entendaient la proscrire des syndicats, où elle engendrait querelles et dissensions, pour la confiner dans les « cercles d'études politiques », poursuivirent donc leur œuvre économique en dehors de toute tutelle d'école et groupèrent les éléments qui allaient former bientôt les Bourses du Travail de Lyon, de Nîmes, de Toulouse et de vingt autres villes.

En 1892, il existait quatorze Bourses. Le personnel d'élite qui les administrait avait eu souvent l'occasion de sentir que, faute d'une union entre elles, leur développement matériel et moral ne s'opérerait qu'avec lenteur. Isolées, en effet, elles ne pouvaient utiliser mutuellement leur expérience et, par suite, se trouvaient condamnées soit à perdre un temps précieux en essais reconnus ailleurs irréalisables ou imparfaits, soit à négliger des tentatives qui eussent peut-être produit d'excellents résultats. L'idée d'une fédération nationale des Bourses du Travail ne devait donc pas tarder à surgir; elle vit le jour en février 1892, dans le premier congrès (Saint-Etienne) où se réunirent les Bourses; et en même temps que s'élaborait le pacte fédératif qui allait deux ans plus tard (congrès de Nantes, 1894) (1) déterminer la rupture totale et définitive entre le parti socialiste *politique* et l'organisation socialiste *économique*, les Bourses se déclaraient résolues (déclaration qui n'est point restée platonique) à repousser, sous quelque forme qu'elle se déguisât, l'ingérence dans leur administration des autorités gouvernementales et communales.

Dès lors, le nombre et l'importance des Bourses s'accrurent avec une rapidité merveilleuse.

____

(1) Cf. l'article de M. Félix Roussel, *Revue politique et parlementaire*, novembre 1898.

En juin 1895 (1), la Fédération comptait trente-quatre Bourses du Travail avec 606 syndicats; en 1896, quarante-six avec 862 syndicats. Ce développement parut même au Comité fédéral inquiétant, à la fois parce que les Bourses lui semblaient se constituer sans posséder une force syndicale suffisante, ce qui les mettait à la merci d'une dissolution ou d'une grève malheureuse, et parce que, diverses municipalités ayant déjà, par le retrait de leurs subventions, désorganisé momentanément les Bourses de Roanne, de Cholet, de Bordeaux, il était à craindre que leur exemple ne fût imité et qu'ainsi les trois quarts des Bourses ne fussent frappées à mort. Aussi le Comité jugea-t-il sage, sinon de modérer l'ardeur organisatrice des militants ouvriers, du moins d'appeler leur attention sur l'utilité d'étendre à des arrondissements, parfois même à un département entier, une propagande jusque-là circonscrite à l'enceinte locale. « Deux' ou trois Bourses par département, écrivit-il alors, avec raison, grouperaient plus rapidement les travailleurs, et au prix de moins d'efforts, que sept ou huit insuffisamment outillées et nécessairement débiles. »

Ce conseil fut, en effet, entendu, et, dès l'année suivante, en même temps qu'il enregistrait la création de onze nouvelles Bourses, le Comité fédéral apprenait que Rouen s'était annexé la majeure partie des syndicats de la Seine-In-

____

(1) Déclaration faite à la Préfecture de la Seine enregistrée sous le n° 2012.

férieure, que Niort rayonnait jusqu'à Saint-Maixent, Dijon, jusqu'à Montceau-les-Mines, qu'Amiens ambitionnait de fédérer tous les syndicats de la Somme, Nîmes, tous ceux du Gard, et surtout les syndicats d'ouvriers agricoles, etc.

A l'ouverture du VIIe congrès tenu par la Fédération le 21 septembre 1898 à Rennes, le Comité annonçait l'existence de cinquante et une Bourses du Travail, groupant 947 syndicats; et dans le courant de l'année 1899, trois autres Bourses, comprenant ensemble 34 syndicats, venaient apporter à l'association fédérative une collaboration particulièrement précieuse, puisqu'une d'elles administre surtout des intérêts maritimes (insuffisamment représentés encore dans l'union corporative) et que les deux autres entament des régions différentes, mais également hostiles jusqu'ici à la Fédération.

Bref, au 30 juin 1900, c'est-à-dire à la veille de l'ouverture du VIIIe congrès (Paris, 5-8 septembre), il existait cinquante-sept Bourses du Travail comptant ensemble 1.065 syndicats, soit 48 0/0 du nombre total des syndicats ouvriers industriels répandus sur le territoire français. Sur ces cinquante-sept Bourses, quarante-huit faisaient partie de la Fédération et groupaient 870 syndicats (1).

(1) Le nombre des Bourses du Travail s'est sensiblement accru pendant l'année qui vient de s'écouler. Il en existe actuellement soixante-quatorze, dont soixante-cinq sont adhérentes à la Fédération. — V. aux *Documents complémentaires la situation* au 30 juin 1901. — (Note de Maurice Pelloutier.)

V

Comment se crée une Bourse du Travail

Quarante-huit pour cent, avons-nous dit, des syndicats ouvriers sont groupés à l'ombre des Bourses du Travail. Malgré sa valeur absolue, ce chiffre n'aurait qu'une incomplète signification si nous ne disions que, l'ouverture d'une Bourse du Travail étant nécessairement subordonnée à l'existence dans la localité de plusieurs syndicats, un quart au moins des villes inscrites sur la carte syndicale n'en peuvent actuellement posséder. Ajoutons que là même où il existe plusieurs syndicats, la constitution de la Bourse dépend encore d'une union préalable entre les syndicats. Ces indications signifient que, depuis 1895, le développement numérique des Bourses du Travail a toujours atteint son point culminant et que la création de Bourses nouvelles doit être précédée de la création de syndicats nouveaux ou d'une extension, peut-être exagérée, de la « juridiction » de chaque Bourse existante. On concevra le brillant avenir réservé à ces centres de ralliement de l'effectif syndical quand nous aurons dit qu'à côté des 250.000 ouvriers industriels actuellement fédérés, près de 100.000 (soit à peu près le reste des syndiqués français de l'industrie) n'attendent que l'occasion de se donner leurs Bourses ou de s'affilier à des Bourses voisines.

La méthode employée pour créer une Bourse du Travail diffère, suivant que les syndicats de la localité sont isolés ou constitués déjà en union fédérative.

Dans le premier cas, le secrétaire d'un des syndicats ou tout autre syndiqué convoque une assemblée plénière des syndicats ou, au moins, de leurs conseils d'administration et leur expose l'utilité de la Bourse. Dans la société actuelle la Bourse du Travail doit *d'abord* être une association « de résistance ». Association de résistance contre la réduction des salaires, contre la prolongation excessive de la durée du travail, et aussi contre l'augmentation ou plutôt (car le mécanisme économique rend cette augmentation inévitable) contre une augmentation *exagérée* du prix des objets de consommation. Maintenir *le plus possible* l'équilibre entre le prix de location du travail et le prix d'achat des produits, c'est là le rôle *immédiat* des Bourses. Si l'assemblée ainsi instruite accepte la création proposée, elle nomme séance tenante une commission, composée d'un représentant au moins de chacune des corporations réunies et chargée de réaliser le projet.

La première chose que cette commission ait à examiner, c'est, d'une part, les dépenses qui seront absolument nécessaires et, de l'autre, les ressources sur lesquelles la future Bourse pourra compter.

Les services essentiels d'une Bourse du Travail sont: le secrétariat, la trésorerie, les archives et la bibliothèque, le placement et la tenue du registre général des chômeurs si parmi les syndicats adhérents, il s'en trouve qui possèdent une caisse de chômage et, éventuellement, l'organisation d'une caisse de secours pour les ouvriers de passage et la création d'un enseignement professionnel. Mais il est évident que le nombre de ces services et leur importance respective sont subordonnés aux ressources de l'institution. Telles Bourses les possèdent tous; telles autres n'en ont organisé que quelques-uns. Nous donnons ici le budget le plus réduit, en supposant que la future Bourse ne recevra aucune subvention communale ou départementale et ne fonctionnera qu'avec une cotisation des syndicats fédérés.

Parmi les dépenses indispensables, nous trouvons en premier lieu le loyer de l'immeuble. Cet immeuble comprend au moins: une salle pour le secrétariat, les réunions du comité général et de la commission exécutive, une salle pour la bibliothèque et les archives et deux ou trois autres pour les réunions successives des syndicats; le local peut être évalué, prix moyen, à 800 francs par an.

Les frais d'éclairage et de chauffage s'élèvent à environ 300 francs. Vient ensuite le payement

des fonctionnaires de la Bourse: secrétaire et
trésorier. Certaines Bourses ne les payent point;
et, dans ce cas, ils viennent seulement deux ou
trois heures le soir pour expédier les affaires
courantes, rédiger la correspondance et les procès-verbaux, recevoir la contribution des syndicats et surveiller le service de la bibliothèque.
D'autres Bourses, qui les emploient le même laps
de temps, leur allouent une indemnité, proportionnée à l'importance du budget et tantôt fixe,
tantôt calculée par heure. Dans ce second cas,
le total de l'indemnité s'élève généralement par
année à 300 francs pour le secrétaire et à 200
francs pour le trésorier. Les Bourses plus riches,
enfin, possèdent un secrétaire permanent et emploient leur trésorier-comptable trois heures par
jour. Le mode de payement le plus ordinaire est
alors l'heure de travail fixée à 1 franc; le nombre d'heures imposées au secrétaire varie suivant l'importance du service; mais quel qu'il
soit, le taux mensuel de l'indemnité n'est jamais
inférieur à 150 francs dans les villes comptant
de 20 à 30.000 habitants (sauf en quelques villes
de l'extrême Midi), à 200 francs dans les villes
comptant jusqu'à 100.000 habitants et à 8 francs
par jour dans les villes au-dessus de 100.000 habitants. Le taux de l'indemnité varie donc de
1.800 à 2.700 francs pour le secrétaire, et de 900
à 950 francs pour le trésorier. Le secrétaire permanent a pour fonctions: l'expédition de la correspondance, la rédaction des procès-verbaux
du comité général (aux séances duquel il assiste

comme fonctionnaire, non comme membre délibérant), la tenue du registre des chômeurs, l'inscription des offres et demandes d'emplois, enfin le service de la bibliothèque.

Les autres dépenses essentielles sont les frais de bureau, évalués de 200 à 500 francs, et les achats de livres, dépense généralement couverte par un crédit mensuel fixe. En définitive, si l'on classe les Bourses du Travail en quatre catégories, déterminées par l'importance des localités, on constate que les dépenses essentielles des Bourses s'élèvent respectivement (cours professionnels non compris) à 1.620, 2.300, 5.350 et 8.700 francs.

En principe, les Bourses ne doivent compter, pour subvenir à leurs dépenses, que sur leurs ressources personnelles, c'est-à-dire sur les cotisations des syndicats. Une Bourse dont les dépenses s'élèvent à 1.600 francs, et qui compte de 700 à 900 syndiqués répartis en une quinzaine de syndicats, peut fixer la cotisation mensuelle de chacun d'eux à 20 ou 30 centimes, soit en moyenne à 10 francs par syndicat, et conserver ainsi dans ses relations avec les pouvoirs publics et les patrons la plus complète indépendance. Néanmoins, la fréquence de plus en plus grande des conflits entre le travail et le capital épuisant les ressources des syndicats, les Bourses du Travail réclament presque toutes des communes et des départements des subventions dont nous allons parler.

Certaines d'entre elles touchent une subvention totalement payée en espèces et évaluée par un budget dû soit au comité général, soit à la commission municipale des finances. D'autres reçoivent leur subvention partie en espèces, partie en nature. Pour la location de l'immeuble, trois procédés sont en usage. Tantôt cette location est faite par l'administration de la Bourse et le montant du loyer acquitté par la Recette municipale; tantôt par l'administration municipale elle-même; souvent la Bourse est installée dans une propriété communale ou même dans l'Hôtel-de-Ville. Certaines municipalités paient elles-mêmes les frais de chauffage, d'éclairage et de bureau, sur factures présentées chaque mois par le conseil d'administration de la Bourse. En outre, enfin, de la subvention accordée pour le fonctionnement *administratif* de la Bourse, la plupart des municipalités accordent des crédits extraordinaires pour le service du placement, les acquisitions de livres, les achats d'instruments pour les cours, etc.

La moyenne des subventions, accordées en espèces ou en nature aux Bourses de chacune des quatre catégories précédentes, va de 900 à 20.000 francs, le taux de la subvention dépendant beaucoup moins de la densité de la population que de l'importance du mouvement syndical et surtout des sentiments que professe la municipalité à l'égard de la Bourse. En général, les Bourses ont réussi à obtenir que leur subvention fût établie par année et payée, non plus par douzièmes, mais par quarts.

Le budget ainsi établi et le local loué, la commission rédige un avant-projet de statuts. Cela fait, elle convoque à nouveau l'assemblée plénière des syndicats adhérents et lui soumet son travail. Si son budget et ses statuts sont approuvés, l'assemblée nomme un comité général ou conseil d'administration, composé d'un certain nombre de délégués par syndicat.

A ce moment le rôle de la commission est terminé. Le comité général nomme à son tour, et dans son sein, une commission exécutive, chargée d'exécuter ses délibérations, et élit les fonctionnaires. Après quoi, il ne reste plus à l'association nouvelle, avant de demander la subvention qui sera nécessaire à son développement, qu'à remplir les formalités prescrites par la loi du 21 mars 1884.

Le mode de constitution diffère, ainsi que nous l'avons dit, s'il existe déjà entre les syndicats de la localité une union fédérative. En ce cas, la tâche préparatoire se trouve simplifiée ou, pour mieux dire, supprimée. Cette union possède, en effet, des statuts, un budget, un local, un conseil, des fonctionnaires. A quoi donc se réduit son œuvre? A prendre le titre de Bourse du Travail, sous lequel elle obtiendra de la municipalité un concours financier qu'elle ne pouvait antérieurement espérer, et qui consacrera une fois de plus la faveur avec laquelle les syndicats considèrent l'institution des Bourses. Il faut noter, toutefois, que, du jour où une fédération locale de syndicats, subventionnée, devient réellement Bourse du Travail, ses statuts et ses fonctionnaires cessent d'être en même temps, les fonctionnaires et les statuts de la Bourse. Les deux organismes ayant certains intérêts distincts, le cas peut se présenter de syndicats disposés à adhérer à la Bourse sans vouloir entrer dans la fédération, ou de syndicats voulant se retirer de la fédération sans quitter la Bourse. Ils ne peuvent le faire librement que si l'administration de la Bourse est différente de celle de la fédération.

VI

L'Œuvre des Bourses du Travail

Les services créés par les Bourses du Travail peuvent se diviser en quatre classes: 1º le *service de la mutualité,* qui comprend le placement, les secours de chômage, le *viaticum* ou secours de voyage, les secours contres les accidents; 2º le *service de l'enseignement,* qui comprend la bibliothèque et l'office de renseignements, le musée social, les cours professionnels, les cours d'enseignement général; 3º le *service de la propagande,* qui comprend les études statistiques et économiques préparatoires, la création des syndicats industriels, agricoles et maritimes, des *sailors' home,* des sociétés coopératives, la demande de conseils de prud'hommes, etc.; 4º le *service de « résistance »,* enfin, qui s'occupe du mode d'organisation des grèves et des caisses de grève, et de l'agitation contre les projets de lois inquiétants pour l'action économique.

Ce qui frappe, en cette énumération, c'est la diversité des services et la multiplicité d'aptitudes qu'ils exigent. Comment donc et où les Bour-

ses du Travail recrutent-elles les hommes possesseurs à la fois des connaissances toutes spéciales nécessaires pour l'établissement de secours
mutuels, de l'expérience pédagogique réclamée
par le contrôle des cours, des facultés organisatrices et administratives indispensables à la
propagande? Elles les recrutent dans leur sein,
parmi les ouvriers manuels (mais des ouvriers
avides de savoir et qui n'épargnent ni efforts ni
sacrifices pour le triomphe de leurs idées et de
leurs entreprises) dont se compose leur administration. Sans doute, on rencontre habituellement
dans ce comité général deux ou trois employés,
représentants du syndicat de leur profession;
mais qu'est ce nombre infime auprès des vingt,
trente ou quarante ouvriers qui forment le reste
du comité? Et (sauf exceptions) de quel secours
pourraient être aux Bourses du Travail des
hommes le plus souvent occupés à rechercher,
en dehors des secrets du *quatre-bandes,* le
moyen de débarrasser leurs patrons de la concurrence des marchands forains? Parfois aussi,
mais le cas est très rare, on aperçoit quelque
personnage hybride, sans profession déterminée,
attiré dans l'organisation corporative par la sé-
duction qu'exercera sur tout individu curieux
de psychologie sociale un mouvement qui
ébranle manifestement le vieil édifice politique
et économique. Mais ces exceptions n'infirment
point la règle.

Nul ne pouvant jouer un rôle dans l'administration des Bourses s'il n'est syndiqué, et nul ne

pouvant se syndiquer (sauf au titre élastique d'employé) s'il n'exerce effectivement la profession qu'il indique, ce sont donc des ouvriers (ouvriers d'élite, affinés par de substantielles lectures et de fréquentes controverses sur les problèmes les plus divers) qui administrent les Bourses du Travail, contrôlent les cours, composent les bibliothèques, fondent les associations et organisent la·résistance contre la dépression économique.

Quels résultats ont-ils obtenus? Avant d'en enregistrer l'intéressant détail, donnons, à l'aide des statuts d'une des Bourses existantes, une idée générale de ces institutions:

« La Bourse du Travail (il s'agit de celle de Saint-Etienne) est administrée par une délégation composée de deux membres par syndicat. La réunion de tous ces délégués prend le nom d'Administration générale. Elle se décompose ensuite en autant de sous-commissions que l'exigent les besoins du service. Ces commissions sont actuellement (1894) au nombre de cinq, réparties comme suit: 1° sous-commission administrative, chargée de l'exécutif; 2° sous-commission de contrôle des finances et de la statistique, chargée de la vérification des comptes, de la statistique annuelle et du placement; 3° sous-commission de contrôle des cours professionnels.Cette commission est chargée du contrôle des élèves qui suivent les cours professionnels, d'assurer la régularité et le bon fonctionnement; 4° sous-commission de propagande. Cette commision est chargée de tous les renseignements à donner aux ouvriers en voie d'organisation syndicale et de les aider en toute circonstance pour mener à bien l'œuvre entreprise; elle se tient à la disposition des intéressés et se rend dans leurs réunions corporatives, quand la demande lui en est faite; 5° sous-commission du journal et de la bibliothèque. Cette sous-commission est chargée de la rédaction de l'organe officiel de la Bourse du Travail; elle opère le classement de la partie officielle et des articles; elle reçoit les correspondances se rattachant au journal, ainsi que les abonnements; elle est chargée, en outre, des achats ainsi que de la reliure des ouvrages de la bibliothèque. Lorsqu'elle le juge à propos, l'Administration générale nomme des sous-commissions extra-administratives..., mais ces commissions sont dissoutes aussitôt leur mandat terminé... »

Cet aperçu général donné, nous pouvons exposer le fonctionnement intime de chacun des services:

1° SERVICE DE LA MUTUALITÉ. — 1° *Placement.* — Les Bourses du Travail apportent un soin tout particulier au placement de leurs membres. Le placement est, en effet, le premier et le plus grand des avantages que le groupement fédératif puisse offrir aux ouvriers, et il constitue un puissant moyen de recrutement. Par suite de l'instabilité des emplois, l'usage des bureaux de placement privés, tous payants, devient bien vite onéreux, au point que beaucoup d'ouvriers,

exaspérés d'avoir à prélever sur des salaires futurs toujours plus réduits des dîmes de placement considérables, préfèrent souvent, bien
qu'ils y perdent encore, courir eux-mêmes à la
recherche du poste qui leur permettra de subsister. D'ailleurs, on sait (et la tribune parlementaire en a fourni des preuves péremptoires)
que la pratique habituelle des placeurs consiste
à procurer les emplois les plus précaires, de façon à multiplier les visites que l'ouvrier devra
leur faire. Aussi l'on comprend l'empressement
avec lequel le malheureux vient à la Bourse du
Travail, qui lui offre gratuitement l'emploi dé-
siré. Et c'est ainsi que des hommes que l'ignorance ou l'indifférence tiendrait écartés des syndicats, y entrent sous la pression du besoin et y
trouvent des enseignements dont naguère l'utilité et l'intérêt leur échappaient.

Par contre, le nombre est encore très grand
des patrons: commerçants, industriels, qui ignorent ou ne veulent point connaître le chemin
du bureau de placement syndical. Et, d'autre
part, le Parlement hésite, on ne sait pourquoi, à
laisser au moins disparaître, par voie d'extinc-
tion, les bureaux privés. Les Bourses du Travail
ont donc dû rechercher le moyen de rendre
inutiles tous bureaux de placement autres que
les leurs.

Si elles ne visaient qu'à la suppression des
bureaux privés, l'entreprise serait relativement
facile. Il leur suffirait de réclamer la création,
sinon dans leur ressort, au moins dans les lo-

calités où elles n'ont aucune action directe, de
bureaux municipaux. Mais ce moyen présente-
rait pour elles-mêmes un double danger; il leur
opposerait, d'abord, une redoutable concurrence, car tout patron qui aurait eu à se plaindre d'un syndicat ou de syndiqués cesserait de
fréquenter le bureau de la Bourse et demande-
rait au bureau municipal la main-d'œuvre désirée; or, les Bourses du Travail, qui, nous le
verrons plus loin, aspirent, consciemment ou
non, à créer un Etat dans l'Etat, entendent mo-
nopoliser tout service relatif à l'amélioration
du sort de la classe ouvrière; à ce premier point
de vue, donc, elles combattent le placement municipal avec la même ardeur qu'elles mettent à
combattre le placement libre. En second lieu,
l'extension du placement municipal pourrait aller jusqu'à compromettre l'existence des Bourses, et, tout au moins, empêcherait qu'il ne s'en
créât de nouvelles. Soit, en effet, que la gestion
des bureaux municipaux fût opérée par des employés de la ville, soit même qu'elle fût confiée,
comme en certains endroits, à des ouvriers syndiqués, le bon fonctionnement de ces bureaux
paraîtrait aux municipalités, pour qui le placement est la raison d'être des Bourses du Travail,
légitimer le refus d'en créer de nouvelles. Aussi,
que font les Bourses? Elles s'efforcent, les unes
(celles qui rayonnent au loin) d'organiser le
placement par correspondance. Directement ou
par l'intermédiaire des syndicats adhérents des
localités voisines, elles recherchent l'ouvrier de-

mandé, ou sollicitent le patron demandeur; de ce nombre est celle de Nîmes qui dispense même ses correspondants ouvriers d'affranchir leurs lettres; les autres, entrant en relations avec des syndicats isolés, les engagent à développer leur service de placement, de façon à enlever à leur municipalité tout prétexte d'ouvrir elle-même un bureau. Enfin, non seulement le placement (1) se fait de Bourse à Bourse, parfois à des distances considérables, comme de Nantes à Angers ou à Tours, de Tours à Paris, etc.; mais encore quelques Bourses se sont préoccupées, dès 1897, de compléter tous les offices particuliers de placement par un service central qui serait confié au Comité de la Fédération.

C'est ce système de placement généralisé, étendu à toutes les villes de France, que vient de créer, d'accord avec le Ministère du Commerce, le Comité fédéral des Bourses du Travail.

L'Office national ouvrier de statistique et de placement (telle est la dénomination du plus important des services de mutualité institués par les Bourses) sera étudié longuement après le viaticum dont il dérive et dont il est le complément indispensable.

2° *Le secours de chômage,* après avoir joui il

(1) On estime le nombre des ouvriers placés par les Bourses du Travail à un peu plus des quatre cinquièmes du nombre des offres d'emplois et à la moitié du nombre des demandes. Une Bourse, celle de Marseille, place en un an (1895) jusqu'à vingt et un mille ouvriers, dont moitié à demeure.

y a une vingtaine d'années d'une grande faveur, puis être tombé momentanément en discrédit, à cause des charges qu'il imposait aux syndicats, tend, depuis l'institution des Bourses du Travail, à rentrer en grâce. Mais il n'est plus, comme jadis, donné à titre de secours; les Bourses ont, en effet, répudié le mutuellisme humiliant et d'ailleurs inefficace des syndicats de 1875, pour adopter le mutuellisme proudhonien; le secours de chômage est considéré comme le paiement d'une dette de solidarité contractée par les syndiqués les uns envers les autres, et surtout comme le moyen de soustraire le chômeur aux offres de travail déprécié.

Les caisses de chômage des Bourses du Travail s'alimentent soit par des subventions spéciales ou par des prélèvements déterminés sur la subvention normale, soit par une cotisation des syndicats et le produit des collectes opérées dans les fêtes et les réunions corporatives. Il faut se hâter de dire, du reste, que les subventions accordées dans ce but sont rares et que les municipalités inclinent à les supprimer... sans doute parce qu'elles y voient un moyen de propagande politique qu'il leur paraît plus sage de se réserver. En 1896, par exemple, la Bourse du Travail d'Angers recevait une subvention de 2.000 francs, spécialement destinée à l'allocation de secours aux ouvriers sans travail; cette somme, augmentée du produit de quelques fêtes, lui permit de distribuer 152 bons de 5, 10, 15 et même 20 francs; depuis, elle est réduite à ses propres ressources.

Brest a créé une société de secours qui comprenait, au mois de septembre 1898, près de 300 membres et qui avait versé depuis le 1er mai 1896 (date de sa fondation) pour 1.190 fr. 25 de secours; les recettes s'étaient élevées dans le même laps de temps à 1.231 fr. 50; les dons, subventions et cotisations avaient produit alors 19.445 fr. 90; les dépôts à la Caisse d'épargne s'élevaient à 1.881 fr. 70. Cette société admet des membres honoraires; mais ceux-ci n'ont aucun droit d'ingérence dans le fonctionnement et dans l'administration du service, et les syndiqués seuls (car, et c'est un point important à noter, pour faire partie de la société, il faut appartenir à un des syndicats fédérés) les syndiqués seuls ont droit aux avantages de l'association.

3° Le *viaticum* ou secours aux ouvriers de passage. — Qu'est-ce que le viatique? C'est une allocation permettant à l'ouvrier qui recherche du travail, à la fois de séjourner dans une ville le temps nécessaire pour visiter les ateliers de sa profession et (s'il n'y a trouvé aucun emploi) de gagner une ville voisine.

L'institution du secours de route n'avait jadis pour but que de faire la guerre au vagabondage et d'apporter un réconfort matériel et moral aux ouvriers — ils étaient nombreux déjà et le sont devenus bien davantage, à mesure que le travail mécanique a éliminé le travail manuel — condamnés à se mettre en quête de villes peu encombrées où louer leurs bras. Le viatique était donc, comme le secours de chômage, une application de l'étroit mutuellisme dont nous avons parlé. Deux unions professionnelles seulement, la *Société générale des chapeliers* et la *Fédération des Travailleurs du Livre*, s'étaient, en organisant le secours de route, préoccupées de protéger aussi bien leurs membres pourvus de travail contre la concurrence d'une main-d'œuvre surabondante et, partant, dépréciée, que leurs membres en chômage contre la tentation de travailler au rabais. Quant aux Bourses du travail, animées du même sentiment et d'autant plus visitées qu'elles étaient pour les voyageurs des phares visibles de tous les points de l'horizon, elles durent dès l'origine venir en aide aux chômeurs de passage et chercher dans ce but des ressources particulières.

Remarquons immédiatement que, pour éviter des abus, elles délivrent toujours le viatique partie en nature, partie en espèces. Angers donne 1 fr. 50 aux syndiqués et 1 fr. 25 aux non-syndiqués, à condition (en ce qui concerne ceux-ci) qu'ils prennent l'engagement de se syndiquer dans les six mois qui suivront la réception du secours; faute d'avoir tenu cet engagement, tout concours leur serait désormais refusé; un voyageur ne peut également se représenter avant six mois révolus. Une partie de l'allocation est donnée sous forme de bons de logement et de repas, valables dans un hôtel avec lequel la Bourse a conclu un accord. En 1896, la Bourse d'Angers distribua 186 bons, dont 154 donnant droit à un repas, au coucher et à un secours en espèces de 1 fr. 25.

Saint-Etienne a obtenu de la municipalité une subvention de 400 francs qu'elle convertit en bons de couchage et de nourriture. Dijon verse 2 francs, puis adresse le voyageur au secrétaire du syndicat de sa profession. Nice délivre des bons de repas dont la valeur est couverte par une cotisation mensuelle de 1 fr. 25 par syndicat.

Tel est le mode de secours de route généralement adopté par les Bourses du Travail, presque toutes, nous l'avons dit, ayant fait marché avec un hôtelier de la ville pour la nourriture et le logement des voyageurs. Mais quelques-unes (et le nombre s'en accroîtra) ont songé à profiter du séjour des voyageurs pour les retenir le soir à la Bourse et leur exposer les principes de solidarité économique et d'énergie nécessaires pour l'œuvre de la transformation sociale. A cet effet, elles logent elles-mêmes les ouvriers, en transformant en dortoirs, grâce à des hamacs, les salles de réunion. De ce nombre est la Bourse de Nantes. Une, enfin, celle de Béziers, est allée plus loin : non seulement elle hospitalise les voyageurs hommes et femmes, deux salles étant *spécialement* réservées à cet usage, mais encore elle met à la disposition des femmes qui répugnent à se rendre au restaurant populaire *la Fraternelle*, tout l'appareil de cuisine nécessaire pour se préparer leur repas.

Malgré l'excellente organisation de chacun de ces services, ils présentent dans l'ensemble un certain nombre d'inconvénients, qu'un instant de réflexion fait apparaître. Tout d'abord, les différences de traitement de Bourse à Bourse provoquent de la part des trimardeurs professionnels — il y en a, pourquoi ne l'avouerions-nous pas ? — des récriminations, souvent désagréables, contre les secrétaires qui n'en peuvent mais; on crie à l'égoïme syndical, parfois on va jusqu'à l'injure; à tout le moins on colporte contre la Bourse, à qui ses ressources imposent des secours modestes, des propos qui ont des conséquences fâcheuses. Puis, nul contrôle n'est possible sur le nombre des visites faites par chaque voyageur; or, que s'ensuit-il ? C'est que le grand nombre des Bourses du Travail et des syndicats qui délivrent le secours et la facilité qu'il y a à s'en procurer les adresses, permettent à des nomades sans scrupules de « rester sur le trimard » d'avril à octobre de chaque année. Enfin, on dissipe à secourir les non-syndiqués volontaires (ils le sont presque tous, car peu d'hommes, même les sans-métier, sont dans l'impossibilité de se syndiquer) des ressources à la production et au renouvellement desquelles ils n'ont et n'auront jamais contribué.

Tous ces motifs ont déterminé le Comité fédéral des Bourses du Travail à remplacer les secours particuliers et différents que donne chaque Bourse, par un viaticum collectif, réservé aux syndiqués, réglementé par les intéressés eux-mêmes et qui supprime la plus grande partie, sinon la totalité, des inconvénients du système actuel.

L'économie de ce viaticum n'a rien, à vrai dire, d'original, nous ayant été inspiré par celle de services similaires. Pour avoir droit au secours de route, chaque syndiqué doit : avoir trois mois au moins de sociétariat, avoir acquitté régulièrement ses cotisations, sauf dans le cas de chômage, de maladie dûment justifiée et de service militaire; n'avoir quitté la localité où il résidait que par manque de travail ou pour avoir accompli un des actes de solidarité ouvrière prévus par le règlement particulier de chaque syndicat. Le « brûlage » d'une Bourse faisant présumer que le chômeur n'est pas sans ressources, le viaticum n'est, en ce cas, payé que pour la distance comprise entre les deux Bourses les plus rapprochées l'une de l'autre; c'est ainsi que le voyageur arrivant à Angers de Paris sans avoir visité Blois et Tours ne recevrait le viatique que pour l'intervalle entre Tours et Angers. En arrivant dans une ville, le voyageur, muni par le secrétaire du syndicat de sa profession des adresses des ateliers, doit les visiter tous et faire constater son passage par un des syndiqués de l'atelier désigné à cet effet, ou, faute de syndiqués, par d'autres moyens trop longs à exposer. Bien entendu tout voyageur convaincu d'avoir accepté du travail à prix inférieur au tarif syndical ou dans un atelier mis à l'index perdrait droit au viaticum.

Quant au montant du secours, il est de 2 francs pour les 40 premiers kilomètres ou par fraction de ces 40 kilomètres à partir de chaque Bourse visitée, et de 75 centimes par 20 kilomètres ou fraction de 20 kilomètres au delà, l'addition des kilomètres étant interrompue par la rencontre d'une Bourse ou, à son défaut, par un total de 200 kilomètres. La perception d'une somme de 150 francs suspend le droit au viatique pendant dix-huit mois, sauf dans le cas improbable où, pendant le laps de temps nécessaire pour atteindre à cette somme, le voyageur n'aurait pu trouver aucun emploi.

Chaque Bourse administre elle-même sa caisse, alimentée par une capitation mensuelle de 10 centimes imposée à tout syndiqué; et à la fin de chaque trimestre, le Comité de la Fédération, totalisant les sommes payées, établit, en vue de l'égalisation des charges, le *quantum* dû par chaque Bourse.

Telle est l'économie du projet qui fut soumis en 1898 à l'étude des Bourses du Travail et qui vient d'aboutir. Ainsi que nous l'avons déclaré, il n'est, dans ses grandes lignes, qu'une combinaison des services similaires institués par l'*Union des Travailleurs du Tour de France* et par la *Fédération des Travailleurs du Livre*. Mais ce que ne pouvaient indiquer ces deux sociétés, à cause de la disproportion qui existe entre le nombre de leurs membres (la première en compte 3.000, la seconde 6.000) et celui des ouvriers affiliés aux Bourses du Travail (250.000), c'était le taux de la cotisation et celui des allocations. Bien qu'en définitive les chiffres soient, dans les trois cas, à peu près semblables, ceux du projet que nous exposons n'ont pu être fixés qu'après enquête et sont l'œuvre propre du Comité fédéral des Bourses. L'enquête ouverte consista à obtenir des Bourses le nombre des membres de chaque syndicat, le pourcentage annuel des chômeurs par corporation et la durée moyenne du chômage. Or, le résultat donna pour toute la France (l'Algérie exceptée, placée qu'elle est dans une situation exceptionnelle par l'afflux d'ouvriers nomades) une proportion moyenne de 15 0/0 d'ouvriers chômant pendant quatrevingt-dix jours par an. Dès lors, 15 chômeurs, recevant pendant trois mois 2 francs de secours par mois, n'épuiseraient pas les recettes produites par le versement statutaire de chaque centaine d'ouvriers; sur les 10 centimes de la cotisation, 9 seulement seraient employés. Ce résultat s'est trouvé confirmé depuis, d'abord par les tables de la *Fédération des Travailleurs du Livre* dont la dépense mensuelle la plus élevée n'a atteint que 0 fr. 085 par tête de syndiqué, et ensuite par les secours de route qu'allouent les Bourses et dont la valeur moyenne est de 87 fr. par 100 membres.

Est-il besoin maintenant de signaler les avantages offerts par le viaticum? En première ligne, la possibilité pour les Bourses du Travail de ré-

gulariser l'itinéraire de chaque voyageur; le secours de route ne pouvant être accordé que si le
voyageur (sauf découverte d'un emploi) *ne re-
tourne jamais sur ses pas;* chaque Bourse, en
outre, par la publication hebdomadaire (comme
on le verra plus loin) des conditions du travail
dans son ressort est en mesure d'indiquer au vi-
siteur dans quelle direction il pourra ou non
trouver un emploi. En seconde ligne, nous trouvons la sévérité du contrôle grâce à quoi les
Bourses pourront décourager les nomades volontaires; le secours de route cessera ainsi complètement d'être une aumône ou une prime à l'exploitation mutuelle de prolétaires; il deviendra l'aide
procurée à soi-même par quiconque aura montré,
en se syndiquant et en contribuant à l'alimentation des caisses de viaticum, l'énergie suffisante pour se rendre capable de résister aux
suggestions des employeurs. Enfin, la certitude
pour les ouvriers non syndiqués de trouver dans
l'association corporative une assistance sérieuse
en cas de chômage les déterminera bientôt à y
entrer et en développera la puissance dans une
mesure incalculable. Si l'expérience qui se poursuit actuellement justifie les espérances de la
Fédération, peut-être un futur Congrès international des Bourses du Travail et associations similaires étendra-t-il par delà la France l'organisation du secours de voyage.

4° *L'Office national ouvrier de statistique et
de placement.* — Le point de départ de l'Office
national ouvrier de statistique et de placement

se trouve dans les deux propositions suivantes, adoptées le 15 septembre 1897 par le VI° Congrès tenu à Toulouse (Rapport officiel, page 39) :

1° Narbonne et Carcassonne proposent que le Comité fédéral recherche le moyen d'établir un secours de route qui permette aux camarades syndiqués de se rendre de ville en ville pour se procurer du travail;

2° Nevers propose qu'il soit dressé un état mensuel des fluctuations du travail dans chaque Bourse, et que cet état soit envoyé au Comité fédéral qui, à son tour, le fera connaître à toutes les Bourses.

Saint-Etienne, au cours de la même séance, avait déjà exprimé le vœu, d'une part, qu'un service de statistique générale fût établi pour le placement, de façon, que chaque Bourse pût se procurer dans les délais nécessaires les ouvriers demandés; d'autre part, que chaque syndiqué, se présentant dans une Bourse, en quête de travail, pût y trouver assistance immédiate. « N'y aurait-il donc pas, avait demandé le délégué, un moyen de rendre les Bourses solidaires les unes des autres et de faire, par l'intermédiaire du Comité fédéral, que l'excédent de travailleurs d'une localité pût être réparti immédiatement dans les localités où manqueraient les bras?... »

Le Congrès, pris ainsi à l'improviste, n'avait point une idée nette de la forme que pouvait revêtir la double proposition de Narbonne et de Nevers. Il se borna donc à voter les deux ordres du jour présentés par ces Bourses et dont le caractère vague indique suffisamment l'indécision des délégués.

Toutefois, le principe même de la création d'un Office de statistique et de placement était adopté, et si le Congrès suivant (VIIe, Rennes, 1898) ne fut saisi d'aucun projet dans ce sens, c'est qu'on ne voulut point compliquer inutilement la besogne des délégués et nuire à la solution de la question du viaticum. Mais la meilleure preuve que le Comité fédéral entendait réaliser le projet ébauché au Congrès de Toulouse et si intimement lié à celui du secours de route, c'est qu'il en présenta l'esquisse dans un article des statuts mêmes du viaticum, article ainsi conçu :

« Chaque Bourse devra envoyer une fois par semaine, et suivant une formule qui sera établie par le Comité fédéral, un état du travail dans chaque syndicat. L'ensemble de ces états, communiqué 48 heures après à toutes les Bourses, permettra de diriger les voyageurs sur les endroits indiqués comme disposant de travail et de les écarter de ceux où il y aurait chômage. »

Cet article, malgré l'imprécision des termes, contenait en germe tout l'Office national de statistique et de placement que le Comité fédéral devait créer deux ans plus tard et qui commença dès 1898 de faire l'objet de ses préoccupations.

La première difficulté soulevée résultait du

caractère que le secours de route ou viaticum devrait revêtir pour produire le maximum d'effet utile. Constituerait-il une œuvre de philanthropie pure? Serait-il une sorte d'aumône (d'ailleurs fraternelle) faite par les métiers exempts de chômage et les syndiqués à situation stable aux malheureux que leur profession, leur inhabileté, leur âge, mille autres causes condamnent à de périodiques recherches d'occupations? Si oui, le Comité fédéral des Bourses du Travail n'avait qu'à adapter aux organisations qu'il représente les statuts des services de viaticum déjà créés par la *Fédération française des Travailleurs du Livre,* par l'*Union des Travailleurs du Tour de France* et par la *Société générale des Chapeliers.*

Serait-il, au contraire, outre l'assurance créée par les participants eux-mêmes contre les chômages éventuels, le moyen d'atténuer la concurrence fratricide que, sous la pression du besoin, les sans-travail se font entre eux? Servirait-il à régulariser en quelque sorte le marché économique en permettant une mise en présence presque immédiate de l'offre et de la demande, de manière à éviter soit la pénurie des bras qui, si elle sert momentanément les intérêts de quelques-uns, lèse par contre ceux de la multitude affamée, soit la surabondance des bras, qui coopère à la disproportion constatée depuis 1860 entre le prix du travail et le prix des denrées?

Telles étaient les deux conceptions possibles

du service décidé successivement par les congrès de Toulouse et de Rennes.

Si les Bourses du Travail n'avaient compté que quelques milliers d'adhérents, nul doute que le Comité fédéral n'eût adopté le premier système, très simple, éprouvé depuis longtemps, protégeant chaque année des centaines d'hommes contre la tentation de se coucher au bord du chemin pour n'avoir plus à disputer au hasard une existence précaire et misérable. Mais les Bourses du Travail ont groupé plus de mille syndicats et à peu près 250.000 ouvriers, soit 65 0/0 des syndiqués français. Avec un nombre aussi considérable de travailleurs, le Comité fédéral devait donc chercher à tirer du service projeté le parti le plus profitable; aussi se prononçant pour le second système, arrêta-t-il que le secours de voyage serait complété par une statistique du travail permettant d'indiquer aux ouvriers et les centres où la main-d'œuvre serait rare, pour s'y rendre, et ceux où elle surabonderait, pour s'en écarter. A cet effet, les Bourses du Travail seraient priées de faire connaître une fois par semaine le nombre *d'emplois vacants* dans chacun des métiers représentés à la Bourse; ces chiffres seraient d'ensemble reportés par le Comité lui-même sur un tableau d'ensemble dont chaque Bourse recevrait dans les 24 heures un exemplaire destiné à l'affichage.

Ce n'était qu'une ébauche; mais cette ébauche soulevait déjà une objection capitale. Alors que des organismes bien outillés peuvent à peine

fournir avec exactitude de simples renseignements mensuels sur l'état du marché, était-il
permis d'espérer qu'on pût sur le même sujet,
et, quatre fois par mois, recueillir des chiffres, c'est-à-dire la précision même? Le Comité
ne fut pas assez téméraire pour répondre à cette
question affirmativement. Il eut seulement une
présomption de succès en remarquant d'abord
que les Bourses du Travail ont éveillé dans le
peuple le goût des études économiques et statistiques, avant elles inconnues et partant dé-
daignées; en songeant ensuite que la persévé-
rance apportée dans l'exécution de son projet
finirait par déterminer des hommes, épris déjà
du désir de connaître leur condition, à en écrire
l'histoire en chiffres, c'est-à-dire à la rendre
presque tangible pour eux-mêmes et pour le
reste de l'humanité; en considérant enfin que
les Syndicats et les Bourses du Travail, qui n'ont
qu'un intérêt médiocre et rétrospectif à consulter les statistiques, insuffisamment fréquentes, publiées de côté et d'autre, auraient, à
l'exactitude de la statistique établie par la Fédération, le triple intérêt: 1º d'empêcher, en ré-
gularisant le « voyage » des ouvriers sans travail, le gaspillage des fonds destinés à les secourir; 2º de prévenir les afflux de bras disponibles, qui déprécient les salaires; 3º d'obtenir,
en en fournissant eux-mêmes, des renseignements assez exacts pour que ceux de leurs membres qui voudraient se déplacer sans être obligés

« d'entreprendre le voyage » ne le fissent qu'à bon escient.

Il y avait là, semble-t-il, plus de raison qu'il n'en fallait au Comité pour avoir confiance dans le résultat de son entreprise. Par surcroît, il n'est pas de jour où des Bourses du Travail ne soient dans l'obligation de se demander mutuellement, sur les vacances dans telle ou telle branche de l'activité industrielle, les indications que précisément le Comité projette de rendre permanentes. En établissant un service de statistique, il ferait donc mieux que de chercher des concours, il irait au devant de ceux qui s'offrent.

Cette première difficulté résolue, il restait à connaître dans quelles conditions s'accomplirait le travail. Tout d'abord, et pour atteindre le but poursuivi, il faudrait assurer aux indications fournies par les Bourses la plus grande exactitude, de telle sorte qu'un ouvrier de la petite mécanique, par exemple, sût si l'emploi annoncé comme vacant dans sa profession concerne les instruments de chirurgie ou d'optique; qu'en outre, les dénominations d'emplois fussent unifiées et assez précises pour éviter des confusions fâcheuses lorsqu'un métier possède, suivant les localités, des appellations différentes ou que l'ouvrier spécialiste des grandes villes doit être remplacé par un ouvrier apte à plusieurs travaux, comme le plâtrier-peintre, le ferblantier-zingueur, etc. Comme, d'ailleurs, on ne pourrait se contenter d'une liste des métiers actuellement représentés dans les Bourses du Travail, le nombre de ces métiers et celui des Bourses augmentant chaque jour, il parut donc que la première tâche à accomplir devrait être la nomenclature complète des métiers, un exemplaire en étant remis à chaque Bourse avec recommandation de désigner toujours exactement les emplois disponibles par une des dénominations comprises dans cette nomenclature.

En second lieu, les Bourses du Travail étant au nombre de 57, il s'agissait de savoir comment opérerait le Comité pour pouvoir, en l'espace de vingt-quatre heures, reporter tous les chiffres contenus dans les états particuliers sur l'état d'ensemble, obtenir de celui-ci 57 exemplaires et les expédier aux Bourses.

Fidèle à ses principes, c'est-à-dire convaincu qu'avant de demander aide l'homme doit épuiser tous les moyens d'action dont il dispose, le Comité chercha d'abord à réaliser son projet avec ses ressources personnelles. Pour que, malgré l'abondance éventuelle des renseignements fournis par les Bourses où les syndicats sont nombreux, le tableau d'ensemble n'eût jamais de dimensions exagérées, il décida que chacun des métiers de la nomenclature serait précédé d'un chiffre, et qu'au lieu d'indiquer les métiers, les états particuliers, de même que le tableau d'ensemble, n'indiqueraient que les chiffres, la juxtaposition de la nomenclature et du tableau dans la salle publique de chaque Bourse devant permettre une traduction immédiate.

On obtiendrait ainsi des indications du genre de celles-ci:

$$\text{Lyon} \quad \frac{57}{9} \quad \frac{78}{59} \quad \frac{148}{17} \quad \frac{312}{3} \quad \frac{522}{24}$$

le chiffre supérieur étant le numéro d'ordre du métier, le chiffre inférieur celui des emplois vacants.

Les états particuliers parvenus au Comité, il y aurait à établir l'exemplaire-type du tableau d'ensemble. Mais bien que cette opération ne puisse être faite que par un seul homme, elle ne parut pas de nature à excéder les forces humaines ni même à absorber plus que le délai imposé pour l'expédition des copies aux Bourses. Restait donc la confection de ces cinquante-sept copies.

Les ressources financières de la Fédération étant modestes et lui défendant d'employer le concours de l'imprimerie, il s'agissait de savoir si, par un procédé autographique quelconque, un homme serait capable de tirer en quelques heures à 57 exemplaires un tableau-type comptant en hauteur 57 lignes et en largeur, tantôt 10 colonnes, tantôt 50, suivant le nombre des métiers qui auraient indiqué des emplois disponibles.

Ici, le Comité dut reconnaître son impuissance. Vainement il examina le problème sous toutes ses faces, imagina cent combinaisons; il lui fut impossible de résoudre la difficulté et il lui fallut convenir que l'imprimerie seule pouvait produire dans le délai imparti les exemplaires indispensables — l'imprimerie dont la modicité de ses recettes lui interdisait précisément l'usage.

Le Comité se trouva donc dans l'alternative d'abandonner son projet ou de faire appel au concours de l'Etat. Croyant à l'utilité de son entreprise, il n'hésita pas à prendre le dernier parti, et, le 17 novembre 1899, il décida de demander au gouvernement une subvention annuelle de 10.000 francs.

Cette demande était faite quand un événement imprévu vint à la fois élargir le programme primitif du Comité et déterminer plus tôt qu'il ne l'avait pensé la création de l'Office de statistique et de placement.

Préoccupé de procurer du travail aux quelques miliers d'ouvriers réduits au chômage par la clôture des travaux de l'Exposition, le gouvernement s'était enquis des chantiers publics ouverts ou à ouvrir pendant l'année 1900 sur les divers points du territoire, et des conditions de temps et de salaire auxquelles ces chantiers recruteraient leur personnel. Mais comment mettre les chômeurs en relations avec ces chantiers? Il fallait pour cela un intermédiaire. Le Ministère des Travaux publics offrit ce rôle à la Fédération des Bourses, qui, voyant là une amorce à l'Office proprement dit, accepta l'offre, non sans avoir préalablement résolu de n'envoyer d'ouvriers que là où effectivement la main-d'œuvre locale serait insuffisante et à condition que les salaires et la durée des journées de travail fussent les mêmes que ceux acceptés par les syndicats régionaux.

Ce scrupule motiva l'envoi aux Bourses de la circulaire suivante:

Camarade, — Nous vous transmettons sous ce pli un exemplaire de l'affiche par laquelle le Ministère des Travaux publics fait connaître les chantiers actuellement accessibles aux ouvriers tombés en chômage par la clôture des travaux de l'Exposition.

Nous vous prions de nous faire savoir à ce propos si les prix indiqués sur cette affiche sont au moins *égaux* aux salaires courants de la localité en question et s'il est exact que cette localité manque assez de bras pour qu'il soit nécessaire d'en envoyer.

Nous vous prions également, pour le développement de l'Office de statistique que nous venons de créer, de nous faire connaître dans le plus bref délai le taux courant des salaires payés aux ouvriers de chacun de vos syndicats. Cela nous permettra d'établir pour les ouvriers de chaque ville un répertoire et de vérifier, dès qu'il nous sera demandé des compagnons, si les prix offerts sont ceux en usage parmi les syndiqués.

Après quoi, commença le placement des travailleurs en chômage.

A cet effet, chaque ouvrier remplissait une formule de demande d'emploi, laquelle, reçue par la Fédération et agréée par l'entrepreneur de province, était transmise au Ministère des Travaux publics qui la renvoyait accompagnée d'un permis de circulation à demi-tarif pour la localité où l'ouvrier était embauché.

Malheureusement les intéressés devaient attendre au moins deux jours avant que les pièces revinssent du Ministère. Cette lenteur dans la remise des permis fut cause qu'un grand nombre de chômeurs préférèrent s'en passer et se mettre en route à leurs frais plutôt que de rester deux ou trois jours de plus à Paris et de s'astreindre ainsi à des dépenses que n'eût pas compensées la réduction de 50 0/0 consentie par les compagnies de chemins de fer.

Ajoutons, pour être complets, que, vers le mois de juillet, beaucoup d'ouvriers se trouvèrent dans l'impossibilité même de parfaire le prix de leur voyage. C'est alors que le Comité fédéral crut devoir s'autoriser des paroles prononcées devant la Chambre des députés par le président du Conseil des ministres et appeler sur la situation de ces ouvriers l'attention du gouvernement qui alloua à l'Office, avec mission de les répartir de la façon la plus convenable, des sommes dont le total s'éleva à 1.400 francs.

Pendant que fonctionnait ce service annexe, la Direction du Travail au Ministère du Commerce invitait le Comité fédéral à préciser, en une sorte de règlement, le fonctionnement de l'Office de statistique et de placement. C'est alors que le Comité rédigea les statuts (1) qui ont été publiés dans *le Travailleur syndiqué* de Montpellier (juin 1900) et qui, après avoir indiqué la tâche dévolue chaque semaine à chacune des Bourses pour la confection des listes particulières des emplois vacants, et au Comité fédé-

---

(1) On les trouvera aux *Documents complémentaires*.

ral pour l'établissement de la liste générale et son expédition, spécifient les trois conditions mises par le gouvernement à son concours.

Bref, le 5 juillet, et en conséquence des déclarations faites le 1er juin à la Chambre par le Ministre du Commerce (1), le gouvernement accordait à la Fédération des Bourses une subvention de 5.000 francs (2) pour le 2e semestre de 1900.

Immédiatement le Comité fédéral initiait en ces termes les Bourses du Travail aux détails du nouveau service qui leur incombait:

Camarade, — le règlement de l'Office de satistique et de placement, publié dans *le Travailleur syndiqué* (juin 1900), organe de la Bourse du Travail de Montpellier, vous a indiqué comment fonctionnerait ce nouveau service de la Fédération des Bourses du Travail.

(1) Le gouvernement s'engageait à rendre permanentes et méthodiques les études relatives à l'ouverture des travaux de l'Etat, des départements et des communes, c'est-à-dire à préparer une organisation du travail telle qu'à la fermeture d'un chantier succède l'ouverture d'un chantier nouveau et que les ouvriers devenus inoccupés, au lieu d'être réduits à entrer en concurrence avec leurs camarades de l'industrie privée, trouvent aussitôt un nouvel aliment à leur activité. Il promettait, en outre, « de rendre aussi aisés que possible les emprunts que les départements ou les communes croiront devoir contracter pour l'exécution de leurs travaux ». — Que ces promesses soient tenues et l'on aura, non pas certes résolu la question du chômage, mais atténué certaines crises qui ôtent aux militants eux-mêmes tout courage.

(2) Prélevée sur le crédit affecté aux coopératives de production (Note de Maurice Pelloutier).

Vous savez que l'Office a pour mission de dresser chaque semaine la statistique des emplois vacants dans le ressort des Bourses du Travail, étant entendu que l'expression *emplois vacants* désigne les emplois qui n'ont pu, pour un motif quelconque, être occupés par aucun des ouvriers en chômage dans la localité ou pour l'occupation desquels il n'y a aucune ouvrier disponible.

Cette statistique s'établit de la manière suivante : le *mercredi* de chaque semaine, chaque Bourse remplit et adresse à l'Office une feuille indiquant le nombre des emplois vacants connus dans chacune des professions fédérées, en y ajoutant, autant que possible, le taux des salaires. Mais, pour éviter une énumération trop longue, chaque Bourse indique sur cette feuille, non pas le métier, mais le numéro d'ordre qui lui est assigné sur la Nomenclature dont chaque Bourse trouvera sous ce pli un exemplaire. Exemple: il y a de disponibles: une place de biscutier à 4 fr.; trois de tailleurs de pierres, dont une à 3 fr. et deux à 3 fr. 50, et une de tôlier à 5 fr. Le secrétaire de la Bourse établira sa feuille de la manière suivante :

$$\frac{1}{27} \text{ (4 fr.)} - \frac{3}{380} \text{ (1 à 3 fr., 2 à 3 fr. 50)} - \frac{1}{273} \text{ (5 fr.)}$$

les chiffres supérieurs indiquant le nombre d'emplois, les chiffres inférieurs étant ceux de la Nomenclature.

Comme le tableau qui reproduira toutes les feuilles individuelles devra être affiché dans chaque Bourse, *à côté de la Nomenclature*, les chômeurs qui consulteront le tableau n'auront pour savoir quels emplois désignent les chiffres supérieurs, qu'à consulter la Nomenclature.

Il y a un point sur lequel nous insistons particulièrement : c'est que les indications d'emplois, pour être utiles, doivent être aussi fraîches que possible. Pour cela, il faut, d'une part, que les secrétaires de Bourses tâchent d'être renseignés par les secrétaires de syndicats au dernier moment, c'est-à-dire le mercredi ou, au plus tôt, le mardi soir; d'autre part, que les listes soient adressées à l'Office par le courrier du mercredi soir, de façon que l'Office puisse, dans la journée du jeudi, dresser le tableau d'ensemble et le porter à l'imprimerie. Nous vous prions donc, camarade secrétaire, de nous envoyer votre première liste le *mercredi courant* pour continuer ensuite tous les mercredis.

En terminant, nous rappelons aux Bourses du Travail de quelle importance sera l'exactitude de cette statistique permanente. Le Gouvernement, la Chambre des députés, la presse l'ont bien compris. Les souhaits de succès et l'aide pécuniaire qu'ils ont adressés à la Fédération nous créent à tous, secrétaires des Bourses du Travail et membres du Comité fédéral, l'obligation de dépenser toute notre activité pour prouver que les Bourses sont capables de créer le marché national du Travail.

Enfin, le 9 août 1900, les Bourses du Travail recevaient le premier des tableaux d'ensemble des emplois vacants, qui, depuis lors, paraissent régulièrement chaque semaine (1).

(1) Il aurait été intéressant de connaître le nombre des ouvriers *placés* par l'Office; mais cette connaissance est impossible. En France, les Bourses du Travail munissent l'ouvrier qu'elles envoient à un patron, d'une feuille imprimée, qui, renvoyée par l'une des deux parties au gérant du placement, lui ferait savoir si patron et ouvrier se sont entendus. Les gérants ne reçoivent que très irrégulièrement cet avis.

On pourrait objecter que l'ouvrier ou le patron se soucie peu de dépenser un timbre de 5 centimes pour cet envoi; mais il en est de même dans les Bourses du Travail de Belgique, *bien que l'avis y consiste en une carte postale dûment affranchie, et contenant la mention : Oui ou Non* (Note de Maurice Pelloutier).

Ajoutons que, dans le but d'élargir le cercle de ses informations comme dans celui de faciliter la tâche des Bourses du Travail, l'Office invitait récemment: d'une part, les préfets et les maires; d'autre part, les industriels et les entrepreneurs, dans le ressort ou pour le compte desquels des travaux viendraient à être exécutés, à lui fournir: les premiers, « le nombre d'ouvriers nécessaires dans chaque profession, le taux des salaires, la durée de la journée de travail et les époques auxquelles doivent commencer et se terminer les travaux »; les seconds, « le nombre d'ouvriers dont ils pourraient avoir besoin, en indiquant la profession et les conditions de travail ainsi que la durée approximative des travaux ».

« Les réponses que nous recevrons en conformité de ces circulaires, écrivait aux Bourses le secrétaire de l'Office, seront transmises aux Bourses ou organisations ouvrières qu'elles intéresseront en premier lieu, c'est-à-dire que, s'il nous vient l'avis que dans telle localité il est besoin d'un certain nombre d'ouvriers, nous enverrons immédiatement par dépêche à la Bourse ou organisation la plus proche de la localité en question, les renseignements qui nous seront parvenus, à charge, par cette Bourse ou organisation, de faire tout de suite le nécessaire et de nous indiquer s'il y a lieu d'aviser les autres Bourses du Travail. »

Telle fut la tâche accomplie par le Comité fédéral et que sanctionna, en septembre 1900, le congrès de Paris.

Avant de conclure, donnons quelques renseignements sur la situation financière, guère brillante, hélas! de l'Office de statistique et de placement.

Le tableau ci-contre indique les prévisions premières du Comité fédéral, telles qu'elles figurent dans le projet de budget annuel annexé au rapport présenté au congrès.

De ces prévisions, que le Comité fédéral, escomptant les promesses d'aide pécuniaire qui

RECETTES	Fr.	c.	DÉPENSES	Fr.	c.
Subvention de l'Etat...	10.000	»	Employé permanent...	3.600	»
Subvention du Conseil Municipal de Paris..	2.100	»	Un aide (2 jours par semaine).............	800	»
Subvention des municipalités des départements (60 fr. en moyenne par Bourse et par an).	2.820	(1) »	Impression du tableau.	4.000	»
Vente du tableau d'ensemble.............	Mémoire		Expédition du tableau.	400	»
			Correspondance (3.500 lettres)....	500	»
			Papier et frais de bureau	300	»
			Indemnité annuelle aux secrétaires des Bourses fédérées..	4.700	(2) »
				14.900	»
			Excédent de recette.	20	»
Total égal.....	14.920	»		14.920	»

(1) Les sommes plus fortes obtenues par les grandes Bourses compensant l'indigence de celles que les municipalités considèrent d'un œil hostile.

(2) Chiffre qui ne peut être maintenu, recettes et dépenses s'équilibrant, que si les Bourses du Travail font du chapitre III des recettes (subvention des Conseils municipaux) une réalité.

ne lui avaient pas été ménagées, avait faites aussi larges que possible, dans le but d'accorder une indemnité annuelle aux secrétaires des Bourses pour le travail supplémentaire qu'exige d'eux l'enregistrement hebdomadaire des emplois disponibles dans leur ressort, de ces prévisions, une seule s'est réalisée jusqu'ici: la contribution de l'Etat. Encore cette contribution sera-t-elle vraisemblablement inférieure, en 1901, au chiffre de 10.000 fr. jugé indispensable pour donner au fonctionnement de l'Office l'ampleur qu'il mérite, et le Comité fédéral devra-t-il plaider énergiquement la cause d'une œuvre dont il ne semble pas que l'utilité de premier ordre ait suffisamment pénétré les esprits.

Et pourtant — et ce sera notre conclusion — que le Comité fédéral ait vu juste dans sa conception du rôle présent et futur de l'Office de statistique et de placement; que le but qu'il s'est proposé et qui ne manque pas d'ambition — mais aussi de quelles énergies et de quels dévouements ne sollicite-t-il pas le concours? — que ce but doive être atteint: cela n'est pas douteux. Les crises économiques jettent chaque jour des milliers d'hommes sur le pavé, et l'ignorance où se trouve le pays des oscillations de l'offre et de la demande condamne ces hommes à attendre sur place (avec quelles ressources?) que la crise se calme, ou à partir sans guide à la recherche d'une occupation lointaine et problématique. Contre les crises, les associations ouvrières sont désarmées: la transformation économique seule en rendra le retour impossible; mais elles en peuvent atténuer les effets en réalisant enfin ce que, depuis la Révolution, tous les économistes sociaux, tous les gouvernements démocratiques projetèrent d'accomplir: la création du marché du travail. Il est temps que les marchés locaux constitués par les Syndicats et les Bourses se complètent par un marché national et que le travailleur marseillais résidant à Toulouse ou à Nantes puisse savoir quand, où et à quel prix un atelier lui sera ouvert dans sa ville natale. Or, cette tâche, qui mieux que les Bourses est qualifié et outillé pour l'accomplir?

Ce n'est pas tout. Les statistiques de tout genre, intermittentes ou périodiques, publiées soit par les gouvernements, soit par les sociétés d'économie politique, n'offrent d'intérêt qu'à l'économiste qui, avec leur aide, formule les principes qu'il croit... utiles à sa cause, ou au législateur, qui s'en inspire (d'ailleurs très superficiellement) pour essayer de déguiser l'injustice des projets de lois livrés à son examen. Au contraire, la statistique permanente de l'Office aura un intérêt pratique et immédiat: celui de faire connaître, d'abord, à tout travailleur en chômage ou désireux de se déplacer, les endroits où il y aura des emplois appropriés à ses aptitudes et normalement rétribués (1); de propor-

____

(1) Il ne faudrait pas croire cependant que le nombre des offres d'emplois augmentera dans la proportion où il semblerait, à première vue, devoir le faire; car ce que l'Office de statistique tient à indiquer, ce

tionner ensuite la main-d'œuvre disponible aux demandes d'ouvriers; d'apporter enfin une chance de succès aux grèves en permettant de faire le vide autour des champs de bataille (1).

5° *Caisses diverses.* — Pour épuiser la nomenclature des services de mutualité créés par les Bourses du Travail, il nous suffira de signaler quelques caisses de secours en cas d'accident ou de maladie, et l'essai fait par le *Syndicat des tailleurs et coupeurs d'habits* de Nîmes d'une caisse de retraite.

Une mention spéciale doit cependant être accordée à la « Caisse de solidarité » récemment fondée par un certain nombre de syndicats affiliés à l'Union des syndicats de la Seine. Cette caisse, à la différence des caisses mutualistes, n'impose à ses adhérents aucune condition d'âge ni de santé et n'accepte point de membres honoraires. Elle n'impose aucune condition d'âge ni de santé parce que ses fondateurs estiment que c'est précisément à la veille de la vieillesse

n'est point le nombre total des places vacantes dans chaque ville, mais celui des emplois laissés inoccupés par la main-d'œuvre locale.

Il faut également observer que le nombre des emplois vacants diminue à mesure qu'approche l'hiver, ce qui s'explique facilement: ici par un désir temporaire de stabilité des ouvriers tout à l'heure nomades et qui vont le redevenir au printemps; là, par l'augmentation du nombre des chômeurs (Note de Maurice Pelloutier).

(1) C'est ainsi que l'Office a pu, en juin 1900, favoriser les grévistes du Havre en ajournant l'admission des demandes qui lui furent faites pour cette ville.

ou quand une débilité congénitale ou acquise diminue la force-travail, que les ouvriers ont besoin de secours. Sans doute, il a fallu élever la cotisation, supérieure à celles des sociétés de secours mutuels ; mais il est équitable que les forts donnent aux faibles l'assistance qu'ils recevront eux-mêmes quand l'âge ou la maladie les aura épuisés à leur tour. Il ne semble pas, d'ailleurs, contrairement à l'opinion reçue et professée en Sorbonne, que les jeunes gens hésitent à adhérer à cette caisse; la solidarité chez eux prime l'intérêt.

Les avantages octroyés par la « Caisse de solidarité » sont: le secours en cas de maladie, le secours trimestriel aux soldats (témoignage de fraternité inédit et sur lequel l'association compte beaucoup pour empêcher ses membres partis au régiment d'oublier les liens qui les attachent toujours à l'atelier), le secours aux réservistes et aux territoriaux, le secours aux compagnes des sociétaires décédés et aux femmes en couches (aucune distinction, avons-nous besoin de le dire, n'étant faite entre la compagne « légitime » et la compagne « illégitime »), le prêt gratuit, enfin, sur simple caution du syndicat dont l'emprunteur fait partie. Le droit d'admission est fixé à 2 francs, la cotisation mensuelle à 1 fr. 50; l'indemnité de maladie est de 2 francs par jour pendant trente jours, à condition que la maladie dure plus de six jours et qu'elle entraîne l'incapacité absolue de travail: la femme en couches a droit pendant trente

jours à un secours quotidien spécial de 1 fr. 50,
*indépendant de l'indemnité de 2 francs déjà
due pour la maladie.* La veuve, ou, à son défaut,
les enfants, les parents, les frères et sœurs, ou
l'héritier testamentaire d'un membre de la société
reçoit 30 francs; le soldat de l'armée active 5 fr.
par trimestre; le réserviste et le territorial
1 fr. 50 par jour; les prêts sont de 30 francs,
remboursables sans intérêts, par versements
hebdomadaires minima de 3 francs.

Ce qui distingue les services de mutualité des
Bourses du Travail de ceux des sociétés de secours mutuels proprement dites, c'est, d'une
part, la suppression de toute condition d'âge et
de santé, ces services étant considérés, non
comme des moyens d'auto-protection contre les
accidents de la vie, mais comme des moyens de
résistance, nous croyons l'avoir déjà dit, contre la dépression économique, qui se traduit par
les longues journées de travail et les modiques
salaires; c'est, d'autre part, leur limitation aux
syndiqués, conséquence du motif précédent et
consécration éclatante, car on ne se serait pas
attendu à la rencontrer dans l'ordre mutualiste,
du principe de la division en classes, admis aujourd'hui et scrupuleusement appliqué par toute
la fraction « organisée » du prolétariat.

Est-ce à dire que la mutualité doive trouver,
ou plutôt retrouver auprès du personnel syndical la faveur qu'il lui refusa pendant tant d'années? C'est possible, pour la double raison: que
les syndicats, depuis si longtemps ennemis de

cette mutualité dont M. Léopold Mabilleau célébrait naguère les bienfaits, croient aujourd'hui en connaître suffisamment les défauts pour les éviter, et que, les uns d'instinct, les autres avec netteté, conçoivent (par une application toujours plus large du principe de la lutte des classes et en vertu de leur tendance socialiste à éliminer progressivement toutes les institutions actuelles), conçoivent, disons-nous, la nécessité de façonner eux-mêmes les services de tout ordre dont a besoin aujourd'hui l'homme réduit à ne vivre que s'il trouve chaque jour un travail de plus en plus précaire et déprécié.

2° SERVICE DE L'ENSEIGNEMENT. — 1° *Bibliothèques*. — La Bourse du Travail, disent les statuts généraux de toutes ces associations, « a pour but de concourir au progrès moral et matériel des travailleurs des deux sexes ». Or, quel moyen conduirait mieux à ce but que l'initiation des ouvriers aux découvertes de l'esprit humain? C'est en matière d'enseignement surtout qu'il faut se réjouir de la création des Bourses du Travail, car elles seules pouvaient accomplir les efforts merveilleux qui ont fait dire d'elles à M. Ed. Petit (1): « Elles deviennent les universités de l'ouvrier. » Les syndicats pauvres, faibles et isolés, les cercles politiques, dédaigneux de l'étude économique, étaient également impuissants, non seulement (cela va de soi) à organiser les cours d'enseignement profession-

____

(1) Rapport au ministre de l'Instruction publique, *Journal officiel*, 27 juillet 1898.

nel et primaire dont nous parlerons tout à l'heure, mais même à constituer des bibliothèques sérieuses. Il fut un temps d'ailleurs où les rares bibliothèques syndicales se croyaient tenues de compenser la sévérité des ouvrages de technologie ou de science par l'agrément des romans-feuilletons qui font encore aujourd'hui la joie de la loge et de l'antichambre; or, il est superflu de dire que vieux et jeunes ouvriers, à qui leur ignorance des événements sociaux et des règles qui les déterminent bornait l'horizon, qui se croyaient enfermés, eux et les générations qui les suivraient, dans le cercle des salaires de famine et des besognes abêtissantes, qui, du reste, vivant isolés, ne pouvaient engager les discussions vives où s'aiguisent les facultés d'observation et de critique, préféraient aux œuvres élevées les récits pittoresques ou troublants des conteurs populaires. Ce fut seulement quand, rapprochés, fédérés et inquiets de voir empirer chaque jour la condition ouvrière, les syndicats durent réfléchir sur le problème économique, que, d'une part, les ouvriers acquirent quelques clartés de la science sociale et furent en état de s'intéresser aux ouvrages mis entre leurs mains, que, d'autre part, ils portèrent les yeux sur le monde et y découvrirent le trésor littéraire capable de bercer leur peine, en attendant qu'il leur permît d'y remédier.

Actuellement il n'est pas de Bourse du Travail qui ne possède une bibliothèque et ne fasse pour l'enrichir de sérieux sacrifices. Certaines n'ont que 400 ou 500 volumes, mais d'autres en comptent 1.200, et celle de Paris, placée, il est vrai, dans une situation privilégiée et pourvue d'une salle de travail de 72 mètres de superficie, est riche de plus de 2.700 volumes. Dans toutes ces bibliothèques, d'ailleurs, la qualité l'emporte sur la quantité. Comme d'instinct, les Bourses du Travail sont allées aux œuvres les plus propres à épurer le goût, à élever les sentiments, à étendre les connaissances de la classe ouvrière; les travaux les plus consciencieux, les critiques sociales, économiques et philosophiques les plus nourries et les plus hardies, les œuvres d'imagination les plus hautes: ce sont les aliments qu'elles ont offerts à des appétits d'autant plus robustes qu'ils avaient jusqu'alors été moins satisfaits. Aussi rencontre-t-on dans leurs catalogues, à côté d'une section technologique composée des traités les plus nouveaux et les plus réputés, et tenue au courant des découvertes scientifiques et professionnelles faites chaque jour par le physicien, le chimiste et l'ingénieur, les maîtres de l'économie politique, depuis Adam Smith jusqu'à Marx; de la littérature, depuis les prosateurs et les poètes du xviie et du xviiie siècle jusqu'à Emile Zola et à Anatole France, de la critique et des synthèses sociales, depuis Saint-Simon jusqu'à Kropotkine; des sciences naturelles, depuis Haeckel et Darwin jusqu'aux Reclus et aux plus éminents parmi les anthropologues contemporains.

Les Bourses du Travail montrent d'ailleurs un

intelligent éclectisme, et l'on peut voir sur les rayons de leurs bibliothèques, fraternisant par le génie, des œuvres telles que le *Génie du Christianisme* et la *Justice dans la Révolution et dans l'Eglise, le Pape* de M. de Maistre, et l'*Esquisse d'une morale sans obligation ni sanction,* de M. Guyau, l'*Essai sur l'indifférence,* de Lamennais, et *les Ruines,* de Volney, ou l'*Origine de tous les cultes,* de Dupuis. Oserions-nous dire que tous ces livres soient beaucoup lus? Assurément non; mais des ouvriers se rencontrent qui ont la curiosité de les ouvrir et qui, peu ou prou, goûtent, avec la virulence des grands polémistes catholiques, la richesse poétique d'un Chateaubriand. Quant aux autres, j'entends ceux dont il faut éveiller artificiellement l'intérêt, ils se font une âme nouvelle en lisant les romanciers les plus rapprochés par l'âge et les tendances sociales.

2° *Les Musées du travail.* — Les Bourses ne se contentent point d'avoir donné à leurs adhérents des bibliothèques remarquablement composées. L'imagination toujours en éveil, elles voudraient créer ces musées du travail dont nous avons naguère exposé le plan dans leur organe central, l'*Ouvrier des Deux-Mondes.* On ne cesse de dire que les produits, qui coûtent si cher à l'ouvrier, profitent scandaleusement au capitaliste; que d'année en année la puissance d'achat des pauvres diminuant tandis que celle des fortunés augmente, la richesse grandit toujours et la misère devient de plus en plus effroyable; on déclare les conditions économiques telles que plus s'accumuleront les années, plus le peuple sera pressuré et plus impuissants deviendront ses efforts pour protéger pacifiquement son existence; on dit encore... mais qu'est-ce que tout cela, sinon de pures affirmations? Il faudrait autre chose. Il faudrait offrir au peuple le moyen d'observer par lui-même les phénomènes sociaux et d'en dégager toute la signification. Or, quel autre moyen que de lui mettre sous les yeux la substance même de la science sociale: les produits et leur histoire?

Voici des échantillons des fils employés dans les tissages d'Amiens. Nous savons combien gagnent les ouvriers qui les tissent, combien aussi gagnent les tisseurs d'autres contrées. Mais que nous indiquent ces chiffres? presque rien, puisque nous ignorons toutes les circonstances accessoires qui, seules, leur donneraient leur véritable valeur; ainsi: le coût des matières premières dans les pays de production et leur coût à l'entrée dans les manufactures, c'est-à-dire le montant de la dîme prélevée par le transit, les douanes, les commissionnaires, ce qu'exigent la nourriture, le logement et l'entretien des ouvriers, seul moyen de connaître ce que vaut réellement leur salaire; si le salaire accusé est celui de chaque journée de travail ou de chacun·des trois cent soixante-cinq jours de l'année; combien, en quelle quantité et où le fabricant vend ses produits; à quel prix se les procurent les consommateurs de détail, etc. Sur quoi pourrions-nous donc fonder solidement les principes économiques que nous avons déduits empiriquement de statistiques rudimentaires et   parfois douteuses?   .

Telles sont les préoccupations de mainte Bourse du Travail. Mais comment y satisfaire? Oh! très simplement: en créant un musée subdivisé en autant de sections qu'il y a d'unions ouvrières et qui annexât à l'échantillon de chacun des produits manufacturés toute son histoire. Les ouvriers connaîtraient ainsi en quelques minutes d'où vient le tissu mis sous leurs yeux; les contrées diverses où il se fabrique; son prix de revient; le nombre d'ouvriers qu'exige sa fabrication; leur salaire; ce qu'ils dépensent pour vivre; combien ils travaillent d'heures par jour et de jours par an; le prix de vente en gros et au détail du tissu; le nombre, la nature et la productivité des machines qui l'ont tissé: tous ces chiffres tenus à jour, et indiquant constamment la situation comparative du capitaliste et de l'ouvrier, du producteur et du consommateur, de telle sorte qu'après peu de temps cette vérité éclatât aux yeux des ouvriers de l'industrie textile que grèves, associations de secours mutuels, ligues contre le chômage, lois ouvrières: tout cela n'a pas plus arrêté la paupérisation qu'une digue de sable ne contiendrait la mer.

Entendons-nous bien: cette constatation n'aurait ni pour but ni pour effet de déprécier des institutions économiques inspirées, non pas seulement par la nécessité de défense actuelle, mais aussi et surtout par l'intention de pourvoir dès maintenant la classe ouvrière des moyens de production, de répartition et de consommation qu'il lui faudrait après transformation sociale; cette constatation ne servirait qu'à démontrer au peuple, sous une forme nouvelle et suprêmement éloquente, l'impossibilité d'une transformation pacifique.

Imaginez à présent une monographie semblable pour tous les produits de l'industrie humaine; pour le minerai tiré des profondeurs de l'Oural, le charbon de la Westphalie ou du Gard; pour l'horrible bibelot de Nuremberg et la délicate vannerie du Palatinat; pour le cristal de la Bohême et le verre de la Pensylvanie ou du Tarn; pour le diamant de l'Inde et la tapisserie des Gobelins; pour les poteries d'Aubagne et les merveilles azurées de Sèvres; pour tout ce qui procure aux uns joies d'avare, voluptés d'artiste ou basses satisfactions de vaniteux, et qui coûte aux autres tant de misères, tant de douleurs patiemment subies, silencieusement dévorées. Imaginez enfin ces témoignages vivants, peut-on dire, d'une inexplicable inégalité économique, exposés en même temps et constamment dans toutes les grandes cités, rappelant sans cesse au mineur, au verrier, au vannier, au diamantaire, au potier, au modeleur, que ces ouvrages, sortis de leurs mains et dont ils tirent à peine leur subsistance, iront orner les demeures d'autres hommes, — et ces muettes leçons ne seraient-elles pas plus éloquentes que les vaines clameurs révolutionnaires à quoi s'essoufflent les orateurs d'estaminet ?

D'ailleurs, rien ne manque aux Bourses du Travail pour réaliser ce projet. Elles ont, pour l'estimation, l'origine et l'histoire du produit, depuis l'entrée de la matière première dans l'usine jusqu'à la mise en vente de l'objet manufacturé, les fédérations professionnelles de tous les pays, les rapports des agents consulaires de toutes les nations, les syndicats de voyageurs, de représentants de commerce et de comptables; pour les conditions mécaniques dans lesquelles s'élabore le produit, les traités spéciaux et les renseignements des ouvriers; pour les conditions économiques, les déclarations des syndicats.

L'avenir nous dira ce qu'il est advenu de ce projet, dont le moindre mérite serait de donner aux édificateurs des cinquante sections du musée une science économique que pourraient leur envier maints économistes de l'école.

3° *Les offices de renseignements.* — A la création des Musées du travail ne se borne pas l'ambition des associations ouvrières. Nous avons indiqué précédemment que le principal avantage des Bourses avait été de les initier toutes aux progrès accomplis par chacune d'elles, et, par suite, de les détourner d'expériences reconnues stériles comme de leur suggérer des idées fécondes. Mais, on le conçoit, chaque

Bourse et le comité fédéral lui-même peuvent avoir oublié où s'élabora le plus judicieusement et le plus habilement telle ou telle innovation; de là la nécessité, si l'on ne veut compromettre en partie le rôle des Bourses du Travail, de créer un office central ou, mieux, un grand nombre d'offices particuliers de renseignements économiques.

L'initiative de ce projet revient à la *Solidarité des travailleurs* de Bagnères-de-Bigorre. « Les groupements, dit cette association (1), ne se forment que dans les grandes villes, là où un esprit hardi propose et n'a de repos que lorsque son idée est en voie de réalisation. Et là encore on marche au milieu des ténèbres, on multiplie les sociétés, qui, composées de trop peu de membres, n'ont de vie que, sur le, papier; on croit fonder neuf à Marseille, on tâtonne, on ne réussira peut-être pas, lorsqu'à Lille pareil projet est déjà résolu et fonctionne régulièrement : l'expérience du nord ne profite pas au midi. C'est en constatant cette situation que l'idée de la bibliothèque sociale nous est venue. Nous nous sommes dit : ne devrions-nous pas songer à compléter notre éducation ? Ne serait-il pas possible de mesurer l'effort fait par notre éducation pour arriver à un meilleur état social ? Tous les soldats de notre grande armée éprouveraient quelque satisfaction à voir tant de résultats acquis, malgré le milieu défavo-

(1) *Plan de bibliothèque*, par Suberbie, secrétaire, *l'Ouvrier des Deux-Mondes*, n° 19, p. 298.

rable dans lequel se meuvent les ouvriers. Et ils seraient en même temps amenés à reconnaître la stérilité d'efforts isolés, qui ne se généralisent pas dans toutes les villes et les campagnes. Ces constatations auraient pour conséquence de nous donner à tous plus de confiance dans l'avenir; quand la victoire apparaît certaine, une armée est invincible. »

En vertu donc de ces observations, la *Solidarité des travailleurs* propose d'organiser la première bibliothèque sociale, le premier office de renseignements. « Que toutes les sociétés existantes et même dissoutes, dit-elle (syndicats ouvriers, bourses du travail, sociétés de secours mutuels, société coopératives de production, de consommation, d'épargne, de prévoyance, etc.), nous adressent leurs statuts, qu'elles nous envoient les résultats obtenus. La *Solidarité des travailleurs* se charge de centraliser tous ces renseignements et de les classer; chaque catégorie de sociétés formera une section spéciale, ayant son secrétaire particulier chargé de cataloguer tout ce qu'on lui enverra, d'étudier en détail et avec soin toutes les pièces reçues, de faire des rapports, de rechercher les germes de vie qui ont amené la prospérité de certaines associations, et la cause de mort des groupes qui n'existent plus... Notre bibliothèque se composerait aussi des ouvrages traitant les questions sociales... que, par l'organisation d'une bibliothèque roulante, nous prêterions aux associations qui voudraient les consulter. »

On voit quelle économie de force et de temps
permettrait aux Bourses du Travail l'institution
d'un certain nombre d'offices de ce genre. Ajoutons qu'elle est de réalisation facile et que bientôt elle complétera par la lecture les moyens
d'éducation déjà mis par les Bourses à la disposition de leurs adhérents.

4º *La presse corporative.* — Un certain nombre de Bourses du Travail éditent chaque mois
un bulletin dans lequel elles publient les procès-
verbaux de leurs séances et diverses statistiques
sur leurs cours professionnels, le mouvement
syndical, etc. Elles insèrent, en outre, à tour de
rôle, les procès-verbaux des séances du Comité
fédéral, le Comité n'ayant plus d'organe officiel
depuis la disparition, en 1899, de la revue d'économie sociale, *le Monde ouvrier.*

Nous devons avouer que la plupart de ces publications, dont on attendait les plus importants
services, n'ont point compris ou su remplir leur
rôle. Deux ou trois au plus, les bulletins de
Nîmes et de Tours, *l'Ouvrier du Finistère,* se
sont efforcés d'aider, dans des proportions diverses, à l'élucidation des problèmes économiques et sociaux. Les autres ne renseignent même pas sur le fonctionnement superficiel des
Bourses qui les éditent.

Sans doute, la tâche qui incombe aux secrétaires des Bourses du Travail excède leurs forces, sinon leur bonne volonté, et il n'est qu'équitable d'admirer la part qu'ils en remplissent plutôt que de noter celle qu'ils négligent. Néan-

moins, la responsabilité de leur échec en matière de journalisme leur est imputable tout entière, car il dépendait d'eux de rendre leurs organes utiles... et intéressants sans effort personnel. Il suffisait d'y publier les rapports, parfois si abondamment documentés, de leurs commissions d'études, puis de susciter parmi leurs adhérents les collaborateurs précieux que nous y avons trouvés nous-mêmes et qui auraient tantôt exposé les conditions de la vie ouvrière, tantôt raconté le syndicat, noté ses points faibles, mis en lumière ses avantages, énuméré ses succès ou recherché les causes de ses défaites, initié, pour tout dire d'un mot, à l'activité syndicale et ceux qui l'ignorent et ceux qui la méconnaissent.

Villemessant se révéla psychologue le jour où il prétendit que tout homme est capable d'au moins un excellent article. Quelle concluante vérification de cette parole n'avons-nous pas faite nous-mêmes, en obtenant d'ouvriers, qui s'en étaient d'abord crus incapables, d'intéressantes monographies d'associations et parfois de substantielles études sur les questions qui passionnent le prolétariat ! Combien de fois même n'avons-nous pas publié d'historiques de Bourses du Travail dont les Bourses auraient pu se réserver la primeur ou ordonner la reproduction! Que les journaux coporatifs ne soient point lus, c'est une mésaventure explicable, personne ne pouvant songer à lire des publications dénuées d'intérêt. Mais il dépend des Bourses du Travail qui les éditent de leur donner une publicité convenable : elles ont, en effet, dans leur propre sein, tous les éléments propres à constituer des revues qui ne le cèdent point aux revues corporatives anglaises et américaines; qu'elles apprennent à les y recueillir, et elles ajouteront à tous les instruments d'émancipation dont elles disposent l'outil par excellence : le journal, en quoi l'homme se reflète et qui lui donne la sensation de vivre.

5° *L'enseignement.* — Ce n'est pas d'hier que l'organisation d'un enseignement professionnel par leur propre initiative hante les groupements corporatifs. Sans remonter au delà de 1872, nous constatons que c'était le but des fondateurs du cercle de l'Union syndicale ouvrière et que tous les syndicats de l'époque avaient souscrit d'enthousiasme à ce projet. « Si nous nous reportons aux débuts, dit le Rapport de la délégation des ouvriers marbriers de Paris à l'Exposition universelle de Lyon (1872), nous voyons que, dans le principe, une école syndicale centrale de dessin professionnel avait été jugée nécessaire par un groupe de travailleurs. D'autres cours, se rattachant aux connaissances utiles à toutes les professions, devaient, selon les ressources du cercle, y être adjoints par la suite.

« La première réunion dans ce but est due à l'initiative du citoyen Ottin, artiste statuaire, qui est allé développer sa proposition chez les graveurs. Le dessin étant de première utilité dans ce métier, la question y fut abordée résolument. Ensuite la chambre syndicale des ouvriers tapissiers offrit le local de son siège social pour y tenir les séances préparatoires au projet d'école... Ainsi, ajoutait le Rapport, les chambres syndicales se donneront réciproquement un concours d'idées et de connaissances pratiques, elles apprendront·à connaître dans leur sein les individualités dignes de les représenter et égaliseront les connaissances spéciales par le déversement des mieux partagées dans le vide des moins favorisées. »

Malgré, cependant, le prix qu'attachaient les syndicats à l'organisation d'un enseignement technique, rien de remarquable ne fut fait dans cette voie avant la création des Bourses du Travail. Mais à peine nées, ces institutions regagnèrent le temps perdu, et, pendant les quinze dernières années, elles ont accompli de véritables prodiges quant à l'organisation et au fonctionnement de leurs cours d'adultes.

Nous avons cité tout à l'heure l'appréciation de M. Ed. Petit, décorant les Bourses qui possèdent des cours du titre d'universités de l'ouvrier. Quiconque a lu le livre publié en 1897 par M. Marius Vachon sur l'enseignement industriel en France comprendra la justesse de cet éloge.

En ce qui concerne l'enseignement, les Bourses peuvent se diviser en deux catégories; celles qui se sont limitées à l'enseignement professionnel, théorique et pratique, et celles qui, plus ambitieuses, y ont joint (ne faisant d'ailleurs que précéder les autres) un enseignement éclectique, touchant aux connaissances les plus diverses.

Nous ne pouvons même sommairement dire ici tout ce qu'ont fait les unes et les autres pour réagir, suivant l'expression d'un membre de la Bourse du Travail de Toulouse (1), contre la tendance dominante dans l'industrie moderne à faire de l'enfant un manœuvre, un accessoire inconscient de la machine, au lieu d'en faire un collaborateur intelligent. M. Vachon y a consacré une grande partie de son ouvrage, et encore n'a-t-il pas tout dit. Nous nous bornerons donc à indiquer les matières traitées par quelques Bourses et l'opinion exprimée par l'une d'elles sur le rôle auquel elles prétendent dans le domaine de l'enseignement.

Parmi les Bourses de la première catégorie, nous trouvons Saint-Etienne, Marseille, Toulouse. Marseille a neuf cours: menuiserie et ébénisterie, métallurgie, stéréotomie, charpente, carrosserie, coiffure, coupe de cordonnerie, coupe d'habits, typographie et lithographie. Saint-Etienne, outre deux de ces cours, possède les suivants: géométrie et dessin mécanique, géométrie et dessin pour les ouvriers du bâtiment, traçage de lignes courbes pour les chaudronniers et les tôliers, filetage pour les tourneurs-mécaniciens; école de trait pour les charpentiers, mise en carte pour les tisseurs, couture et ménage, arithmétique, carrosserie, peinture et fi-

(1) Raynaud, Etude sur l'enseignement professionnel.

lage, arpentage et nivellement. La dernière statistique générale, c'est-à-dire celle de l'exercice 1899-1900, accuse, pour la période du 1er octobre au 30 juin, la tenue de 597 séances de 2 heures chacune; la moyenne des élèves est de 426. Chaque année, à l'occasion de la distribution des récompenses aux lauréats de chacun des cours professés à la Bourse, l'Administration de la Bourse organise une fête familiale (concert ou bal) dont les bénéfices sont affectés à l'achat de fournitures scolaires au profit des élèves nécessiteux syndiqués ou fils de syndiqués (1).

Montpellier possède cinq cours: cours de cordonnerie, de coupe, d'ébénisterie, de coiffure et de cuisine. Toulouse, qui reçoit une assez forte subvention annuelle, en a créé vingt et ouvert un magnifique atelier typographique. Le Conseil général de la Haute-Garonne lui accorde chaque année 300 francs, destinés à être convertis en prix pour les élèves et dont la distribution est précédée d'une exposition publique des travaux exécutés pendant l'exercice. Les cours, que fréquentent jusqu'à des soldats, sont visités tous les soirs par l'administrateur de service; ils ont d'ailleurs produit de tels résultats que la Bourse projette de faire participer les élèves aux concours institués par le ministère du Commerce pour l'obtention de bourses de voyage.

Parmi les Bourses de la seconde catégorie, nous pouvons citer celles de Paris et de Nîmes. A Paris, un certain nombre de syndicats adhé-

(1) Rapport lu au Congrès de 1900.

rents à l'*Union* de la Seine, ont organisé, de concert avec l'Association polytechnique qui fournit les professeurs, des cours d'électricité industrielle, de comptabilité commerciale, de sténographie, de dessin, de mécanique et de chimie appliquées, de géométrie pratique et d'algèbre, de droit commercial et industriel, de construction des automobiles, de langues allemande et anglaise. Il serait oiseux de dire ce que sont ces cours, l'Association polytechnique ayant, en matière d'enseignement, fait surabondamment ses preuves: mais il est douteux qu'ils puissent profiter beaucoup aux élèves, et cela pour deux raisons qui tiennent à l'organisation même de la Bourse du Travail de Paris.

Dans les Bourses du Travail de province, les cours sont suivis assidûment et par les mêmes personnes pendant toute leur durée, parce que ces Bourses, au lieu d'être, comme celle de Paris (1), de vastes immeubles où les syndicats ne peuvent avoir entre eux que des relations difficiles ou sommaires, sont de petits et d'autant plus ardents foyers d'activité syndicale, qu'ainsi l'entente et la collaboration y sont faciles et complètes et qu'il est possible d'y faire des cours de véritables *écoles*, à la fréquentation desquelles les élèves sont, pour ainsi dire, contraints.

(1) Nous rappelons à ce propos qu'originairement le Conseil municipal de Paris comprenait, sous le vocable générique : la Bourse du Travail, non pas seulement une Bourse centrale, mais un certain nombre d'annexes réparties sur les divers points de Paris. C'eût été le meilleur système.

A Paris, au contraire, les syndicats, étant étrangers à l'administration de la Bourse, ne peuvent régulariser leurs cours, qui sont, par suite, des sortes de conférences libres. Aussi le nombre des élèves y est-il très variable, leur assiduité très relative et les résultats obtenus moins bons qu'on le désirerait.

D'autre part, ces cours sont exclusivement théoriques. La quantité excessive des syndicats concentrés rue du Château-d'Eau et rue J.-J.-Rousseau (où presque tous les bureaux sont occupés par deux organisations) interdit même de songer à la création de cours pratiques. C'est pourquoi beaucoup de syndicats, notamment ceux de la typographie parisienne, des mécaniciens, des ouvriers en voitures, des passementiers à la barre, des menuisiers, etc., se sont déterminés à organiser, en dehors de la Bourse, un enseignement pratique dont les services sont remarquables.

La Bourse du Travail de Nîmes est celle qui a le plus fait pour le développement simultané de l'enseignement professionnel et d'un enseignement complémentaire touchant à diverses branches des connaissances humaines.

Son enseignement technique comprend l'arithmétique, la géométrie, la mécanique, le croquis coté, la comptabilité, la géographie commerciale, la législation, les marchandises. — Son enseignement complémentaire embrasse la langue espagnole, la médecine et la chirurgie pratiques; elle projette, en outre, la création de cours d'économie politique et sociale, d'hygiène, de sociologie et de philosophie.

Nous aurons complété cet aperçu sommaire de l'enseignement donné par les Bourses du Travail, en notant que celle de Clermont-Ferrand, empêchée jusqu'ici, faute de ressources, d'organiser des cours professionnels, offre à ses adhérents chaque hiver des conférences faites par les professeurs de l'Université. Ces conférences sont très suivies.

Les résultats matériels produits par ces divers moyens de diffusion des connaissances utiles, on les devine et nous ne tenterons même pas de les indiquer; mais quels résultats moraux ont-ils déterminés? Quelles en ont été les conséquences économiques? Voilà ce que se demandèrent les Bourses du Travail dans le congrès qu'elles tinrent à Rennes. Si l'instruction générale, en effet, est en toute occurrence de nature à épurer les sentiments de l'homme, le perfectionnement technique, au contraire, pourrait, en l'état de lutte créé par les difficultés de l'existence, ne servir qu'à aiguiser son penchant, d'ailleurs excusable, à l'égoïsme; et, dans ce cas, les Bourses du Travail joueraient un rôle de dupes, qui, retrouvant contremaîtres ou sous-entrepreneurs leurs anciens élèves, continueraient à se façonner des adversaires de leurs intérêts.

Une question presque semblable, du reste, s'est déjà posée en quelques villes à propos de la formation des apprentis; et avant que le congrès de Rennes eût posé en principe que l'enseignement des Bourses du Travail doit servir, non pas à faire des apprentis, mais à perfectionner les ouvriers adultes et ceux des jeunes gens *déjà entrés dans l'atelier ou dans l'usine*, la Bourse de Toulouse avait dû fermer momentanément son atelier typographique, les apprentis formés éliminant, grâce à la différence habituelle des salaires, les ouvriers adultes des imprimeries de la ville.

Ces diverses observations font donc comprendre pourquoi le Congrès de 1900 eut à établir: 1° si, dans le ressort de chaque Bourse du Travail, les cours professionnels ont contribué à augmenter les salaires; 2° s'ils ont relevé la valeur technique des ouvriers en général; 3° si les ouvriers qui en ont bénéficié sont restés ouvriers et en communion de principes avec leurs compagnons, ou s'ils forment des pépinières de contremaîtres, de surveillants, etc. (1).

A ces trois questions, le Congrès répondit affirmativement, et il fut reconnu que, loin de nuire aux efforts faits par la classe ouvrière pour l'affranchissement collectif et simultané des travailleurs, l'enseignement professionnel

(1) Sur ce dernier point, il était à craindre que l'enquête prescrite par le Congrès de Rennes (1898) ne fût difficile et peut-être même négative, les Bourses du Travail n'ayant pas, que nous sachions, l'habitude de faire prendre par leurs élèves d'inscription préalable; mais n'eût-elle eu pour résultat que de montrer l'utilité de cette pratique et de permettre ainsi à toutes les Bourses de connaître et de suivre partout les praticiens perfectionnés, l'enquête eût été encore excellente.

créé par les Bourses produit matériellement et moralement des résultats heureux.

Mais là ne s'arrête point notre ambition et le haut degré atteint par l'enseignement que donnent les Bourses du Travail nous a suggéré le désir de l'élever encore et (lentement, mais sûrement) d'annexer à chaque Bourse une école tenant le milieu entre l'école primaire et la section d'enseignement « moderne » ou « spécial » des collèges. Surprenons-nous par là les lecteurs de cette étude? Quel ne sera pas alors leur étonnement si nous leur disons que le plus difficile des problèmes soulevés par cette idée n'est ni la durée quotidienne des cours (M. Demolins a très courageusement affirmé que les quatre heures de classe et les six heures d' « étude » imposées dans certains établissements de notre connaissance sont exagérées des deux tiers), ni même le recrutement des professeurs, mais l'acquisition des ressources financières indispensables. Néanmoins, et sans faire état de subventions municipales problématiques, nous trouverons peut-être ces ressources dans la formation des coopératives scolaires. Il est superflu d'ajouter qu'en cas de succès les Bourses créeraient une bibliothèque classique inspirée des principes socialistes.

Au reste, en matière d'enseignement, toute hardiesse est légitime. Les cours institués par les Bourses du Travail n'ont pas seulement pour effet de faire de « bons ouvriers »; ils ont, disait au mois d'août 1899 l'administrateur de la Bourse du Travail de Saint-Etienne, chargé de présider la distribution des prix, ils ont pour avantage d'élever le cœur de ceux qui les suivent.

Car ils se rendent compte combien sont difficiles les commencements de tout travail, combien sont importantes ces heures d'étude qui les aguerrissent en vue de la lutte de l'intelligence contre la matière brute; l'homme qui sait ce qu'il vaut se respecte davantage... et à mesure qu'il prend conscience de sa valeur, il ennoblit le travail au lieu de l'avilir...

Plus nous aurons de connaissance, ajoute un rédacteur du journal l'*Ouvrier en voitures*, sur tout ce qui rapporte aux manifestations de la vie sociale, plus nous aurons de force de résistance et d'attaque à opposer à nos oppresseurs... et je crois qu'en nous instruisant le plus possible, nous nous approchons toujours de l'idéal vers lequel nous marchons et qui est l'affranchissement complet de l'individu.

3° LE SERVICE DE LA PROPAGANDE. — Quelles sont les différentes formes de propagande employées par les Bourses du Travail? Et dans quels domaines cette propagande s'est-elle exercée? Telles sont les deux questions qui se posent au début de ce paragraphe. Mais pour y répondre convenablement, il faut au préalable indiquer et expliquer les deux branches de l'activité syndicale ouvrière.

« La classe ouvrière, avons-nous écrit ailleurs (1), poursuit un double but: se protéger d'abord contre l'exploitation immédiate, dimi-

(1) *Les Syndicats ouvriers en France*. Paris. Librairie ouvrière, 1898.

nuer la somme de labeur et relever les « salaires de famine » à quoi la réduit un système économique dans lequel la dépréciation progressive et constante des produits n'empêche pas le capital de poursuivre toujours son augmentation; en second lieu, bâtir un état social où, soit par la détermination d'une « valeur » scientifique et équitable des choses (théorie collectiviste), soit par la suppression de toute valeur (théorie communiste), la totalité des hommes serait tenue de produire, où, par suite, l'effort collectif proportionnerait le labeur à la vigueur, assurerait l'existence à tous et rendrait inutiles les rouages administratifs et politiques institués pour imposer le respect des privilèges. De ce double but résultent nécessairement une double action et une double forme d'union ouvrière.

« A l'exploitation immédiate dont souffre le prolétariat, il n'y a que trois *palliatifs* possibles: le recours au Pouvoir central, qui, ayant intérêt, pour se maintenir, à atténuer, sinon à supprimer, les crises économiques, semblerait obligé d'intervenir dans le sens de la justice, chaque fois que lui est connue ou signalée une tentative d'oppression; la grève, c'est-à-dire le refus par les ouvriers de louer leurs bras ou leur intelligence à des conditions qu'ils jugent désavantageuses; la violence, enfin, qui seule peut mettre un frein à la violence.

« Mais comme l'exploitation capitaliste, qui se traduit par l'excessive durée du travail, par la réduction des salaires, par la substitution au travail manuel du travail mécanique, etc., emprunte à l'état économique de chaque profession des conditions et un caractère particuliers, il s'ensuit que les ouvriers de chaque profession doivent examiner eux-mêmes et, en quelque sorte, séparément (malgré la connexité de tous les phénomènes sociaux) en quelle mesure et par quels moyens ils combattront efficacement l'oppression. Ils auront à examiner, par exemple, quels peuvent être, en regard du développement du machinisme dans leur industrie, la durée de leur labeur et le taux de leur salaire; ils rechercheront jusqu'où pourront aller leurs exigences sans qu'il en résulte la fermeture de l'atelier; ils auront, en un mot, à proportionner, le plus exactement possible, leurs intérêts immédiats à la nécessité de se conserver l'instrument de leur existence. De là une première forme d'association corporative: l'union régionale, puis nationale, puis internationale, des ouvriers du même métier ou des divers métiers similaires pour la conquête du pain.

« A première vue, le syndicat national ou l'union de métiers, qui ont pour but l'amélioration économique du sort des ouvriers, le perfectionnement de l'ordre social, l'extension à tous d'une égalité qui n'est que théoriquement universelle, paraissent répondre à toutes les exigences et sembleraient devoir exclure tout autre genre d'association. Pourquoi donc le prolétariat s'efforce-t-il de les compléter par une association différente? Parce qu'il conçoit, non seulement que l'union ouvrière ne sera jamais trop étroite, qu'il la faut poursuivre en tous les sens, lier aux quatre membres tous les travailleurs, mais qu'encore, tantôt comprimée, tantôt souveraine, l'exploitation, en définitive, sera toujours maîtresse du champ social tant qu'on ne l'aura pas frappée au cœur, que, conséquemment, il ne suffit pas de chercher à refréner ses mauvais instincts: qu'il les faut supprimer en la supprimant elle-même. Et comme elle n'existe qu'en vertu du caractère mercantile donné aux échanges, qu'elle disparaîtrait si le fruit du travail, au lieu d'être une marchandise, s'échangeait uniquement suivant les besoins de la consommation, les travailleurs — les uns avec conscience, les autres par intuition — en même temps qu'ils s'organisent pour opposer de faibles digues à l'oppression inévitablement croissante, s'organisent aussi pour réfléchir sur leur condition, dégager les éléments du problème économique, se fortifier en savoir et en énergie, se rendre, en un mot, capables de l'affranchissement auquel ils ont droit... »

Ainsi s'est constituée en face de l'union de métiers l'union de syndicats divers, les ouvriers, associés par métiers pour la garde et la défense de leurs intérêts professionnels immédiats, se concertant sur un terrain plus large pour éviter les efforts incohérents ou « particularistes » de l'action purement corporative.

Le rôle des unions de métiers et des syndicats nationaux consiste donc surtout dans l'observation des conditions du métier et dans l'étude des moyens propres à garantir l'ouvrier contre les diminutions de salaire, les augmentations de la durée du travail, la dépression causée par les lois nouvelles, les machines, etc.; parmi ces moyens se trouvent d'abord l'affiliation aux syndicats du plus grand nombre possible des membres de la corporation, l'importance de ce nombre déterminant la mesure dans laquelle les syndicats pourront assurer le succès de leurs revendications, puis, la grève, que les unions professionnelles tendent à réglementer et à généraliser, ayant reconnu l'impuissance des grèves partielles ou engagées inconsidérément.

Quant aux unions de syndicats, c'est-à-dire aux Bourses du Travail, leur mission comprend la recherche des conditions du travail dans toute l'étendue de leur ressort et des moyens de les modifier, l'institution de services de mutualité et d'offices de placement, la diffusion des connaissances professionnelles et économiques, la statistique de la production et de la consommation, et enfin l'adaptation, tant au caractère de leurs adhérents qu'au but socialiste, des institutions qui peuvent surgir à côté d'elles, notamment des sociétés coopératives.

1° *Propagande industrielle.* — Ce qui précède nous dispense d'indiquer en quoi consiste la propagande *industrielle* des Bourses du Travail. Elle comprend, en définitive, tous les services que nous avons énumérés jusqu'ici; services de la mutualité et services de l'enseignement, sans compter la participation effective des unions à certaines grèves et la recherche des procédés de propagande agraire et maritime dont nous allons parler. Le nombre, donné plus haut, des Bourses du Travail, des syndicats qui les composent et des ouvriers fédérés, montre les succès qu'elles ont remportés sur ce terrain.

2° *Propagande agraire.* — C'est en 1896 que l'idée vint au Comité fédéral, déjà préoccupé, nous l'avons dit, de développer les Bourses existantes avant d'en créer de nouvelles, d'entreprendre une campagne pour le prolongement hors des villes du mouvement ouvrier urbain. Fortement encouragé dans ce projet, il posa donc à quelques personnalités socialistes, vouées depuis longtemps à la propagande agraire, les deux questions suivantes: 1° A quelles causes doit-on attribuer le médiocre succès et les faibles résultats des groupements qui ont été tentés jusqu'à ce jour parmi les travailleurs agricoles? 2° Comment pourrait-on procéder au groupement corporatif de ces ouvriers? La réponse suivante, faite par un ardent propagandiste et qui résume toutes les autres en les complétant, donna la solution du problème et permit de consacrer enfin à la culture du champ rural l'activité bornée jusqu'alors (et bornée sagement) à la culture du champ industriel.

Les syndicats agricoles (socialistes) déclara M. Arcès-Sacré, se disloquent à peine créés, parce que les fondateurs de ces groupes, ayant sous les yeux les heureux effets des syndicats industriels des vil-

les, ont cru qu'on n'avait plus qu'à se servir du
même moule pour voir surgir des syndicats agricoles. Là était l'erreur. Pour atteindre le but, il fallait tenir compte des conditions particulières du
travail agricole et noter même les conditions différentes de ce travail dans les divers centres, suivant que le territoire de la localité est accaparé par
de gros fermiers, ou que la petite culture, avec ses
lopins de terre morcelés sans pitié à l'ouverture de
chaque succession nouvelle, se trouve entre les
mains du plus grand nombre des habitants.

Les employés à la grosse culture : charretiers, va-
chers, bergers, garçons de basse-cour, moissonneurs
et arracheurs de betteraves, sont astreints à un travail qui varie, suivant la saison, de dix à quatorze
heures par jour. La plupart sont logés et nourris
à la ferme. A huit heures du soir les grilles sont
fermées et personne n'entre ni ne sort. L'après-
midi du dimanche est le seul moment de liberté qui
leur soit concédé. Encore n'est-ce que demi-liberté
pour ceux qui ont à soigner le bétail et les chevaux.

Quant aux salariés de la petite et de la moyenne
culture, leur servage est le même que celui des salariés de la grosse culture. Mais à côté d'eux, il y a le
paysan ayant son manoir et quelques terres. Cette
classe, fort nombreuse autrefois, décroît aujour-
d'hui avec une effrayante rapidité, car elle ne peut
subsister que par un labeur écrasant qui lui laisse
à peine de quoi vivre misérablement et dans des conditions que répudierait l'ouvrier des villes. Aussi
les fils de ces paysans n'ont-ils d'autre ambition que
de chercher leurs moyens d'existence dans les professions industrielles, dans l'armée comme renga-
gés, ou dans ces milliers d'emplois subalternes et
serviles que l'Etat leur réserve dans les administrations publiques. Cependant il en est qui se prennent
à réfléchir; et le socialisme, qu'ils repoussaient naguère comme un crime social, leur apparaît aujour-

d'hui comme un moyen de salut. Evidemment, la classe des paysans est celle qui viendra la première à nous.

Cependant, nous ajoutons qu'il y a une condition indispensable à remplir pour le succès de la création des syndicats agricoles : c'est que ces syndicats ne se composent pas seulement de travailleurs agricoles, soit salariés, soit travaillant pour leur compte. Les syndicats agricoles devront *surtout* admettre dans leur groupement les travailleurs des industries diverses qui subsistent à côté des cultivateurs, pour les besoins mêmes de la culture, et qui forment à peu près le quart ou même le tiers de la population rurale. Il suffit, pour cela, que les syndicats s'intitulent : *syndicats des travailleurs de la terre et des industries annexes.* La loi sur les syndicats admet cette combinaison, et il y a pour nous un intérêt considérable à ce qu'il en soit ainsi. En effet, nous avons remarqué que les travailleurs des industries annexes de la culture: meuniers, charrons, maréchaux, menuisiers, cordonniers, sabotiers et même marchands de vin, forment généralement, dans les centres ruraux, l'appoint le plus important au contingent socialiste. Ce sont presque toujours les plus intelligents, les plus *débrouillards* et les plus militants. Les candidats à la recherche d'une position sociale le savent fort bien, car c'est parmi ceux-là qu'ils recrutent les éléments de leurs comités électoraux. Employons-les à une besogne plus généreuse...

... Cela dit, voyons comment peuvent fonctionner les syndicats agricoles dans les centres de grosse culture où abondent les salariés. Ici, il ne faut pas exiger des syndiqués des réunions hebdomadaires : les difficultés du déplacement ne le permettent pas. Les réunions devront donc être mensuelles.

Même sous cette condition, il sera toujours im-

possible de réunir un nombre sérieux d'adhérents.
Beaucoup redoutent que leur affiliation ne soit connue du maître et qu'elle entraîne leur congé. Le
seul moyen pratique de les rassurer et d'obtenir
néanmoins d'eux une certaine participation active
au mouvement socialiste serait le suivant : dans
chaque village, les adhérents empêchés, ou se
croyant empêchés d'aller aux réunions, nomme-
raient un secrétaire délégué, absolument indépendant par la nature de sa profession. Le délégué
serait spécialement chargé de consulter les syndiqués sur toutes les questions à l'ordre du jour et
de représenter à la réunion syndicale les adhérents
empêchés. Si défectueux que sera souvent ce système, il est le seul praticable. Le délégué recrute-
rait les adhésions nouvelles dans son centre; il serait chargé de la propagande et de la distribution
des notes, correspondances et journaux propres à
éclairer les syndiqués.

... Les syndicats de chaque fédération seraient
reliés entre eux par un Comité fédéral composé
de délégués spéciaux nommés par les syndicats.
Le Comité fédéral, qui siégerait à la Bourse du
Travail de la région, aurait pour mission d'entre-
tenir des rapports avec les autres comités fédéraux
des différentes bourses du travail, de telle sorte
que les graves questions qui vont être bientôt soulevées dans le monde socialiste soient connues en
même temps de tous les travailleurs...

Avec un pareil plan, la tâche du Comité fédéral des Bourses devenait facile; il n'avait plus
qu'à codifier les indications données, en y ajoutant les remarques indispensables pour différen-
cier matériellement les syndicats socialistes des
autres et les empêcher d'oublier jamais le but
pour lequel ils avaient été créés.

Tout d'abord, il élimina de la liste des adhérents admissibles les propriétaires de fonds ruraux dépassant 10 hectares en cultures diverses et 1 hectare en vignes à complant, ces propriétaires, bien que livrés aux mêmes difficultés économiques que leurs confrères et parfois plus misérables que certains des métayers ou des fermiers admis, répudiant trop volontiers toute solidarité d'intérêts avec les petits propriétaires et n'ayant pas à la lutte corporative les motifs des locataires. Cela fait, le Comité dressa pour les syndicats projetés un double programme; action économique et propagande socialiste. « Le syndicat, dit-il, se préoccupera des conditions du travail, s'efforcera, non seulement de maintenir, mais d'élever par tous les moyens possibles le taux des salaires; interviendra dans les discussions et les conflits qui naîtront entre les patrons et les ouvriers, se mettra en rapports avec les propriétaires et tâchera d'obtenir d'eux les conditions les meilleures, s'efforcera de procurer des emplois à ses membres de façon à amener progressivement la diminution, puis la disparition des *louées* publiques; pour éviter à ses membres des frais de justice, il établira des comités d'arbitrage chargés de régler à l'amiable les conflits entre ouvriers et patrons qu'il n'aurait pu résoudre lui-même.

« En ce qui concerne les conditions du métayage et du fermage, il recueillera toutes les données possibles sur le prix des terres dans la contrée, le montant de leur affermage, le rapport entre ce montant et le revenu brut et net des terres; puis il établira des modèles de baux et, en général, fournira aux colons, métayers et fermiers tous les renseignements statistiques et judiciaires de nature à leur permettre de discuter leurs intérêts avec les propriétaires sur le pied de l'égalité; *il exigera des propriétaires admis, qu'ils n'emploient, le cas échéant, d'autres ouvriers, journaliers et domestiques que ceux ayant adhéré à ses statuts, et il établira avec eux le taux des salaires à payer.*

« Il organisera ou encouragera les entreprises de travail en commun: transport aux marchés voisins du plus grand nombre de produits avec le moins d'animaux, de voitures et de personnel possible; pacage collectif dans les landes et les prés communaux; création de coopératives pour la fabrication du beurre, du fromage, etc.; organisation d'équipes de batteurs; en un mot, il suscitera toutes les entreprises collectives possibles et propres à diminuer les frais de revient d'outillage, de transport et de locaux; il favorisera l'entente entre ses membres pour l'achat collectif des outils, semences et engrais; il recherchera les acquéreurs de produits agricoles et s'efforcera de les mettre en rapports avec ses adhérents.

« Il soutiendra, en matière de salaires, de blessures entraînant une incapacité de travail, de dol, etc., les intérêts de ses membres devant les tribunaux, et se chargera de faire exécuter les jugements; il consentira des avances d'argent à ceux de ses membres qui ne pourraient attendre l'exécution du jugement rendu en leur faveur; il fera tous les efforts nécessaires non seulement pour éviter qu'on aliène, mais encore pour obtenir qu'on augmente les biens communaux. »

A cette partie, qui concerne l'action syndicale proprement dite et qui reflète le double désir d'offrir aux ouvriers agricoles tous les avantages de l'association et de les familiariser avec la pratique communiste, le Comité ajouta l'article suivant, qui précise plus nettement encore la dernière de ses préoccupations:

« Pour aider au développement moral de ses membres, le syndicat créera une bibliothèque. Il organisera, en outre, des conférences périodiques ayant pour but: 1º d'exposer les avantages du syndicat au point de vue de l'amélioration immédiate du sort des travailleurs; 2º d'indiquer pourquoi cette amélioration ne peut être que temporaire et est subordonnée à l'aggravation du sort d'autres groupes d'individus, la fin nécessaire de toute association de producteurs étant ainsi la suppression de la propriété individuelle; 3º d'exposer le fonctionnement économique de la société et de montrer qu'en même temps que les méthodes de production nouvelles augmentent de plus en plus la richesse générale, le nombre de ceux qui possèdent moins que le nécessaire devient de plus en plus considérable; 4º de montrer les avantages de l'association et du travail en commun à l'aide d'instruments mécaniques, tant en ce qui concerne l'augmentation de la production qu'en ce qui concerne l'économie des frais. »

Enfin, en un Préambule annexé aux statuts, le Comité, recherchant pourquoi « le revenu de la terre diminue constamment », insista encore sur le but communiste du syndicat. La dépréciation permanente des produits à quoi condamne la concurrence, diminuant, dit-il, d'année en année, le taux du revenu par hectare, « la situation financière des cultivateurs ne pourrait se maintenir que par une extension constamment proportionnelle de leurs propriétés. Mais cette extension n'est permise qu'aux cultivateurs pourvus de capitaux... La crise économique a donc pour effet de rendre le développement des exploitations obligatoirement proportionnel à l'avilissement du prix des denrées, et, par suite, de vouer à la ruine les agriculteurs à qui ce développement est impossible, faute de capitaux, et de restreindre le nombre des petits domaines qui permettent de vivre en en expropriant les possesseurs. Les cultivateurs pourront-ils conjurer leur perte? Non, conclut le Comité, car le jour où toutes les entreprises de grande culture facilitées aux pauvres par l'association « menaceront de diminuer le revenu des riches propriétaires fonciers, ceux-ci se coaliseront contre elles, comme il arrive en Belgique et en Allemagne », et dans cette lutte à coups d'argent, les entreprises les moins pourvues de capitaux succomberont. A quoi peuvent donc servir les efforts conseillés par le Comité? A montrer expérimentalement « les avantages que comporte le travail en commun » et (la preuve étant faite que le système capitaliste empêche toute amélioration durable du sort de la collectivité humaine) de faire perdre aux travailleurs des campagnes « l'amour aveugle et désormais sans objet de la propriété parcellaire ».

Comment appliquer cette méthode? Les ouvriers des villes connaissent peu le paysan, professent même à son égard un certain dédain, comme si le travail de la terre n'était pas la source même de la vie. Si donc les Bourses du Travail veulent faire pénétrer le socialisme dans les campagnes, elles doivent former d'abord des propagandistes spéciaux initiés aux conditions de l'existence paysanne et aux problèmes économiques qui touchent la production agricole; puis, mettre ces propagandistes en rapport, non pas directement avec les cultivateurs, qu'une défiance pourrait écarter, mais avec les ouvriers des professions annexes à celles de l'agriculture, qui, vivant au village, ont l'oreille et la confiance du paysan.

En créant donc dans leur sein des commissions d'études, qui, sans préjudice des problèmes économiques soulevés par la production industrielle, examinent plus spécialement les problèmes agricoles; en discutant, en réunions plénières et périodiques des syndicats, les rapports de ces commissions, avec cette réserve que pour n'être pas superficielle, la discussion contradic-

toire des rapports ne pourra avoir lieu que dans
la séance qui en suivra l'exposé, les Bourses for-
meront des écoles de propagande d'une puissance incomparable et se mettront en mesure de
contre-balancer l'influence exercée jusqu'ici sur
les paysans par les propriétaires fonciers. Ainsi
qu'il a été dit à Toulouse (1897), le paysan a
plus encore peut-être que l'ouvrier des villes,
le sens de la coopération communiste: il l'a en
raison même de son âpreté au gain, de son désir ardent de remplacer une propriété précaire
par une possession durable, et il en a donné des
preuves parfois bien curieuses, notamment en
Belgique et en Allemagne.Si donc les Bourses du
Travail, habilement et patiemment, sans vouloir
précipiter le cours des choses, entrent en contact avec l'ouvrier de la terre, elles auront bientôt entraîné dans l'armée prolétarienne de nouveaux soldats, difficiles à convaincre, il est vrai,
mais doués, une fois convaincus, d'une ténacité
et d'un courage à toute épreuve, ainsi que l'ont
prouvé les guerres de la Vendée.

Au reste, la méthode dont nous venons de tra-
cer les grandes lignes était à peine élaborée que
certaines Bourses se mettaient à l'œuvre. Des
syndicats de cultivateurs sont incorporés déjà
aux Bourses de Narbonne, de Carcassonne, de
Montpellier. La Bourse de Nîmes, qui essaie de
conquérir les syndicats agricoles du département du Gard, a résolu d'abord la formation, à
la fois technique et théorique, de propagandistes
spéciaux. Après quoi, elle s'efforcera de fédé-

rer les syndicats agricoles gagnés à sa cause en
Bourses du Travail cantonales, qui constitueront
avec elle l'association étroite et définitive des
ouvriers de la terre et des ouvriers de l'usine.

Qui ne connaît, enfin, l'admirable propagande
faite par la Bourse du Travail de Nantes, de
concert avec M. Brunellière, pour le groupement des viticulteurs à complant de la Loire-
Inférieure? Les socialistes nantais n'ont-ils pas
prouvé jusqu'à l'évidence que le socialisme, loin
d'être la satisfaction de bas instincts, est une
phase inévitable de l'évolution, puisqu'il trouve
des auditeurs complaisants et fait des adeptes
jusqu'en ces campagnes bretonnes réputées hostiles à tous les novateurs?

3° *Propagande maritime.* — Les ouvriers de
la terre ne sont cependant pas les seuls qu'il
faille gagner à l'action ouvrière. Il reste les marins et les pêcheurs.

Parler du marin, c'est évoquer en même
temps le *marchand d'hommes.* Qu'est-ce donc
que le *marchand d'hommes?*

En vous promenant, a écrit M. Edouard Conte, à
travers les rues populeuses de Bordeaux ou de Marseille, vous avez pu lire au-dessus d'une devan-
ture : « Un tel, logeur de marins. » Entrez dans la
boutique. L'intérieur n'en diffère pas des gargotes
ordinaires, sauf que des perroquets ou d'autres oi-
seaux des Iles somnolent dans des cages, et que,
sur la muraille, des barbouillages figurent de va-
gues tableaux maritimes. La maîtresse du lieu arrive au bruit que vous faites. C'est une femme de
50 à 60 ans, souvent hideuse. Son nez est camus, ou

il lui manque un œil, ou elle a une épaule plus haute que l'autre. Ou, de sa figure, il part des touffes d'un poil qui paraît tantôt blanc, tantôt roussâtre, selon la lumière. Bref, l'aspect d'une entremetteuse dans les prix modérés.

Par une porte ouvrant sur une seconde pièce, vous apercevez des filles allant, venant, riant, chantant, qui portent des verres, des assiettes. Ce sont les bonnes de l'hôtel. Le seul mâle du personnel, c'est un beau gaillard de 30 à 35 ans, amant de la vieille, mais qui néanmoins travaille, car il sait dans les bagarres donner un coup de poing.

Telle est la vermine que le marin a sur le dos dès qu'il met pied à terre, avant même. Car le pisteur, comme on l'appelle, grimpe sur le navire arrivant, aussitôt accosté, débite son boniment, prend son homme, se charge de son paquet qu'il transporte lui-même sur une voiture à bras; et voilà un poisson de plus dans le filet.

Le marin lui dit: « Je n'ai pas d'argent. Mes avances sont mangées. Mais dans trois jours l'armateur me donnera mon compte. » Le pisteur, qui sait cela, répond que sa maison a confiance en les braves gens. Et l'on arrive. Dès lors, personne au monde n'est plus choyé que le marin. La matrone l'appelle : mon enfant, et dit des gaillardises de calibre. L'homme en capacité de coups de poing offre des cigarettes. Les bonnes découvrent au nouveau venu des gouffres d'amour à combler et qu'un marin seul saurait combler.

A-t-il soif ? Toute la cave est jugée digne de passer dans son gosier. Le chocolat que, le matin, telle de ces bonnes avale pour effacer la trace de ses travaux, le chocolat est extraordinaire. L'addition le fera bien voir. On la présente au bout de huit jours. Elle égale presque la somme que le marin a en poche. Presque, parce que ce serait trop humiliant qu'il n'eût pas de quoi payer. Il est charitable de lui laisser dix ou quinze francs pour voir venir.

Ah ! dit le marin se réveillant, il est temps de me rengager. — Vous rengager? répond l'horrible matrone, dont les attentions, sourires, gaillardises, sont subitement tombés, cependant que les bonnes se juraient d'être vertueuses un temps, pour se reposer : « Vous rengager ! mais voici Monsieur qui s'en chargera, » désignant le bel homme en capacité de coups de poing. Le bel homme est placier, en effet; c'est-à-dire que, lorsque son client a été mis à sec, il intervient, lui, pour le remettre à flot. Cela ne se fera point sans un dernier profit. Il sera là quand le marin rengagé touchera ses avances. Il se paiera de sa commission, en outre du crédit que généreusement l'hôtel a consenti au marin imprévoyant et noceur. « Ces gaillards-là, s'exclame la matrone, si on ne les mettait pas à la porte, ils passeraient leur vie ici ! »

Le marin est bon garçon, naïf, résigné, fataliste. Il paie et se rembarque... Tout de même il y en a qui se fâchent de l'addition, et que l'homme en capacité de coups de poing n'intimide pas. Alors on va chercher la police. Bien entendu, elle donne raison au logeur de marins, avec qui elle est à tu et à toi et de qui elle reçoit de louches complaisances. Et si le volé regimbe, eh ! bien, on le fourre au bloc pour avoir contrevenu aux traditions !

Telle est l'exploitation que subit le marin, homme par la force musculaire et l'endurance, enfant par la raison.

A côté du marin se trouve le pêcheur qui a toute l'inexpérience de son camarade et que les fabricants de conserves et les armateurs traitent avec une dureté inouïe. Aux ouvriers de la grande pêche (ceux de l'Islande, de Terre-Neuve, de la mer du Nord) on a fait entendre qu'il leur serait plus avantageux d'être payés au mois qu'à la part; et, après les avoir, moyennant 150 francs par mois, décidés à se défaire de leurs bateaux, puis à remplacer leurs filets de chanvre, acquis à si grand'peine, par des filets de coton, propriété des armateurs, on a progressivement abaissé leur salaire à 80, à 70 et même à 50 francs. Quant à ceux qui seraient tentés de reprendre la pêche à leur compte, comment le pourraient-ils, puisque le poisson est tombé à des cours si dérisoires que, pour en tirer parti, il faut le vendre salé ou fumé et que l'outillage nécessaire à la salaison et à la fumure exige des capitaux considérables? Aussi les malheureux pêcheurs sont-ils réduits, à moins qu'ils ne préfèrent jeter à la mer le produit d'une pêche difficile et dangereuse, à la céder pour n'importe quel prix aux propriétaires mêmes de leurs bateaux, généralement fabricants de conserves.

Quant aux pêcheurs de sardines, les grèves qu'ils ont soutenues dans les dernières années ont révélé leur misère, et il ne fallait rien moins que la presque impossibilité de vivre où ils sont tombés, pour les faire sortir de leur résignation, de leur passivité habituelle. C'est surtout à partir de 1895 qu'une sérieuse effervescence se produisit parmi les pêcheurs des côtes de l'Océan. A ce moment, un certain nombre d'entre eux, prirent part au mouvement gréviste qu'avaient simultanément déterminé chez les ferblantiers-soudeurs la question déjà ancienne du mode d'occlusion des boîtes de conserves et l'introduction dans quelques usines de machines à souder. Cette participation tout exceptionnelle détermina les pêcheurs à s'agiter aussi pour leur propre compte.

Il était temps. A une misère intense aggravée chaque année par une rareté absolue ou une abondance excessive de poisson également fâcheuses, s'ajoutent les manœuvres employées par les fabricants de conserves et par les armateurs pour arrêter la décadence de l'industrie de la pêche. Parmi ces manœuvres, quelques-unes méritent d'être signalées pour confirmer l'antagonisme inéluctable qui existe entre le producteur et l'intermédiaire.

Quelques succès remportés en 1895 par certains des syndicats de pêcheurs récemment constitués avaient propagé sur tout le littoral les associations corporatives et inspiré l'idée de les faire servir au rationnement des poissonneries. A cet effet, les pêcheurs avaient décidé: ceux-ci, de ne faire sortir chaque bateau qu'une fois par jour et de rester à terre le dimanche; ceux-là, de ne prendre la mer qu'un jour sur deux; les derniers, enfin, de jeter à l'eau une partie des pêches surabondantes. Ces procédés divers devaient tous concourir au relèvement des prix. Mais les fabricants de conserves cherchèrent des moyens de défense et trouvèrent l'obligation de la « signature », c'est-à-dire l'engagement par les pêcheurs et les soudeurs de ne point faire partie d'un syndicat, puis la plantation en certains endroits, notamment sur les remparts de Port-Louis, de mâts qui indiquaient à toutes les usines environnantes le prix auquel elles devaient acquérir le poisson; enfin, l'armement de chalutiers à vapeur destinés à affranchir les usines des coalitions formées par les marins.

Les efforts faits par ces derniers pour raréfier les produits n'ont pas encore été vaincus; depuis 1896, la lutte se poursuit avec âpreté. Mais peut-on dire qu'elle ait donné des résultats? Non, et cela en raison même de la variabilité des captures, une série de pêches heureuses pouvant être suivie de nombreuses pêches insignifiantes. Il semble même que les efforts des marins doivent rester infructueux, leur coalition le cédant toujours à celle des mareyeurs. Quant aux chalutiers, leur nombre ne cesse d'augmenter et ils finiraient par ruiner la population côtière, si les pêcheurs ne cherchaient à leur tour à s'affranchir des armateurs. En effet nombreux sont les marins qui, découragés par la misère croissante et constatant que d'année en année le poisson tend à s'éloigner des côtes, désirent se débarrasser de leur bateau et s'embarquer sur le navire à vapeur. Ils y sont d'ailleurs incités par la paye, relativement élevée, accordée jusqu'ici aux équipages: le matelot reçoit environ 72 francs, 2 0/0 sur la vente du poisson et la moitié des *brous,* soit au total 120 francs par mois. Mais à mesure qu'augmentera le nombre des chalutiers et, par suite, les demandes d'embarquement, non seulement le salaire des matelots diminuera, mais encore les pêcheurs demeurés propriétaires de bateaux se trouveront dans l'impossibilité absolue de débattre librement le prix de leurs pêches.

Malgré cette situation, le Comité fédéral des Bourses du Travail aurait ajourné toute propagande maritime, si deux faits n'avaient éveillé son attention: le premier fut la création à Marseille, à Bordeaux, à Nantes et à Boulogne-sur-Mer, de « Maisons du marin », bien dotées, il est vrai, par les conseils généraux et municipaux, les chambres de commerce et les armateurs de ces différentes villes, mais vendant leur hospitalité au cours marchand, mais fermées aux marins étrangers, mais étroites et rebutantes. Or, qu'est-ce que ces « Maisons de marin », sinon des institutions participant à la fois des Bourses du Travail et des Sociétés coopératives? Et, dès lors, comment les Bourses du Travail n'auraient-elles pas songé à utiliser leur capacité d'organisation et de propagande, et à emprunter aux sociétés coopératives leur expérience administrative pour unir aux travailleurs de l'industrie les travailleurs de la mer (1)? Les « Maisons du marin », gérées administrativement, imposent aux marins une gêne pesante. Il y faut refréner des habitudes parfois grossiè-

(1) Il y a déjà quinze ans que, de concert avec un chauffeur de la Compagnie générale transatlantique nommé Provost, et le commandant Servan, nous préconisâmes nous-même à Saint-Nazaire la création en France de *sailors'home.*

res, subir l'inquisition de personnages qui intimident, bref se composer soudain une attitude qu'une longue éducation seule pourrait donner. Aussi les marins évitent-ils d'y fréquenter. Mais si, au contraire, des travailleurs comme eux leur offraient un lieu d'asile où la nourriture et le logement fussent aussi économiques que possible, dont la sortie fût aussi libre que l'entrée, où régnât toute la franchise d'allures qui rend si agréable le commerce de l'ouvrier, n'est-il pas évident que les marins, se sentant dans un milieu fraternel, vivant, non avec des censeurs, mais avec des amis indulgents, fréquenteraient volontiers la maison hospitalière?

Tel est le premier fait qui parut au Comité fédéral des Bourses légitimer une propagande immédiate parmi les marins. Le second fut l'essai de constitution dans quelques centres de pêche d'une société pseudo-coopérative, épurée depuis par le Musée social, et ayant pour but de « créer dans chaque centre un magasin coopératif qui distribuerait à des prix de gros les aliments et les objets nécessaires à l'industrie des pêcheurs; de vendre en commun le produit de la pêche aux consommateurs ou sur les marchés principaux sans intermédiaire ni criée locale; de construire des bateaux nouveaux modèles, donnant aux adhérents les moyens de lutter avec avantage contre la production étrangère; de doter chaque centre de chalutiers à vapeur ». Or, là encore les Bourses du Travail ne devaient-elles pas intervenir et provoquer entre les pêcheurs la création de coopératives qui, mises en relations avec la *Bourse* (fédération) *des sociétés ouvrières de consommation de Paris,* assureraient la vente directe aux Halles centrales des produits de la pêche?

Voilà les projets qui furent sanctionnés en septembre 1897 par le Vᵉ congrès des Bourses du Travail, tenu à Toulouse.

Ils furent favorablement accueillis, dit le rapport du Comité; de Nantes, de Saint-Nazaire et du Havre les encouragements nous sont venus; néanmoins, l'effort nécessaire a paru trop grand, étant donné les insuccès antérieurs. Des tentatives ont déjà été faites pour grouper les marins; malheureusement cette catégorie de travailleurs est si préoccupée, dans l'intervalle des campagnes, de dépenser les réserves de forces accumulées pendant les campagnes mêmes, qu'elle est, pour ainsi dire, insaisissable et que, jusqu'ici du moins, il n'a pas été possible de la faire participer à l'action ouvrière socialiste. Les « Maisons du marin » avouent elles-mêmes, dans des rapports récents, n'avoir « pas recruté parmi les marins toute la clientèle sur laquelle elles comptaient ». D'autre part, on nous objecte que les Sociétés coopératives ont assez à lutter contre les coalitions commerciales pour ne pouvoir actuellement disperser leurs efforts.

Ainsi, le Comité fédéral des Bourses n'a pas obtenu, en ce qui concerne l'organisation des marins et des pêcheurs, les satisfactions qu'il a trouvées dans la propagande agraire. Mais il se rassure, à la fois parce qu'il sait que le temps est un grand maître et parce que les pêcheurs, dont il n'avait pas escompté le concours, paraissent avoir déjà compris eux-mêmes les bienfaits de ces associations dont il méditait de les doter. Le Croisic, en effet, possède depuis deux ou trois ans une Société coopérative déjà florissante; d'autres sont en voie de formation sur le reste du littoral. La dernière grève maritime nantaise a favorisé le groupement des marins et des pêcheurs des villages situés entre Nantes et Saint-Nazaire. Bordeaux compte trois syndicats de marins. La tâche assumée par les Bourses se trouve donc simplifiée, et nul doute que, la contagion de l'exemple aidant, le groupement corporatif, qui englobe tant d'ouvriers industriels, qui compte déjà de nombreux paysans, n'attire bientôt leurs compagnons de travail et de lutte: les marins, et qu'ainsi ne se complète l'organisation générale du prolétariat.

4° *L'action coopérative.* — La propagande maritime, avons-nous dit, nécessite la collaboration des Bourses du Travail et des Sociétés coopératives. Si, en effet, les premières doivent apporter dans la formation et le fonctionnement des *sailors' home* et des associations de pêcheurs, des moyens de propagande, d'organisation, d'éducation et de placement exceptionnels, les secondes, seules, peuvent y apporter le sens commercial et administratif indispensable. Or, si l'on se rappelle avec quel mépris les syndicats ouvriers traitèrent longtemps les coopérateurs, on se demandera comment ces mêmes syndicats consentent aujourd'hui à agir de concert avec leurs ennemis de l'avant-veille.

C'est que, en même temps que les Sociétés coopératives, subissant l'évolution générale des associations ouvrières, rompaient plus ou moins avec les pratiques mesquines qui les avaient fait condamner naguère et par les socialistes et par les positivistes, les syndicats percevaient la nécessité de compléter leur œuvre de lutte par une œuvre d'économie, de ne pas travailler seulement à la protection du salaire, mais aussi à l'élimination des causes d'affaiblissement de la puissance d'achat. Cette évolution simultanée des coopératives et des syndicats les menait donc nécessairement à un accord.

Ce qui en a hâté la conclusion, c'est assurément la fondation de la Verrerie ouvrière, où coopérateurs et syndiqués se rencontrèrent, à l'extrême surprise de M. Jaurès, pour manifester à l'égard du mouvement socialiste *parlementaire* de graves défiances. De ce jour, les sociétés coopératives ne cessèrent de témoigner leur sympathie aux syndicats et, de leur côté, les syndicats se consacrèrent au développement des sociétés coopératives, tant dans le domaine de la production que dans celui de la consommation.

Veut-on des exemples de la transformation morale subie par les Sociétés coopératives *ouvrières*, c'est-à-dire administrées exclusivement par des ouvriers? En voici quelques-uns, que nous empruntons à l'enquête sur les Sociétés coopératives de production publiée en 1897 par le Ministère du Commerce. Comparant d'abord la force *numérique* des associations en 1885 et en 1895, l'ouvrage s'exprime ainsi (p. 8):

« L'année 1885 marquait le point culminant de l'ancien coopératisme; l'année 1895 est, au contraire, en pleine poussée du nouveau coopératisme, et, tout en se gardant de prédire l'avenir, on peut rappeler qu'une impression meilleure se dégage de la comparaison des chiffres sommaires de 1897 et de 1881. »

Les associations ne se limitent plus seulement aux ouvriers proprement dits chargés de concourir à l'entreprise, elles s'étendent également aux employés de tout ordre nécessités par l'entreprise et qui cessent ainsi d'être des salariés. Elles comprennent, par exemple, des comptables, « des associés techniques, adaptés par leurs études aux diverses fonctions industrielles et commerciales ». C'est là le sens des mots nouveaux: Association intégrale...

Dans le domaine des conditions du travail, beaucoup d'associations appliquent et même dépassent les décisions votées par les congrès corporatifs.

L'association corporative des tapissiers de Paris applique la journée de huit heures et paye 9 francs; elle n'a point de gouvernement; elle s'interdit le travail aux pièces, sauf dans le cas où un ouvrier ne fournirait pas à la journée une production normale.

La Société coopérative des tailleurs de glace (de Paris) achète et distribue *sans frais* dans l'enceinte de ses ateliers tous les produits nécessaires à l'alimentation du personnel; elle applique le travail à la journée, comme les tapissiers.

La Chambre consultative des sociétés de production n'a point de bureau; elle-même déclare qu' « elle s'administre anarchiquement ».

La Mine aux mineurs de Monthieux fait travailler huit heures et a supprimé le travail à la tâche.

En matière de salaires, l'enquête fait une constatation précieuse. Le salaire moyen des *associés*, dit-elle, s'élève pour l'ensemble des coopératives à 1410 fr. par tête; celui des *auxiliaires*, à 1160 francs; la différence est donc moins forte déjà qu'on ne le croit habituellement; mais, en outre, cette différence de traitement ne résulte que de l'entrée en compte d'un petit nombre de grandes sociétés; « le plus grand nombre des associations, dit l'enquête, payent salaire égal à travail égal ».

Les coopératives ne répartissent plus, en fin d'exercice, qu'une part relativement faible des bénéfices; le reste est laissé en compte le plus souvent pour caisses de secours ou de retraite.

Dans 21 0/0 des associations, les membres font *obligatoirement* partie du syndicat de la profession. 36 0/0 se sont fondées dans le but de payer les prix déterminés par des « séries » de villes ou des tarifs syndicaux.

Sur 215 sociétés, 110 ont supprimé le travail à la tâche; 10 répartissent les bénéfices (aux sociétaires et aux auxiliaires indistinctement) au prorata, non pas du travail, *mais des heures ou des journées faites*. Inutile d'ajouter que ces 10 font toutes travailler à la journée.

Notons, enfin, que les Sociétés coopératives de consommation du département de la Seine, imitant, mais dans un esprit beaucoup plus large, l'exemple que leur avaient donné les sociétés de production, ont constitué une union, dite *Bourse des sociétés ouvrières de consommation*, dont les procédés et les tendances sont semblables à ceux de la Fédération des Bourses du Travail.

Intermédiaire constant entre les syndicats affiliés aux Bourses, appelé, par suite, à les guider dans la constitution de sociétés coopératives et ne possédant que des statuts vieillis, dangereux pour les néophytes de la coopération, le Comité fédéral devait tôt ou tard être amené à proposer aux Bourses l'étude des réformes à introduire dans les statuts qui lui seraient demandés.

En 1898, en effet, le congrès de Rennes examina et accepta les modifications suivantes: 1° suppression de tout travail aux pièces; 2° substitution au salaire proportionnel de la répartition égalitaire usitée dans la plupart des *commandites* typographiques; 3° suppression de toute différence de traitement entre les sociétaires et les auxiliaires; 4° recherche par les coo-

pératives de production de la clientèle des sociétés de consommation.

Ces réformes ont-elles besoin de commentai-
res? Il est évident, en ce qui concerne la pratique du travail aux pièces, que, condamnée par
tous les congrès ouvriers, les Bourses du Travail doivent commencer par la proscrire des
sociétés coopératives fondées par elles ou sous
leurs auspices. Quant à l'organisation de ce que
les typographes appellent la commandite égalitaire, elle consiste à diviser le prix de chaque
travail par le nombre des commanditaires qui
y ont collaboré, de telle sorte que tous reçoivent
rétribution égale par heure de travail. Le groupe commanditaire, qui peut comprendre *tous*
les ouvriers d'un atelier pour assurer la répartition équitable des bons comme des mauvais
travaux se forme et s'administre librement; il
choisit lui-même le répartiteur des travaux, qui
le plus souvent ne reçoit aucune rétribution supplémentaire, il fixe enfin le minimum de production (calculé toujours sur la capacité d'un
ouvrier médiocre) que doit fournir en un temps
donné chaque membre de la commandite. Ce
mode de travail, on le voit, est essentiellement
communiste et fut imaginé, croyons-nous, par
deux disciples de Proudhon; l'ouvrier habile
qui, pendant la journée de dix heures, a produit le travail de onze ou douze heures, ne tou-
che pas plus que ceux qui ont effectué une production moindre; et, bien qu'il semble ainsi
avoir intérêt à ne point surproduire, en réalité

sa production lui sera profitable, puisque, diminuant le temps prévu pour la confection du travail, elle élèvera le taux du salaire par heure. Ainsi les commanditaires faibles ou âgés profitent de l'effort général sans que leurs compagnons plus vigoureux ou plus habiles en puissent tirer argument pour ralentir le leur.

La suppression de toute différence de traitement entre les non-associés et les associés (auxiliaires et sociétaires) aurait pour effet d'égaliser le gain perçu sur un même travail par les membres de la société et par les ouvriers employés accidentellement. Cette égalité, du reste, existe dans le plus grand nombre des sociétés coopératives de production actuelles. La quatrième réforme enfin a pour objectif d'exempter les coopératives de production de l'avilissement des prix de vente (source de dépréciation des salaires) à quoi les réduit, surtout au début de leur existence, la recherche de la clientèle flottante. Cette réforme a été inspirée par l'exemple de la société des sabotiers, *la Conciliation*, de Limoges, qui ne se fonda qu'après avoir conclu avec la société de consommation *l'Union* (700 membres) un accord aux termes duquel celle-ci « acceptait toute la fabrication, que l'on pourrait poursuivre hardiment et d'avance, au prix du commerce de détail, diminué de 11 p. 100 (1) ».

Ajoutons, enfin, pour mémoire, que les Bourses du Travail, voulant que les instruments de

____

(1) *Les Associations ouvrières de production.* 1 vol. in-8 publié par l'Office du travail, 1898.

production soient propriété sociale (indivise et inaliénable) et non propriété des groupes de travailleurs (ces groupes comprissent-ils la totalité des ouvriers de la profession), elles entendent, en matière de production coopérative, créer, non pas un capital aliénable, que quelques ouvriers pourraient se partager tôt ou tard, mais créer un capital de mainmorte laïque, qui rende peu à peu au Travail, considéré comme personne morale, la totalité de la richesse publique (1).

Telles sont les bases sur lesquelles les Bourses du travail constitueront désormais des sociétés coopératives. Si l'on tient compte du nombre considérable des ouvriers qu'elles fédèrent, du

(1) Exemple: la Verrerie ouvrière. Mais le système de la Verrerie ouvrière laisse subsister plusieurs inconvénients : il maintient d'abord les coopératives de production *autonomes*, et c'est fâcheux, car, quoi qu'on fasse, les sociétés de production, devant toujours rester en état d'infériorité à l'égard des exploitations purement capitalistes, ne pourront jamais réaliser le concept coopératif socialiste; puis, ce système rend *pratiquement* difficile la détermination de l'usage auquel seront affectés les bénéfices éventuels de l'entreprise. Comment donc, et à la fois, supprimer les coopératives de production tout en conservant la production coopérative, et rendre facile et rapide l'affectation que recevront les bénéfices du travail coopératif? Un jeune écrivain de grand talent, M. A.-D. Bancel, paraît avoir trouvé la solution du problème, en proposant que tout l'effort socialiste porte désormais sur le développement des Sociétés coopératives de *consommation*, de telle sorte que celles-ci soient bientôt amenées à produire elles-mêmes, dans des ateliers coopératifs à elles, le plus grand nombre possible, voire la totalité, des pro-

nombre important de syndicats isolés qui prennent conseil de la Fédération, et si l'on songe que tous ces hommes seront tôt ou tard des coopérateurs, on peut conclure qu'avant dix ans la coopération française sera totalement transformée.

duits dont elles ont besoin. Ainsi disparaîtrait l'antagonisme économique, fruit de la concurrence, qui existe aussi bien entre associations coopératives qu'entre particuliers, et se trouverait établi entre la production et la consommation le circulus normal.

Donc, remplacement progressif des Sociétés coopératives de production créées sans choix, sans mesure et sans guide, d'existence précaire et d'accès difficile, par des ateliers coopératifs qui soient en même temps la *propriété* et l'*œuvre* des collectivités toujours ouvertes de consommateurs.

Cette théorie, illustrée dans une proportion relative par la coopération anglaise, mérite une étude sérieuse que facilitera le prochain ouvrage de M. Bancel.

VII

Le Comité fédéral des Bourses du Travail

La Fédération des Bourses du Travail de
France est représentée par un Comité qui siège
à Paris et qui se compose d'un délégué par
Bourse du Travail adhérente.

Pour être délégué d'une Bourse, il suffit d'être
syndiqué, de réunir les conditions de domicile
et de loisir nécessaires pour remplir son mandat avec exactitude, et d'avoir donné des preuves d'intérêt au développement des Bourses du
Travail.

Ce qui paraît étonnant, dès l'abord, c'est qu'on
puisse faire partie du Comité, c'est-à-dire être
appelé à gérer les intérêts généraux des Bourses du Travail, sans être adhérent soi-même à
une Bourse. Mais cette anomalie s'explique si
l'on considère que le Comité siège à Paris et que
l'organisation corporative parisienne a un fonctionnement exceptionnel.

La Fédération déclare qu'il n'existe pas à Paris de Bourse du Travail. Pour elle, en effet, une
Bourse du Travail ne peut être que l'union générale des syndicats d'une ville, administrant
librement les fonds et les locaux mis à sa dis-

position par la municipalité. Or, il n'y a *et il ne peut légalement y avoir,* dans les immeubles de la rue du Château-d'Eau et de la rue Jean-Jacques-Rousseau, aucune union de syndicats jouissant de pareilles prérogatives. Les immeubles sont gérés et la subvention municipale (1) répartie par délégation du préfet de la Seine, et une union particulière de syndicats constituée dès la réouverture des deux immeubles (1896) s'est vu retirer le droit de prendre le titre de Bourse du Travail de Paris.

Cette union, connue sous le nom d'Union des syndicats du département de la Seine, a été admise, il est vrai, dans la Fédération comme Bourse du Travail de Paris; mais deux raisons s'opposaient à ce que les candidats délégués au Comité fussent *obligatoirement* membres de l'Union de la Seine. La première (qui n'existe plus aujourd'hui), c'est que l'Union siège rue du Château-d'Eau et que nombre de syndicats parisiens, non contents de refuser l'hospitalité préfectorale, ne veulent pas davantage faire partie d'un groupement qui l'a acceptée; la seconde raison est que l'Union repousse tout syndicat constitué illégalement et que la Fédération ne

(1) Quand elle existait, ce qui n'est plus le cas au moment où s'achève ce livre, le crédit de 110.000 francs accordé à la Bourse du Travail ayant été supprimé par la nouvelle majorité du Conseil municipal (séance du 29 décembre 1900) ou, ce qui est plus exact et ce qui revient au même, la répartition en ayant été retirée à la Commission administrative de la Bourse (note de Maurice Pelloutier).

pouvait empêcher de participer à son œuvre d'excellents syndiqués uniquement coupables d'avoir des vues particulières sur la loi du 21 mars 1884.

Voilà pourquoi, le Comité siégeant à Paris, il suffit, pour en faire partie, de s'être manifestement intéressé au développement et à l'action des Bourses du Travail.

En apparence, aucune règle ne préside au recrutement des membres du Comité. Chaque délégué désigne au secrétaire les militants syndiqués de sa connaissance disposés à représenter une Bourse, et le secrétaire dresse, des noms qui lui sont communiqués, une liste qui est envoyée à chaque Bourse privée de représentant ou nouvellement adhérente. Mais, à la suite de récriminations, il fut convenu en congrès que désormais le secrétaire compléterait, autant que possible, les listes de candidats délégués par des indications sur leurs attaches politiques, en sorte que les Bourses, si elles le jugeaient convenable, pussent se choisir des représentants professant exactement leurs propres opinions.

Ce n'était d'ailleurs que la consécration d'un fait existant depuis longtemps. Certains membres du conseil local parisien de la *Fédération des syndicats et groupes corporatifs* ayant tenté, en 1893, par des manœuvres plus ou moins loyales, de conquérir un Comité qui s'annonçait puissant, le secrétaire, nommé, en 1894, s'efforça toujours de maintenir l'égalité proportionnelle entre les diverses opinions socialistes professées dans le Comité, et même de procurer à chaque Bourse un représentant de son opinion, de façon que le Comité fût le plus exactement possible l'image des Bourses fédérées.

Quarante-huit (1) Bourses du Travail sont adhérentes à la Fédération. La plupart d'entre elles répudient toute liaison politique, et c'est surtout dans le groupe de leurs représentants qu'il faut chercher ces libertaires avérés, que les Bourses ont maintenus malgré les reproches de certaines écoles socialistes, et qui, sans fracas, ont tant fait depuis plusieurs années pour le relèvement de l'énergie individuelle et le développement des syndicats.

Trois Bourses, dont les adhérents sont, en proportions diverses, affiliés au Parti socialiste révolutionnaire (blanquiste), sont représentées par des membres du Comité socialiste révolutionnaire central.

Une dizaine de Bourses, enfin, à tendances allemanistes, ont pour délégués des membres du Parti ouvrier socialiste révolutionnaire.

Il n'y a point de Bourse professant la théorie de la Fédération des travailleurs socialistes (broussistes); et quant aux cinq Bourses plus ou moins inféodées à la politique du Parti ouvrier français, du jour où elles constatèrent que jamais le siège du Comité ne serait transféré en province, exposé par conséquent à leurs entreprises, elles quittèrent la Fédération.

_____

(1) Soixante-cinq à l'heure actuelle. — V. aux *Documents complémentaires* (note de Maurice Pelloutier).

Le Comité n'a pas de bureau ni même de président de séance. Les affaires sont expédiées par un secrétaire (rétribué à raison de 1200 francs par an) (1), un secrétaire-adjoint et un trésorier responsable. Chaque séance débute par la lecture du procès-verbal précédent et de la correspondance, puis se continue par la discussion des questions soulevées par la correspondance, inscrites à l'ordre du jour ou posées par les délégués. Il n'y a vote que dans le cas, extrêmement rare, d'une divergence de vues irréductible. Les réunions ont lieu deux fois par mois et durent de neuf heures du soir à minuit (2).

La suppression du président de séance et des votes inutiles ne date que de l'entrée dans le Comité de délégués libertaires; mais l'expérience eut bientôt convaincu tous les membres qu'entre hommes sérieux et désintéressés il n'est point besoin de pion, chacun se faisant honneur de respecter la liberté de discussion et même (sans faire fléchir ses principes) de maintenir les débats sur le ton de la causerie.

De 1894 à 1896, tous les efforts des Bourses du Travail de Lyon, de Grenoble et de Toulon, tendirent à dénoncer cette « anarchisation » et

(1) Depuis le 22 mars 1901, date à laquelle il fut pourvu au remplacement de Fernand Pelloutier — une *permanence* de la Fédération fonctionne à la Bourse centrale du Travail, dont le titulaire, le camarade Georges Yvetot, reçoit une indemnité journalière de huit francs (note de Maurice Pelloutier).

(2) Depuis le Congrès de Nice (17-21 septembre 1901), les réunions n'ont plus lieu qu'une fois par mois, *le deuxième vendredi du mois (Ibid.)*.

à obtenir de chaque Congrès fédéral le transfert du Comité soit dans une ville de province une fois désignée, soit au siège de chaque congrès.

Ah! les homériques disputes qu'il fallut engager aux Congrès de Nîmes (1895) et de Tours (1896) pour déjouer les projets de nos adversaires! Quelle tactique il fallut déployer pour sauver une association déjà menacée, sans altérer une diplomatique concorde!

« Vous ne pouvez pas, disions-nous, songer à placer le Comité fédéral dans les départements parce qu'il vous sera impossible, en n'importe quelle ville de province, de recruter les délégués nécessaires pour le constituer, parce que vous n'avez pas le droit, tandis que l'Etat concentre ses moyens de défense, d'éparpiller les vôtres, parce que ce sera toujours à l'heure où une pratique, difficile à acquérir, aura rendu les membres sortants de votre Comité aptes à remplir leur tâche, qu'il faudra leur donner des successeurs et recommencer l'apprentissage administratif.

« Sans doute, concluions-nous, nous sommes fédéralistes; sans doute, nous ne devons cesser de revendiquer l'autonomie communale, la division des pouvoirs, la diminution de l'autorité centrale; mais ces revendications devons-nous nous les appliquer à nous-mêmes? Evidemment non, sous peine d'être nos propres dupes. Combiner nos efforts pour affaiblir la classe exploitrice, disputer au Pouvoir central aujourd'hui cette attribution, demain cette juridiction, un autre jour cette prérogative: c'est là, en effet, la tâche qui nous incombe; mais, en même temps qu'il travaille à l'affaiblissement de ses ennemis, à la désagrégation de la centralisation gouvernementale, le prolétariat doit accomplir la concentration de ses propres forces pour augmenter de plus en plus ses chances de victoire et hâter l'heure de la transformation sociale. La Révolution faite, il n'y aura plus d'Etat, par conséquent plus de centralisation. »

A quoi les partisans du transfert répondaient qu'en administrant les affaires fédérales les petites villes acquerraient des qualités administratives dont l'absence est souvent regrettable, que le transfert débarrasserait Paris des griefs d'accaparement sous lesquels on l'accable, que d'ailleurs la province possédait un certain nombre de Comités de fédérations professionnelles très florissants, qu'enfin, des décentralisateurs se devaient d'expérimenter au moins pendant un an les facultés organisatrices de la province.

Les Bourses du Travail ne se rendirent jamais à ces raisons, d'abord parce qu'elles les sentaient peu sincères, plutôt inspirées par la passion politique, et qu'ensuite elles ont sur la centralisation et le fédéralisme des idées plus pratiques que sentimentales.

Fédéralistes, elles le sont, en effet, foncièrement, et dès l'origine, sans doute, elles eussent dénoncé le pacte fédéral si le Comité avait prétendu leur dicter les questions à résoudre, y apporter des solutions toutes faites en leur attribuant force légale, se transformer, en un mot, de bureau de correspondance et d'informations en Comité directeur. Non seulement les Bourses n'ont jamais attendu du Comité autre chose que l'étude préliminaire de sujets d'intérêt commun (sujets et étude dont elles se réservaient l'acceptation ou le rejet final), mais elles ne considèrent également leurs congrès que comme des foyers où se forgent les instruments de discussion et de travail. Nous pourrions même citer des cas où des Bourses ont formellement désavoué certaines délibérations.

Néanmoins, elles comprenaient que, pour rendre des services, leur Comité devait être placé à Paris, et que l'y maintenir, ce n'était nullement faire adhésion à la politique centralisatrice, mais, d'une part, éviter que le Comité ne tombât chaque année entre les mains d'une école politique nouvelle (ce qui eût été fatal, le Comité étant en province), et, d'autre part, le mettre en contact avec la vie sociale, lui ouvrir la source des expériences économiques, le fortifier de toute la force des autres groupements corporatifs parisiens, bref, faire qu'il pût renseigner fidèlement, sûrement et rapidement ses commettants sur les moindres faits publics.

C'est pourquoi les Bourses du Travail, consultées directement sur la question, donnèrent, en 1897, à la décision prise antérieurement par les Congrès de Nîmes et de Tours, la confirmation la plus éclatante. Depuis lors, le débat annuel sur le déplacement ou le maintien du Comité n'a plus figuré à l'ordre du jour des Congrès de la Fédération.

Le Comité a-t-il abusé de sa victoire? C'est ce que va nous faire connaître son mode de travail.

Chaque réunion fédérale, avons-nous dit, est consacrée: 1° aux questions soulevées par la correspondance; 2° aux projets émanant de l'initiative du Comité; 3° aux projets émanant des Bourses du Travail.

Les questions soulevées par la correspondance sont généralement d'ordre administratif et d'importance médiocre, et il est rare que le Comité n'ait pas à approuver purement et simplement la suite qui leur a été donnée par le secrétaire.

Mais parfois elles touchent à des points épineux de doctrine syndicale ou même aux principes socialistes. Par exemple, peut-on admettre dans une Bourse du Travail des marchands forains, gens susceptibles d'occuper accidentellement des employés salariés? Un syndiqué qui, pour des raisons quelconques, a quitté le syndicat de sa profession, peut-il être admis dans un autre sous prétexte qu'il y a des ouvriers des deux métiers dans le même atelier ou, en d'autres termes, que les deux métiers concourent à la confection du même produit? Un militant dont la profession ne compte pas assez de membres pour qu'il soit possible de constituer un syndicat, peut-il néanmoins être secrétaire d'une Bourse du Travail? Un syndicat peut-il affecter une partie de ses fonds à la création d'un service de secours mutuels, malgré la protestation d'un certain nombre de ses membres? De ces questions, on le voit, les unes intéressent le principe de la lutte de classes, considérée non comme un dogme (les organisations corporatives se moquent de la théorie, et leur empirisme, pour le dire en passant, vaut au moins tous les systèmes du monde, qui ont juste la durée et l'exactitude des prédictions d'almanach), mais comme un moyen de préservation contre l'envahissement des *petits-bourgeois* socialistes; les autres intéressent le mode de constitution de l'armée syndicale.

Or, elles sont toutes et toujours résolues dans le sens le plus libertaire; et la solution même n'en est donnée aux Bourses du Travail qu'à titre documentaire, celles-ci restant juges de savoir si elles l'appliqueront ou non, suivant que les arguments qui l'étayent leur auront paru plus ou moins solides.

Les projets des deux autres catégories sont plus importants et nécessitent, non seulement de difficiles études, mais parfois aussi de longues enquêtes. Voyons, par exemple, comment procède le Comité pour l'établissement d'un projet tel que le secours de route.

Au Congrès de Toulouse (1897), une Bourse du Travail proposa que le Comité fédéral fût chargé d'établir un projet de secours de route commun à toutes les Bourses du Travail fédérées, de telle sorte qu'un ouvrier en chômage exerçant n'importe quelle profession pût trouver dans chaque Bourse (même privée du syndicat de sa profession) le réconfort matériel et moral qui garde le travailleur contre les suggestions intéressées du capitaliste.

Pour mener à bien sa tâche, le Comité commença par rechercher sur quelles bases a été établi et comment fonctionne ce service du secours de route dans l'Union compagnonnique du Tour-de-France, dans la Fédération française des travailleurs du Livre et dans la Société générale des chapeliers; puis il dressa un premier projet qui fut soumis en 1898 au congrès de Rennes. Malgré une discussion approfondie, le congrès, craignant les conséquences d'une décision hâtive, renvoya le projet au Comité avec mission de l'amender, puis de le transmettre aux Bourses du Travail. Aujourd'hui les Bourses ont fait connaître leur avis: la presque totalité accepte le projet; certaines le modifieront; quelques-unes seulement déclarent que décidément elles ne pourraient, faute de ressources, accepter la charge du secours de route. Il n'importe. Contrairement à ce qui se passe ailleurs, chacune des Bourses qui acceptent le projet restera juge des moyens de l'appliquer; et quant à celles qui ne peuvent ou ne veulent en faire l'essai immédiat, aucune majorité ne violera leur autonomie; l'exemple seul peut, d'après les traditions de la Fédération des Bourses, les amener soit à se développer pour rejoindre leurs devancières sur la route de la solidarité, soit à comprendre l'utilité du viaticum.

L'absence de despotisme collectif qui caractérise la Fédération se manifeste encore plus vivement dans les projets émanant de l'initiative du Comité fédéral.

Lorsque celui-ci crut le moment favorable pour l'ouverture d'une propagande spéciale dans les campagnes, il songea à fournir aux Bourses une sorte de guide pour la constitution de syndicats agricoles, susceptible d'adaptation à toutes les localités. Il consulta donc des propagandistes initiés à la vie et aux mœurs du paysan, obtint d'eux les indications précises que nous avons rapportées et dressa les statuts-type que nous donnons plus loin.

Or, qu'est-ce que ces statuts? Un code de propagande rurale? pas le moins du monde. Ce ne sont, même en l'état d'achèvement où ils sont portés, que des indications, que les Bourses du Travail restent maîtresses d'utiliser dans la mesure où le leur permettront les circonstances de temps et de lieu.

Ainsi, les Bourses entre elles, et le Comité à l'égard des Bourses ne sont que des intermédiaires, se fournissant mutuellement les moyens théoriques et pratiques de se développer. La Bourse chancelante ou brusquement privée de subvention est certaine de recevoir des autres les subsides nécessaires pour pouvoir se constituer tout à loisir une existence indépendante; la Bourse, qui a besoin de connaître les procédés employés et les résultats obtenus dans un domaine quelconque de la propagande et sur un point quelconque du territoire, trouve auprès des autres Bourses ou du Comité fédéral la satisfaction la plus complète.

Mais, il convient de le répéter, jamais renseignement ou indication fournis par le Comité ou par le congrès annuel n'ont été considérés comme obligatoires; et c'est incontestablement à cette liberté d'examen et de choix, à cette variété de méthodes, à cette faculté qu'a chaque Bourse de s'adapter à son milieu, qu'est dû le développement extraordinairement rapide de ces institutions.

Pourtant, et malgré ses efforts pour aider à l'extension des Bourses du Travail, le Comité n'est pas en état de rendre tous les services dont il paraît capable. Il lui manque les ressources nécessaires à la fois pour avoir un organe, doté du corps de correspondants auquel la Fédération peut prétendre, créer un Musée d'économie sociale dont chaque Bourse puisse s'inspirer pour en constituer une section et illustrer son enseignement professionnel, organiser enfin une bibliothèque roulante de renseignements sur la législation, l'enseignement, les méthodes de propagande.

Faute de posséder ces divers services, le Comité fédéral n'est actuellement qu'un bureau de correspondance lent et imparfait, dont l'utilité ne justifie peut-être pas les dépenses. Mais l'avenir est à lui et les travaux qu'il a accomplis dans le passé présagent ceux qu'il s'efforcera d'accomplir demain.

VIII

Conjectures sur l'avenir des Bourses du Travail et conclusion.

Depuis 1894, la Fédération des Bourses du Travail est restée la seule organisation française vivante. Si, antérieurement, c'est-à-dire dans la période comprise entre 1887 et 1894, les Bourses du Travail, reflétant l' « état d'âme » des groupements ouvriers sur lesquels elles réagissaient à leur tour, avaient, par une série brillante d'institutions, donné corps au secret désir des ouvriers de secouer toute tutelle et de puiser désormais en eux-mêmes les éléments de leur émancipation, elles n'avaient pas pu, du moins, faute de se connaître suffisamment les unes les autres, percevoir encore toute l'importance de leur mission, toute la portée de leurs entreprises, et mesurer d'un coup d'œil la carrière ouverte à leur activité. Cette conscience, la fédération seule pouvait la leur donner.

On leur avait d'ailleurs si souvent affirmé : les docteurs parlementaires, que toute transformation sociale est subordonnée à la conquête du pouvoir politique; les docteurs révolutionnaires, qu'aucune entreprise socialiste ne sera possible avant le cataclysme rédempteur, qu'elles s'étaient toujours laissé inspirer et guider par les nécessités de l'heure présente: de là l'incohérence de leurs institutions.

Mais quand, dans la période comprise entre 1894 et 1896, les Bourses du Travail eurent considérablement augmenté leurs services; que chacune d'elles eut solidement organisé son bureau de placement, ses secours aux ouvriers de passage, ses secours contre le chômage, la maladie et les accidents, sa caisse de grève; qu'elle posséda un enseignement technique complet et une bibliothèque scientifique bien pourvue; que ses commissions d'étude eurent ouvert aux yeux des syndicats des horizons jusqu'alors insoupçonnés, les Bourses du Travail, au lieu de continuer à opérer au hasard et de ne devoir qu'aux circonstances telle ou telle innovation, songèrent à raisonner, à systématiser leur propagande. Elles apercevaient maintenant entre toutes leurs entreprises un lien mystérieux; elles constataient que leur initiative s'était, à leur insu même, étendue à la plus grande partie des manifestations de la vie sociale, et que partout, à des degrés divers, cette initiative avait exercé, non seulement une influence morale sur la direction du mouvement socialiste, et plus généralement sur l'ensemble des classes sociales, mais encore une influence matérielle sur les conditions du travail; elle se sentirent donc de remarquables

« facultés d'adaptation à un ordre social supérieur (1) »; elles comprirent qu'elles pouvaient élaborer dès à présent les éléments d'une société nouvelle, et à l'idée, déjà ancienne en leur esprit, que la transformation économique doit être l'œuvre des exploités eux-mêmes, s'ajouta l'ambition de constituer dans l'Etat bourgeois un véritable Etat socialiste (économique et anarchique), d'éliminer progressivement les formes d'association, de production et de consommation capitalistes par des formes correspondantes communistes.

A l'ordre du jour du V⁰ congrès des Bourses du Travail, tenu à Tours en 1896, figurait cette question: *Du rôle des Bourses du Travail dans la société future*. « Va-t-on, demanda à ce propos la Bourse du Travail de Nîmes, sur la question de la production, de l'échange et de la consommation dans la société future, échafauder un nouveau plan, créer une nouvelle doctrine? Ou bien, tenant compte du rôle important qu'auraient à jouer les Bourses du Travail actuellement, si leurs ressources leur permettaient partout leur complet développement, va-t-on transporter ces organisations, perfectionnées au dernier degré, au lendemain d'une transformation sociale? Il nous semble, à nous, qu'il est préférable, pour l'instant, d'envisager la question sous cet aspect... On conviendra qu'il était temps de définir, avec autant de précision que pos-

____

(1) Claude Gignoux et Victorien Brugnier, *Du rôle des Bourses du travail dans la Société future.*

sible, le rôle présent et futur assigné aux Bourses du Travail, que les uns considèrent comme bonnes tout au plus à servir d'intermédiaires entre l'offre et la demande de travail, tandis que, pour d'autres, elles ne sont qu'un foyer révolutionnaire en ébullition... »

Et voici comment le rapport établi au nom de la Bourse du Travail de Nîmes, par les camarades Claude Gignoux et Victorien Brugnier, résolvait la question posée. Quelles sont les attributions des Bourses du Travail? se demandait le rapport. C'est d'abord de connaître à tout instant, avec exactitude, et pour chaque profession, le nombre des ouvriers inoccupés, ainsi que les causes multiples des perturbations introduites chaque jour dans les conditions du travail et de la vie ouvrière; c'est ensuite d'emprunter à la statistique, « cette science nouvelle appelée à prendre une place de plus en plus prépondérante dans la vie des sociétés », « le coût de l'entretien de chaque individu, comparativement aux salaires accordés; le nombre de professions, de travailleurs compris dans chacune d'elles, de produits fabriqués, extraits ou récoltés, et, par réciproque, la totalité des produits nécessaires à l'alimentation et à l'entretien de la population dans toute la région sur laquelle elle (la Bourse du Travail) rayonne ».

Supposons maintenant, continuait le rapport, que, les Bourses remplissant convenablement ce rôle, l'action sociale et corporative ait amené une transformation sociale, que feront les Bourses? Et le rapport répondait : « Chaque métier est organisé en syndicat; chaque syndicat nomme un conseil, que nous pourrions appeler conseil professionnel du Travail; ces syndicats sont à leur tour fédérés par métier, nationalement et internationalement.

« La propriété n'est plus individuelle : la terre, les mines, les usines, les ateliers, les moyens de transport, les maisons, etc., sont devenus propriétés sociales. Propriétés sociales! entendons-nous bien, et non propriété exclusive et inaliénable (1) des travailleurs qui les mettent en valeur, si l'on ne voulait voir s'élever entre les corporations les conflits qui s'élevaient entre les capitalistes, et la société être de nouveau victime de la concurrence — concurrence des collectivités corporatives au lieu des individualités capitalistes!...

« Il faut à la société tant de blé, tant de vêtements; les agriculteurs et les tailleurs d'habits reçoivent de la société, soit en argent, tant que celui-ci subsistera, soit en valeur d'échange, les

(1) Le mot: inaliénable est évidemment là par mégarde, car il va de soi qu'une propriété dont on ne peut trafiquer cesse d'être une propriété, c'est-à-dire un droit inique, pour devenir une simple possession usufruitière.

Nous préférerions même la « propriété inaliénable » à la « propriété sociale » parce que celle-ci implique l'existence d'un pouvoir chargé de maintenir à la propriété son caractère social, tandis que celle-là peut s'établir et le respect en être garanti par des conventions entre les groupes de producteurs, et notamment par la substitution à l'échange onéreux des produits de leur échange gratuit.

moyens de consommer ou d'user des produits fabriqués par les autres travailleurs. Voilà sur quelles bases devra être organisé le travail pour que la société soit vraiment égalitaire...

« Les Bourses, connaissant la quantité de produits qui doivent être fabriqués, en avisent les conseils professionnels du Travail de chaque corporation, qui emploient à la fabrication des produits nécessaires tous les membres de la profession... Par leurs statistiques, les Bourses connaissent la production excédante ou manquante de leurs milieux; elles détermineront donc l'échange des produits entre les territoires doués par la nature pour une production spéciale. Ainsi, le Creuzot, par exemple, pour la métallurgie, Limoges pour les porcelaines. Elbeuf pour les draps fins, Roubaix pour les tissus, diverses parties de nos pays pour les vins, produisent des objets moyennant lesquels leurs populations pourront s'approvisionner de tout ce qui sera nécessaire à leur entretien et à leur développement intellectuel...

« L'outillage se perfectionnant de plus en plus, la science faisant chaque jour de nouvelles conquêtes, les ouvriers ayant alors un grand intérêt immédiat à seconder et à intensifier la marche du progrès, la société pouvant mettre en valeur les richesses et les forces naturelles qu'est obligée d'abandonner notre société capitaliste, la richesse sociale s'accroîtra dans des proportions considérables; de même la consommation, car nul ne sera plus obligé de se priver d'aliments, de vêtements, de meubles, de luxe et d'art, ces deux facteurs essentiels du goût et de l'intelligence ! ... »

Enfin, non moins prudente que hardie, la Bourse du Travail de Nîmes concluait : « Cet aperçu trop sommaire ne fait que donner aux habitués du mouvement corporatif une idée du rôle qui incombe et incombera aux Bourses... Rien ne servirait de hâter les décisions; la poursuite avec méthode du développement de nos institutions est suffisante pour arriver au but et éviter bien des déceptions et des retours en arrière... C'est à nous, qui héritons de la pensée et de la science de tous ceux qui nous ont précédés, qu'il appartient de faire que tant de richesses et de bien-être dus à leur génie n'aboutissent pas à engendrer la misère et l'injustice, mais l'harmonie des intérêts par l'égalité des droits et la solidarité entre tous les êtres humains. »

A son tour, le Comité fédéral des Bourses du Travail, en un rapport sur la même question, disait :

« ...La révolution sociale doit donc avoir pour objectif de supprimer la *valeur* d'échange, le capital qu'elle engendre, les institutions qu'elle crée. Nous partons de ce principe que l'œuvre révolutionnaire doit être de libérer les hommes, non seulement de toute autorité, mais encore de toute institution qui n'a pas essentiellement pour but le développement de la production. Par conséquent, nous ne pouvons imaginer

la société future autrement que comme « l'association volontaire et libre des producteurs ». Or,
quel est le rôle de ces associations ?...

«... Chacune d'elles a le soin d'une branche de
la production... Les unes et les autres doivent
s'enquérir tout d'abord des besoins de la consommation, puis des ressources dont elles disposent pour y satisfaire. Combien faut-il chaque
jour extraire de granit, moudre de farine, organiser de spectacles pour une population donnée? Ces quantités connues, combien de granit,
de farine, peuvent être obtenus sur place? Combien de spectacles organisés? Combien d'ouvriers, d'artistes sont nécessaires? Combien de
matériaux ou de producteurs faut-il demander
aux associations voisines? Comment diviser la
tâche? Comment établir les entrepôts publics?
Comment utiliser, aussitôt connues, les découvertes scientifiques?

«... Connaissant, en premier lieu, le rapport
de la production à la consommation, les associations ouvrières utilisent les matériaux produits
ou extraits par leurs membres. Connaissant également la quantité de produits qui leur manque et celle qu'elles ont en excédent, elles demandent ailleurs soit les associés dont elles ont
besoin, soit les produits spéciaux que la nature
a refusés à leur sol...

« ...La conséquence de ce nouvel état, de cette
suppression des organes sociaux inutiles, de
cette simplification des rouages nécessaires,
c'est que l'homme produit mieux, davantage et

plus rapidement, qu'il peut, par suite, consacrer de longues heures à son développement intellectuel, accélérer ainsi les progrès de la mécanique, s'exonérer de plus en plus de la pénible main-d'œuvre et ordonner son existence d'une façon plus conforme aux instinctives aspirations vers le studieux repos. »

Ainsi s'élevait de plus en plus l'idéal des Bourses du Travail — sans qu'une pareille ambition puisse sembler téméraire, si l'on en juge par les œuvres qu'elles ont déjà produites.

En thèse générale, les sociologues, nourris de lectures beaucoup plus que d'observations, ignorent totalement ce que sont et, par suite, ce que peuvent devenir les associations ouvrières — celles surtout, et elles sont de plus en plus nombreuses, — qui vivent indépendantes des « partis socialistes » et affranchies du fétichisme gouvernemental. En un ouvrage récent, le théoricien socialiste Bernstein, traitant du « syndicat », dont les unions anglaises et, parmi elles, les plus imprégnées de l'esprit vieil-unioniste, lui paraissent sans doute être le type, lui attribue une mission et un pouvoir immédiats auxquels nulle association ne crut jamais et dont tous les faits économiques démontrent la chimère, tandis qu'*il n'ose,* sous l'empire de l'erreur ou de la mauvaise foi collectivistes, lui reconnaître le rôle futur si éloquemment défini par Bakounine, parlant de la société fédéraliste de demain.

Pour lui, le syndicat peut et doit battre en

brèche le profit industriel au profit du salaire.
Cela n'est pratiquement exact que dans une mesure très restreinte, c'est-à-dire dans les limites
de la « loi des salaires » qu'a engendrée le
mode de production et d'échange capitalistes. Le
pouvoir du syndicat s'arrête, en effet, dans tous
les cas, bien avant le moment où le profit industriel ne suffirait plus pour déterminer le capitaliste à continuer son exploitation, et à plus forte
raison, bien avant que ce profit descendît à la
valeur d'un salaire. Le coût des matières premières, le nombre des usines, les besoins de la
consommation, le nombre des bras disponibles,
et mille autres causes moins tangibles, moins
saisissables, mais tout aussi importantes, interdi-
sent au syndicat d'influer comme il le voudrait
sur le taux des salaires.

De même, le syndicat, contrairement à l'opinion de Bernstein, ne peut pas, et il ne l'ignore
point, « influencer sur le marché la situation de
la force-travail que dans les limites tracées par
les innombrables circonstances imprévues et
« imprévisibles » qui font que le marché s'en-
combre de bras, d'outils et de produits en quantités supérieures aux besoins de la consommation. Là encore le syndicat ne peut qu'établir
des statistiques périodiques des besoins du travail dans chaque région, et grâce à ces statistiques, diriger intelligemment les ouvriers en
quête de travail, et éviter, avec les aggloméra-
tions fâcheuses de chômeurs sur tel ou tel point,
les offres de travail à bas prix. Mais, faire

l'opération contraire, c'est-à-dire raréfier périodiquement ici ou là la main-d'œuvre pour déterminer une hausse des salaires, cela lui est interdit par l'obligation où leur état de misère met les ouvriers — même les mieux payés — de saisir le premier travail qui leur assure la subsistance.

Enfin, aucun syndicat n'ignore qu' « agir sur la technique de la production », en d'autres termes, empêcher l'introduction dans les ateliers de machines nouvelles, ou prendre des mesures pour contenir leur production, ou enfin augmenter la capacité professionnelle de l'ouvrier, ce n'est affecter que médiocrement, passagèrement et abusivement l'état économique normal. En ce qui concerne les machines, le syndicat sait bien que, lorsqu'il réussit à les proscrire, « il n'agit pas dans l'intérêt de la classe ouvrière prise dans son ensemble et dans le sens de son émancipation, mais dans le sens de la réaction ». Il n'accomplit alors qu'un acte défensif. Il sait de même que toute mesure ayant pour effet de diminuer la production, sauf, cela va de soi, l'arrêt des commandes, équivaut à une criminelle coalition entre lui et le capitaliste contre le consommateur, et cette fois encore, il n'agit que sous la pression des circonstances et en vue de se protéger.

Mais, d'ailleurs, combien de syndicats emploient encore des moyens de défense aussi primitifs ? Les typographes, par exemple, aussi bien en Australie qu'en France, aux Etats-Unis qu'en Autriche et en Allemagne, cherchent-ils à retarder l'emploi de la machine à composer ? Nullement, ils se bornent à demander, comme à Vienne (Autriche), qu'on n'emploie que des compositeurs ayant fait leur apprentissage de quatre ans dans l'imprimerie même où est introduite la machine; que la composition soit faite suivant le système dit de la « conscience »; que la journée de travail soit de huit heures, les heures supplémentaires facultatives pour l'ouvrier, etc. (1), qu'en un mot la machine n'abaisse pas ce qu'en Angleterre on appelle *the standard of life,* l'étalon de vie.

Comment se fait-il qu'on se méprenne si singulièrement — car Bernstein n'a que le mérite d'avoir mis le plus vivement en lumière les erreurs professées généralement à l'égard du syndicat — sur la nature et sur le degré des connaissances économiques des associations ouvrières contemporaines? N'est-ce pas parce que, avec une ignorance d'ailleurs excusable, on prend toujours pour objet d'expérience les unions anglaises, les seules précisément qui ne méritent plus l'attention de l'économiste et du sociologue, tant les unes sont arriérées, tant les autres versent dans l'ornière qu'est le socialisme d'Etat? Car, cela doit être dit, les *trade-unions* ont beau posséder des ressources pour ainsi dire incalculables, une d'elles a eu beau soulever pendant plusieurs mois des milliers d'hommes, ces ressources et cette lutte ne sont que proportionnées

(1) *La Typographie française,* n° 428. 1er août 1899.

à la richesse et à l'audace des capitalistes anglais comme à l'aisance des ouvriers, et tandis
qu'une Union française comme celle des mécaniciens eût, en partie par l'obstination, en partie par la contrainte, triomphé de la coalition
capitaliste formée contre elle, l'Union anglaise
a été si rudement, si complètement vaincue
qu'aujourd'hui elle a expressément renoncé à
mener la guerre des millions pour expérimenter
les batailles parlementaires. Non seulement il
est impossible que les unions anglaises, malgré
l'émerveillante puissance de leurs capitaux,
puissent vaincre par l'argent les employeurs,
plus riches qu'elles encore et non moins énergi-
ques, mais la multitude de leurs membres, l'importance de leurs caisses, leur ingénieuse organisation ne servent qu'à leur donner un mélange
d'orgueil et d'esprit de conservation semblable
à celui qui anime les dizaines de mille hommes,
illusoirement libres, des manifestations de Tra-
falgar-Square ou de Hyde-Park et qui suffit à les
protéger contre tout acte spontané d'énergie.

Non, les unions anglaises ne répondent plus,
n'ont peut-être jamais répondu aux besoins du
prolétariat international, et la preuve s'en trouve dans ce fait, encore inaperçu de ceux qui ont
écrit sur le mouvement ouvrier: que dans tous
les pays, sauf précisément l'Angleterre, les
unions du même métier ou même des métiers
similaires sont inférieures en nombre et en puissance aux unions de professions diverses: Bourses du Travail, cartels, etc. Quelles sont les as-

sociations nationales connues? Ce sont: en Allemagne, la Commission générale des Sociétés ouvrières; en Autriche, l'Union centrale des syndicats ouvriers; au Danemark, l'Assemblée générale des Sociétés ouvrières; aux Etats-Unis, la
Fédération américaine du travail; en Australie, la Fédération des travailleurs de Queens-
land, celle des travailleurs de la Nouvelle-Galles
du Sud (les ouvriers australiens projettent d'ailleurs une Fédération intercoloniale); en France,
la Fédération des Bourses du Travail... Et du
reste, l'Angleterre elle-même n'essaie-t-elle pas
de donner la vie à une fédération générale des
trade-unions? Nulle part, au contraire, les unions
de métier ne sont nombreuses ni fortes et la
France n'est pas, sous ce rapport, sensiblement
inférieure même aux unions américaines. Bref,
on compte bien moins, aujourd'hui, sur l'action
purement professionnelle, à tendances indivi-
dualistes, dont le vieil unionisme anglais offre
le type, que sur l'action concertée des diverses
professions. Et cela vient de ce que les syndicats, mieux avertis que naguère sur le jeu des
forces économiques, se rendent compte que la
situation de leur industrie, leur propre situation, par conséquent, ne dépend point, comme on
l'a cru pendant des siècles, de circonstances particulières, pour lesquelles il existerait des remèdes spécifiques, mais est subordonnée à la situation économique générale, de telle sorte qu'une
action générale seule des métiers pourra produire dans l'ordre social mieux que des trans-

formations provisoires, médiocres et accidentelles.

Comment donc, au lieu d'attendre de l'Association ouvrière — cette expression désignant, avec le Syndicat, la coopérative et toutes les institution dérivées de ces deux groupes fondamentaux — ce que le système social lui interdit de donner, parce que l'argent prime toute autre force, ne pas lui demander ce qu'elle est naturellement, nécessairement, de par sa constitution même, appelée à produire en vue de l'organisation sociale future? Il est vrai que les hommes qui croient à l'Etat-providence, et pour qui le collectivisme « scientifique » consiste dans l'Etat-patron, doivent éprouver quelque antipathie pour ces libres associations d'hommes où les administrés discutent plus souvent qu'il ne conviendrait pour la tranquillité des administrateurs. Mais comment ceux qui aiment la liberté, ceux qui repoussent le système centralisateur parce que ses inconvénients l'emportent sur ses avantages et que ces avantages peuvent être eux-mêmes obtenus des fractions humaines librement unies, comment ceux-là ne comprennent-ils pas que les groupes corporatifs sont les cellules de la Société fédéraliste prochaine?

S'il est vrai, comme le prétendent tous les esprits affranchis, que « l'Autorité est en décroissance continue, la Liberté en ascension », que de plus en plus, les peuples s'habituent à vivre et à agir en dehors de l'Etat, la conséquence ne peut être douteuse: c'est qu'il doit succéder au système autoritaire actuel un système « où la hiérarchie gouvernementale, au lieu d'être posée sur son sommet, soit établie carrément sur sa base (1)... » Or, ce système, en quoi doit-il nécessairement consister? A former, d'après la loi de séparation des organes, des groupes médiocres, respectivement souverains et unis, dans la mesure et pendant la durée jugées par eux utiles, par des pactes fédératifs librement établis.

Quelle est donc celle de ces conditions que ne remplissent les associations syndicales ou coopératives? « Elles séparent dans le pouvoir tout ce qui peut être séparé, définissent tout ce qui peut être défini, distribuent entre organes ou fonctionnaires différents tout ce qui a été séparé et défini, ne laissent rien dans l'indivision, entourent leur administration de toutes les conditions de publicité et de contrôle (2) », sont, par leur formation professionnelle, trop peu importantes en nombre pour qu'un membre puisse se plaindre de n'y être pas entendu, et trop ouvertes pour qu'un membre mécontent ne puisse s'en évader et constituer une association nouvelle, s'unissent pour des motifs déterminés, en un mot, réalisent le principe fédératif tel que l'ont formulé Proudhon et Bakounine.

Nous voici au terme de notre étude. On connaît à présent l'origine des Bourses du Travail, la façon dont elles se constituent, les services

(1) *Du principe fédératif*, p. 81, édit. Dentu, 1863.
(2) *Du principe fédératif*, p. 83.

créés par elles et ceux dont elles méditent la
création, le rôle, en un mot, qu'elles prétendent
à jouer dans l'organisation économique et politique présente. S'étonnera-t-on, après cela,
d'apprendre « qu'elles ne se considèrent pas
seulement comme un instrument de lutte contre
le capital », ni comme de modestes offices de
placement, mais qu'elles ambitionnent un rôle
plus élevé dans la formation de l'état social futur? Assurément, il ne faut pas être plus opti-
miste que de raison et nous avouons que, chez la
plupart des travailleurs, l'instruction économique, seul guide certain pour les associations ouvrières, est à peine ébauchée. Mais n'ont-ils pas
trouvé dans la communion intellectuelle que,
seules, les Bourses pouvaient leur faciliter, la
clef du système organique des sociétés, et dès
lors leur faut-il autre chose que le temps pour
pouvoir substituer à l'influence du capital dans
l'administration des intérêts humains, l'unique
souveraineté justifiable: celle du travail? Dé-
nombrez les résultats obtenus par les groupes
ouvriers en matière d'enseignement; consultez
le programme des cours institués par les syndicats et les Bourses du Travail, programme où
rien n'est omis de ce qui fait la vie morale, pleine, digne et satisfaite; regardez quels auteurs
habitent les bibliothèques ouvrières; admirez
cette organisation syndicale et coopérative qui
chaque jour s'étend et embrasse de nouvelles catégories de producteurs, cet englobement de toutes les forces prolétaires dans un réseau serré de

syndicats, de sociétés coopératives, de ligues de résistance; cette intervention toujours croissante dans les diverses manifestations sociales; cet examen des méthodes de production et de répartition des richesse, et dites si cette organisation, si ce programme, si cette tendance caractérisée vers le beau et le bien, si une telle aspiration à l'épanouissement parfait de l'Individu ne légitiment pas tout l'orgueil qu'éprouvent les Bourses du Travail.

S'il est exact que l'avenir est à l' « association libre des producteurs », prévue par Bakounine, annoncée par toutes les manifestations de ce siècle, proclamée même par les défenseurs les plus qualifiés du régime politique actuel, ce sera, sans doute, dans ces Bourses du Travail ou dans des organismes semblables, mais ouverts à tout ce qui pense et agit, que les hommes se rencontreront pour chercher en commun les moyens de discipliner les forces naturelles et de les faire servir au bien-être humain.

FIN

DOCUMENTS COMPLÉMENTAIRES

Loi sur les Syndicats professionnels
(*du 21 mars 1884*)

Article premier. — Sont abrogés la loi des 14-27 juin 1791 et l'art. 416 du Code pénal (1).

Les articles 291, 292, 293, 294 du Code pénal (2)

(1) Ces textes étaient ainsi conçus : Loi des 14-27 juin 1791.

Article premier. — L'anéantissement de toutes les espèces de corporations des citoyens du même état et profession étant une des bases fondamentales de la Constitution française, il est défendu de les rétablir de fait, sous quelque prétexte et quelque forme que ce soit.

Art. 2. — Les citoyens d'un même état ou profession, les entrepreneurs, ceux qui ont boutique ouverte, les ouvriers et compagnons d'un art quelconque, ne pourront, lorsqu'ils se trouveront ensemble, se nommer ni présidents, ni secrétaires, ni syndics, tenir des registres, prendre des arrêts ou délibérations, former des règlements sur leurs prétendus intérêts communs.

Code pénal. — Art. 416. — Seront punis d'un emprisonnement de six jours à trois mois et d'une amende de 16 à 300 francs, ou de l'une de ces deux peines seulement, tous ouvriers, patrons et entrepreneurs d'ouvrages qui, à l'aide d'amendes, défenses, proscriptions, interdictions prononcées par suite d'un plan concerté, auront porté atteinte au libre exercice de l'industrie ou du travail.

(2) Code pénal. — Art. 291. — Nulle association de plus de vingt personnes dont le but sera de se réunir tous les jours ou à certains jours marqués pour s'occuper d'objets religieux, littéraires, politiques ou autres, ne pourra se former qu'avec l'agrément du gouvernement et sous les conditions

et la loi du 10 avril 1834 (1) ne sont pas applicables aux Syndicats professionnels.

Art. 2. — Les Syndicats ou Associations professionnelles, même de plus de vingt personnes, exerçant la même profession, des métiers similaires ou des professions connexes concourant à l'établissement de produits déterminés, pourront se constituer librement, sans l'autorisation du gouvernement.

Art. 3. — Les Syndicats professionnels ont exclusivement pour objet l'étude et la défense des inté-

qu'il plaira à l'autorité publique d'imposer à la Société. — Dans le nombre des personnes indiquées par le présent article, ne sont pas comprises celles domiciliées dans la maison où l'association se réunit.

Art. 292. — Toute association de la nature ci-dessus exprimée, qui se sera formée sans autorisation, ou qui, après l'avoir obtenue, aura enfreint les conditions à elle imposées, sera dissoute. — Les chefs, directeurs ou administrateurs de l'association, seront en outre punis d'une amende de 16 à 200 fr.

Art. 293. — Si, par discours, exhortations, invocations ou prières, en quelque langue que ce soit, ou par lecture, affiche, publication ou distribution d'écrits quelconques, il a été fait, dans ces assemblées, quelque provocation à des crimes ou à des délits, la peine sera de 100 à 300 francs d'amende, et de trois mois à deux ans d'emprisonnement contre les chefs, directeurs et administrateurs de ces associations, sans préjudice des peines plus fortes qui seraient portées par la loi contre les individus, personnellement coupables de la provocation, lesquels, en aucun cas, ne pourront être punis d'une amende moindre que celle infligée aux chefs, directeurs et administrateurs de l'association.

Art. 294. — Tout individu qui, sans la permission de l'autorité municipale, aura accordé ou consenti l'usage de sa maison ou de son appartement, en tout ou en partie, pour la réunion des membres d'une association même autorisée, ou pour l'exercice d'un culte, sera puni d'une amende de 16 à 200 francs.

(1) Loi du 10 avril 1834. — Article premier. — Les dispositions de l'article 291 du Code pénal sont applicables aux associations de plus de vingt personnes, alors même que ces associations seraient partagées en sections d'un nombre moindre et qu'elles ne se réuniraient pas tous les jours ou à des jours marqués. L'autorisation donnée par le gouvernement est toujours révocable.

rêts économiques, industriels, commerciaux et agricoles.

ART. 4. — Les fondateurs de tout Syndicat professionnel devront déposer les statuts et les noms de ceux qui, à un titre quelconque, seront chargés de l'administration ou de la direction.

Ce dépôt aura lieu à la Mairie de la localité où le Syndicat est établi, et, à Paris, à la préfecture de la Seine.

Ce dépôt sera renouvelé à chaque changement de la direction ou des statuts.

Communication des statuts devra être donnée par le maire ou par le préfet de la Seine au procureur de la République.

Les membres de tout Syndicat professionnel chargés de l'administration ou de la direction de ce Syndicat devront être français et jouir de leurs droits civils.

ART. 5. — Les Syndicats professionnels, régulièrement constitués d'après les prescriptions de la présente loi, pourront librement se concerter pour l'étude et la défense de leurs intérêts économiques, industriels, commerciaux et agricoles.

Ces unions devront faire connaître, conformément au deuxième paragraphe de l'article 4, les noms des Syndicats qui les composent.

Elles ne pourront posséder aucun immeuble ni ester en justice.

ART. 6. — Les Syndicats professionnels de patrons ou d'ouvriers auront le droit d'ester en justice (1).

Ils pourront employer les sommes provenant de cotisations.

---

(1) Le bénéfice de la loi du 22 janvier 1851 sur l'assistance judiciaire ne peut être réclamé que par les personnes privées indigentes et non par les personnes morales, comme une commune ou une société. (Décision du Garde des Sceaux, du 15 février 1861.)

Toutefois, ils ne pourront acquérir d'autres immeubles que ceux qui seront nécessaires à leurs réunions, à leurs bibliothèques et à des cours d'instruction professionnelle.

Ils pourront sans autorisation, mais en se conformant aux autres dispositions de la loi, constituer entre leurs membres des caisses spéciales de secours mutuels et de retraites.

Ils pourront librement créer et administrer des offices de renseignements pour les offres et les demandes de travail.

Ils pourront être consultés sur tous les différends et toutes les questions se rattachant à leur spécialité.

Dans les affaires contentieuses, les avis du Syndicat seront tenus à la disposition des parties, qui pourront en prendre communication et copie.

Art. 7. — Tout membre d'un Syndicat professionnel peut se retirer à tout instant de l'Association, nonobstant toute clause contraire, mais sans préjudice du droit pour le Syndicat de réclamer la cotisation de l'année courante.

Toute personne qui se retire d'un Syndicat conserve le droit d'être membre des Sociétés de secours mutuels et de pensions de retraite pour la vieillesse, à l'actif desquelles elle a contribué par des cotisations ou versements de fonds.

Art. 8. — Lorsque les biens auront été acquis contrairement aux dispositions de l'article 6, la nullité de l'acquisition ou de la libéralité pourra être demandée par le procureur de la République ou par les intéressés. Dans le cas d'acquisition à titre onéreux, les immeubles seront vendus et le prix en sera déposé à la caisse de l'Association.

Dans le cas de libéralité, les biens feront retour aux disposants ou à leurs héritiers ou ayants cause.

Art. 9. — Les infractions aux dispositions des articles 2, 3, 4, 5 et 6 de la présente loi seront poursuivies contre les directeurs ou administrateurs des Syndicats et punies d'une amende de 16 à 200 francs. Les tribunaux pourront, en outre, à la diligence du procureur de la République, prononcer la dissolution du Syndicat et la nullité des acquisitions d'immeubles faites en violation des dispositions de l'article 6.

Au cas de fausse déclaration relative aux statuts et aux noms et qualités des administrateurs ou directeurs, l'amende pourra être portée à 500 francs.

ART. 10. —La présente loi est applicable à l'Algérie.

Elle est également applicable aux colonies de la Martinique, de la Guadeloupe et de la Réunion. Toutefois, les travailleurs étrangers et engagés sous le nom d'immigrants ne pourront faire partie des Syndicats.

Circulaire ministérielle relative aux Syndicats professionnels
(25 août 1884)

Monsieur le Préfet,

La loi du 21 mars 1884, en faisant disparaître toutes les entraves au libre exercice du droit d'association pour les Syndicats professionnels, a supprimé, dans une même pensée libérale, toutes les autorisations préalables, toutes les prohibitions arbitraires, toutes les formalités inutiles. Elle n'exige de la part de ces associations qu'une seule condition pour leur établissement régulier, pour leur fondation légale : la publicité. Faire connaître leurs statuts, la liste de leurs sociétaires, justifier en un mot de leur qualité de *Syndicats* professionnels : telle est, au point de vue des formes qu'elles doivent observer, la seule obligation qui incombe à ces associations.

Si le rôle de l'Etat se bornait exclusivement à veiller à la stricte observation des lois, votre intervention n'aurait sans doute que de rares occasions de se produire.

Mais vous avez un devoir plus grave. Il vous appartient de favoriser l'essor de l'esprit d'association, de le stimuler, de faciliter l'usage d'une loi de liberté, d'en rendre la pratique aisée, d'aplanir sur sa route les difficultés qui ne sauraient manquer de naître de l'inexpérience et du défaut d'habitude de cette liberté. Ainsi, à considérer les besoins auxquels répond la loi du 21 mars, son esprit, les grandes espérances que les pouvoirs publics et les travailleurs ont mises en elle, votre mission, monsieur le

Préfet, s'élargit, et son importance se mesurera au degré de confiance que vous saurez inspirer aux intéressés, à la somme de service que cette confiance vous permettra de leur rendre. C'est pourquoi, monsieur le Préfet, il m'a semblé nécessaire de vous faire connaître les vues du Gouvernement sur l'application de la loi du 21 mars.

La pensée dominante du Gouvernement et des Chambres, dans l'élaboration de cette loi, a été de développer parmi les travailleurs l'esprit d'association.

Le législateur a fait plus encore. Pénétré de l'idée que l'association des individus suivant leurs affinités professionnelles est moins une arme de combat qu'un instrument de progrès matériel, moral et intellectuel, il a donné aux Syndicats la personnalité civile pour leur permettre de porter au plus haut degré de puissance leur bienfaisante activité.

Grâce à la liberté complète d'une part, à la personnalité civile de l'autre, les Syndicats, sûrs de l'avenir, pourront réunir les ressources nécessaires pour créer et multiplier les utiles institutions qui ont produit chez d'autres peuples de précieux résultats : Caisses de retraites, de secours, de crédit mutuel, cours, bibliothèques, Sociétés coopératives (1), Bureaux de renseignements, de placement, de statistique des salaires, etc.

Certaines nations, moins favorisées que la France par la nature, et qui lui font une concurrence sérieuse, doivent, pour une large part, à la vitalité de ces établissements leur prospérité commerciale, industrielle et agricole.

Sous peine de déchoir, la France doit se hâter de suivre cet exemple. Aussi le vœu du Gouvernement et des Chambres est de voir se propager, dans la

____

(1) Voir, pour la constitution de ces sociétés, la loi du 24 juillet 1867.

plus large mesure possible, les associations professionnelles et les œuvres qu'elles sont appelées à engendrer.

La loi du 21 mars ouvre la plus vaste carrière à l'activité des Syndicats, en permettant à ceux qui sont régulièrement constitués de se concerter pour l'étude et la défense de leurs intérêts économiques, industriels, commerciaux et agricoles. Désormais, la fécondité des associations professionnelles n'a plus de limites légales. Le Gouvernement et les Chambres ne se sont pas laissé effrayer par le péril hypothétique d'une Fédération antisociale de tous les travailleurs. Pleins de confiance dans la sagesse tant de fois attestée des travailleurs, les pouvoirs publics n'ont envisagé que les bienfaits certains d'une liberté nouvelle qui doit bientôt initier l'intelligence des plus humbles à la conception des plus grands problèmes économiques et sociaux.

Bien que l'Administration ne tienne de la loi du 21 mars aucun rôle obligatoire dans la poursuite de cette œuvre, il n'est pas admissible qu'elle y demeure indifférente, et je pense que c'est un devoir pour elle d'y participer en mettant à la disposition de tous les intéressés, sans distinction de personnes, sans arrière-pensée, ses services et son dévouement. Aussi, ce que j'attends de vous, monsieur le Préfet, c'est un concours actif à l'organisation des associations et établissements professionnels. Mais il importe de vous indiquer dans quelles conditions et avec quels ménagements il doit s'exercer.

Quant à la création des Syndicats, laissez l'initiative aux intéressés qui, mieux que vous, connaissent leurs besoins. Un empressement généreux, mais imprudent, ne manquerait pas d'exciter des méfiances. Abstenez-vous de toute démarche qui, mal interprétée, pourrait donner à croire que vous prenez parti pour les ouvriers contre les patrons ou pour les patrons contre les ouvriers. Il faut et il suffit que l'on sache que les Syndicats professionnels ont toutes les sympathies de l'Administration et que les fondateurs sont sûrs de trouver auprès de vous les renseignements qu'ils auraient à demander. Il sera bon qu'un de vos bureaux soit spécialement chargé de répondre à toutes les demandes d'éclaircissements qui vous seraient adressées. Dans ses rapports avec les fondateurs, il s'inspirera de cette idée que son rôle est de faciliter ces utiles créations. En cette matière comme en toute autre, le rôle de l'Administration républicaine consiste à aider, non à compliquer.

Le Syndicat une fois créé, il s'agira de lui faire produire tous ses résultats. Si, comme je n'en doute pas, vous avez pu montrer à ces associations ouvrières à quel point le Gouvernement s'intéresse à leur développement, vous pourrez encore leur rendre les plus grands services, quand il s'agira pour elles d'entrer dans la voie des applications. Vous serez fréquemment consulté sur les formalités à remplir pour l'établissement de ces œuvres et sur les différentes opérations que comporte leur fonctionnement. Il est indispensable que vous vous prépariez à ce rôle de conseiller et de collaborateur dévoué par l'étude approfondie de la législation qui les régit et des organismes similaires existant en France ou à l'étranger. Cette tâche sera facilitée par les documents que publiera la *Revue Générale d'Administration* et par le *Commentaire succinct de la loi du 21 mars* que vous trouverez un peu plus loin.

Cette loi a remis complètement aux travailleurs le soin et les moyens de pourvoir à leurs intérêts. On n'y trouve aucune disposition de nature à justifier l'ingérence administrative dans leurs associations. Les formalités qu'elle exige sont très peu nombreuses et très faciles à remplir. Son laconisme, qui est tout à l'avantage de la liberté, pourra causer au début quelques hésitations et quelques incertitudes.

Il serait difficile de prévoir à l'avance toutes les difficultés qui pourront surgir. Elles devront toujours être tranchées dans le sens le plus favorable au développement de la liberté.

L'article 1er abroge la loi des 14-27 juin 1791 qui défendait aux membres du même atelier ou de la même profession de former entre eux des associations professionnelles, et l'article 416 du Code pénal ainsi conçu : « Seront punis d'un emprisonnement « de six jours à trois mois et d'une amende de seize « à trois cents francs ou de l'une de ces deux peines « seulement tous ouvriers, patrons et entrepreneurs « d'ouvrage qui, à l'aide d'amendes, de défenses, « proscriptions, interdictions prononcées par suite « d'un plan concerté, auront porté atteinte au libre « exercice de l'industrie ou du travail. »

De cette abrogation résultent les conséquences suivantes :

1° Le fait de se concerter en vue de préparer une grève n'est plus un délit ni pour les Syndicats de patrons, d'ouvriers, d'entrepreneurs d'ouvrage, ni pour les ouvriers, patrons, entrepreneurs d'ouvrage non syndiqués ;

2° Cessent d'être considérées comme des atteintes au libre exercice de l'industrie et du travail les amendes, défenses, proscriptions, interdictions prononcées par suite d'un plan concerté.

Mais demeure punissable, aux termes des articles 414 (1) et 415 (2) du Code pénal, quiconque, à l'aide de violences, voies de fait, menaces ou manœuvres

(1) Art. 414. — Sera puni d'un emprisonnement de six jours à trois ans, et d'une amende de seize francs à trois mille francs, ou de l'une de ces deux peines seulement, quiconque, etc..., etc.

(2) Art. 415. — Lorsque les faits, punis par l'article précédent, auront été commis par suite d'un plan concerté, les coupables pourront être mis, par l'arrêt ou le jugement, sous la surveillance de la haute police pendant deux ans au moins et cinq ans au plus,

frauduleuses, aura amené ou maintenu, tenté d'amener ou de maintenir une cessation concertée de travail dans le but de forcer la hausse ou la baisse des salaires ou de porter atteinte au libre exercice de l'industrie et du travail.

Le paragraphe 2 de l'article 1er déclare non applicables aux Syndicats professionnels les articles 291, 292, 293, 294 du Code pénal et la loi du 10 avril 1834, qui considèrent comme illicite toute association de plus de vingt personnes formée sans l'agrément préalable du Gouvernement, et frappent de peines exceptionnelles les auteurs de provocations à des crimes ou à des délits, faites au sein de ces assemblées, ainsi que les chefs, directeurs et administrateurs de l'association.

Cet article 1er consacre la liberté complète d'association, mais seulement au profit des associations professionnelles.

Les articles 2 et 3 définissent les associations appelées à jouir du bénéfice de la présente loi. Ce sont les associations professionnelles dont les membres exercent la même profession ou des professions similaires concourant à l'établissement de travaux déterminés et qui ont exclusivement pour but, aux termes de l'article 3, l'étude et la défense de leurs intérêts économiques, industriels, commerciaux ou agricoles.

Les groupements réalisant ces conditions ont le droit, quel que soit le nombre de leurs membres, de se former sans autorisation du Gouvernement.

Du silence de la loi ou des discussions qui ont eu lieu dans les Chambres, il faut conclure :

1° Qu'un Syndicat peut recruter ses membres dans toutes les parties de la France ;

2° Que les étrangers, les femmes, en un mot tous ceux qui sont aptes, dans les termes de notre droit, à former des conventions régulières, peuvent faire partie d'un Syndicat ;

3° Que ces mots « professions similaires concourant à l'établissement d'un produit déterminé » doivent être entendus dans un sens large. Ainsi, sont admis à se syndiquer entre eux tous les ouvriers concourant à la fabrication d'une machine, à la construction d'un bâtiment, d'un navire, etc. ;

4° Que la loi est faite pour tous les individus exerçant un métier ou une profession, par exemple les employés de commerce, les cultivateurs, fermiers, ouvriers agricoles (1), etc.

En accordant la liberté la plus large aux Syndicats professionnels, la loi, pour toute garantie, leur demande une déclaration de naissance par l'article 4, qui prescrit le dépôt des statuts et des noms de ceux qui, à un titre quelconque, seront chargés de l'administration ou de la direction.

La publicité est, en effet, le corollaire naturel et indispensable de la liberté d'association ; c'est la seule garantie possible de l'observation de cette condition exigée par la loi : le caractère professionnel de l'association.

Cette simple formalité ne saurait inspirer aucune inquiétude aux Syndicats ni les exposer à aucune vexation. Au contraire, elle présente cet avantage précieux de limiter le champ étroit où peut s'exercer la surveillance de l'Etat. D'ailleurs, la publicité répugne si peu aux Syndicats que, sous le régime de la tolérance, nombre d'entre eux ont spontanément demandé aux préfets de recevoir leurs statuts et de les conserver dans les archives des préfectures.

(1) La loi du 21 mars 1884 n'est pas applicable aux inscrits maritimes... L'inscription maritime, en effet, ne constitue pas une profession; elle est seulement l'état légal d'un ensemble de citoyens exerçant certaines professions. (Décision ministérielle du 3 février 1892.)

Il en est de même des proporiétaires de maisons, qui n'exercent pas une profession, au sens que la loi attache à ce mot, et qui n'exercent pas davantage de métiers connexes concourant à l'établissement d'un produit déterminé. (Décision ministérielle du 27 mai 1892.)

Le même article porte que le dépôt doit être renouvelé à chaque changement de la direction ou des statuts.

La loi ne pouvait être moins formaliste. Elle n'exige ni la rédaction sur papier timbré, ni l'impression. La loi ne fixant pas le nombre des exemplaires qui devront être déposés, il convient de se référer aux précédents et de considérer que le dépôt de deux exemplaires sera suffisant.

Comme j'attache une grande importance à constituer de sérieuses archives des Syndicats professionnels, qui permettront de se rendre compte des effets produits par la loi du 21 mars, vous voudrez bien prendre les mesures nécessaires pour me transmettre copie de ces documents. Vous me renseignerez également sur les institutions fondées par les Syndicats.

Toutes ces indications, réunies au ministère et tenues à la disposition de tous les intéressés, seront une source précieuse de renseignements pour ceux qui voudront les consulter.

L'authenticité des statuts doit être établie par des signatures. La loi est muette sur ce point. Bornez-vous à demander qu'ils soient certifiés par le président et le secrétaire, et donnez à MM. les Maires des instructions en ce sens.

J'ai été consulté sur le point de savoir si le dépôt des statuts ou des noms des directeurs et administrateurs doit être accompagné d'une déclaration spéciale.

Cette déclaration est inutile. Il suffit que le règlement statutaire soit certifié au bas du texte et que les noms des directeurs et administrateurs, s'ils ne sont pas mentionnés dans les statuts, soient, dans une seule et même pièce, indiqués et certifiés par le président et le secrétaire.

Tout dépôt d'un des documents précités doit être constaté par un récépissé du maire et, à Paris, du préfet de la Seine. Ce récépissé est exigible immédiatement. Il suffit de l'établir sur papier libre.

Il sera indispensable que dans chaque mairie il soit tenu un registre spécial où seront mentionnés à leur date le dépôt des statuts de chaque syndicat, le nom des administrateurs ou directeurs, la délivrance du récépissé. Ce registre fera foi de l'accomplissement des formalités ; il permettra de remédier à la perte possible du récépissé de dépôt.

L'obligation pour les Syndicats en formation d'opérer le dépôt n'existe qu'à partir du jour où les statuts ont été arrêtés, où, par conséquent, le Syndicat est matériellement formé. Jusque-là, les fondateurs ont toute liberté de se réunir pour en concerter les dispositions sans être exposés aux pénalités des articles 291 et suivants du Code pénal, ou à celles de l'article 9 de la présente loi.

Le dernier paragraphe de l'article 4 écarte des fonctions de directeurs et administrateurs des Syndicats, les étrangers, même ceux qui ont été admis à établir leur domicile en France, et les Français qui ne jouissent pas de leurs droits civils, c'est-à-dire auxquels une condamnation a enlevé l'exercice de quelques-uns de ces droits.

L'article 5 reconnaît la liberté des *Unions* de Syndicats professionnels régulièrement constitués, aux termes de la présente loi. Elles n'ont besoin, pour se former, d'aucune autorisation préalable. Il suffit qu'elles remplissent les formalités prescrites par les articles 4 et 5 combinés, c'est-à-dire qu'elles déposent à la mairie du lieu où leur siège est établi et, s'il est établi à Paris, à la Préfecture de la Seine, le nom des Syndicats qui les composent. Si l'Union est régie par des statuts, elle doit également les déposer. Il est également nécessaire que l'Union fasse connaître le lieu où siègent les Syndicats unis.

Les autres formalités à remplir sont les mêmes pour les Unions et pour les Syndicats.

La loi du 21 mars n'accorde, à aucun degré, aux Unions de Syndicats la faveur de la personnalité civile. Il a été reconnu qu'elles pouvaient s'en passer. Elle a réservé ce privilège aux Syndicats professionnels par l'article 6.

Grâce à lui, le Syndicat devient une personne juridique d'une durée indéfinie, distincte de la personne de ses membres, capable d'acquérir et de posséder des biens propres, de prêter, d'emprunter, d'ester en justice, etc. (1). Ainsi ces associations professionnelles d'abord proscrites, puis tolérées, sont élevées par la loi du 21 mars au rang des établissements d'utilité publique et, par une faveur inusitée jusqu'à ce jour, elles obtiennent cet avan·tage non en vertu de concessions individuelles, mais en vertu de la loi et par le seul fait de leur création. Les pouvoirs publics, en aucun temps, n'ont donné une plus grande preuve de confiance et de sympa·thie aux travailleurs.

La personnalité civile n'appartient qu'aux Syn·dicats régulièrement constitués. Elle est pour eux de droit commun et leur est acquise en l'absence de toute déclaration spéciale de volonté dans les statuts.

La personnalité civile accordée aux Syndicats n'est pas complète, mais suffisante pour leur donner toute la force d'action et d'expansion dont ils ont besoin. C'est aux tribunaux qu'il appartiendrait de statuer sur les difficultés que pourra soulever l'usage de cette faculté. Je me borne à mettre en relief les dispositions de la loi à cet égard, et à déduire leurs conséquences certaines.

Le patrimoine des Syndicats se compose du pro··

(1) Un Syndicat légalement constitué a qualité pour déférer au Conseil d'Etat, par la voie du recours pour excès de pouvoir, un règlement de police relatif à l'exercice de la profession des membres syndiqués. (Arrêt du Conseil d'Etat du 27 mars 1887.)

duit des cotisations et des amendes, de meubles et valeurs mobilières et d'immeubles. A l'égard des immeubles, la loi leur permet d'acquérir seulement ceux qui sont nécessaires à leurs réunions, à leurs bibliothèques et à des cours d'instruction professionnelle. Ces immeubles ne doivent pas être détournés de leur destination. Les Syndicats contreviendraient à la loi s'ils essayaient d'en tirer un profit pécuniaire direct ou indirect par location ou autrement. Aucune disposition ne leur défend ni de prendre des immeubles à bail, quel qu'en soit le nombre et quelle que soit la durée des baux, ni de prêter, ni d'emprunter, ni de vendre, échanger ou hypothéquer leurs immeubles. Ils font un libre emploi des sommes provenant des cotisations : placements, secours individuels en cas de maladie, de chômage ; achats de livres, d'instruments ; fondations dè cours d'enseignement professionnel, etc. Ces divers actes ne sont soumis à aucune autorisation administrative. Ils seront décidés et réalisés conformément aux règles établies par les statuts. Il en sera de même des procès ou des transactions.

Il importe que les Syndicats prévoient dans leurs règlements comment ces actes seront délibérés et votés, et par quels mandataires ils seront représentés soit dans la réalisation des actes, soit en justice.

Les Syndicats peuvent, sans autorisation, mais en se conformant aux autres dispositions de la loi, constituer entre leurs membres des caisses spéciales de secours mutuels et de retraites.

Il a été expressément entendu que la loi du 21 mars dernier laissait subsister (sauf la nécessité de l'autorisation préalable) toute la législation relative à ces Sociétés. Si donc rien ne s'oppose à ce que les membres d'un Syndicat professionnel forment entre eux des Sociétés de secours mutuels avec ou sans caisse de secours mutuels, il demeure évident que ceux qui voudraient bénéficier des avantages réservés aux Sociétés de secours mutuels *approuvées* ou *reconnues,* devraient se pourvoir conformément aux lois spéciales sur la matière, dont le mécanisme vous est connu et n'a pas à être rappelé ici.

J'appelle tout particulièrement votre attention sur le point suivant : il résulte, tant du texte de la loi (art. 5, § 4, art. 7, § 2), que des discussions, que les Sociétés syndicales de secours mutuels doivent posséder une individualité propre et avoir une administration et une caisse particulières. Il en est de même des Sociétés de retraites, qui peuvent bien se greffer sur les Sociétés de secours mutuels et faire caisse commune avec elles, mais dont le patrimoine ne doit pas se confondre avec celui des Syndicats. D'ailleurs, une telle confusion serait fatale à la prospérité de ces œuvres et des Syndicats eux-mêmes, et je ne doute pas que les intéressés ne sentent la nécessité de garantir d'une manière complète l'affectation exclusive de leurs ressources à l'objet particulier de leur établissement. Mais le Syndicat demeure libre de prélever sur son propre fonds des secours individuels et purement gracieux. La pratique de ces libéralités accidentelles ne constitue pas un Syndicat à l'état de Société de secours mutuels, tant que le droit de chacun aux secours n'est pas proclamé ni réglé.

Les trois derniers paragraphes de l'article 6 ne présentent aucune difficulté.

L'article 7 assure la liberté des syndiqués. Il porte que tout membre d'un Syndicat professionnel peut se retirer à tout instant de l'association, mais sans préjudice du droit pour le Syndicat de réclamer la cotisation de l'année. C'est là tout ce que le Syndicat peut obtenir en justice contre le membre qui en sort de son plein gré. En cas d'exclusion, les cotisations arriérées sont seules exigibles.

Aux termes du paragraphe 2 du même article,

toute personne qui se retire d'un Syndicat conserve le droit d'être membre des Sociétés de secours mutuels et de pensions de retraite pour la vieillesse, à l'actif desquelles elle a contribué par des cotisation ou versements de fonds. Elle ne saurait être exclue de ces Sociétés que pour une des causes prévues par leur règlement spécial. Cette disposition, est, on le voit, inconciliable avec l'existence d'une caisse commune aux Syndicats et aux Sociétés créées dans leur sein.

L'article 8 sanctionne les dispositions qui limitent la capacité d'acquérir et de posséder des Syndicats professionnels.

L'article 9 punit de peines relativement légères les infractions aux article 2, 3, 4, 5 et 6 de la présente loi. Quant aux associations qui, sous le couvert de Syndicats, ne seraient point en réalité des Sociétés professionnelles, c'est la législation générale et non la loi du 21 mars qui serait applicable.

L'article 10 n'a pas besoin de commentaire.

Le Ministre de l'Intérieur,

WALDECK ROUSSEAU.

Méthode pour la création et le fonctionnement des Bourses du Travail

Il serait superflu d'exposer longuement le rôle que jouent dans les relations économiques actuelles et celui que seront appelées à jouer dans l'organisation sociale future les Bourses du Travail. Le développement si rapide de ces institutions, portées de neuf en 1892 à quarante-trois en 1895, indique assez qu'elles étaient le lien vainement cherché jusqu'alors par le prolétariat pour donner à l'action des syndicats d'une même ville l'unité nécessaire à l'œuvre de la révolution sociale.

Non seulement les efforts isolés ne peuvent produire de résultat heureux; mais, en se contrariant, ils produisent des résultats funestes. Il ne servait donc de rien d'avoir groupé la majorité des travailleurs dans les syndicats professionnels tant qu'on n'avait pu rapprocher les diverses corporations, les obliger à se pénétrer et à se connaître, et, par là, les mettre à même d'apprendre que toutes les opérations sociales se répercutent; que la modification politique ou économique la plus simple a, en outre des effets qu'on voit, suivant l'expression de Frédéric Bastiat, d'autres effets qu'une étude réfléchie permet seule d'apercevoir; que nulle profession ne peut améliorer son sort sans aggraver celui des autres, qu'ainsi l'affranchissement prolétarien est subordonné à l'effort *simultané de tous* les travailleurs, ou, comme l'affirma l'Internationale, que « la transformation sociale ne pourra s'opérer d'une manière radicale et définitive que par des moyens agissant SUR L'ENSEMBLE de la société. »

La Bourse du Travail a été cette école de l'économie sociale; c'est incontestablement aux échanges d'idées faits dans son sein qu'est due l'évolution profonde produite depuis quelques années dans l'esprit des organisations ouvrières. Les controverses qu'elle suscite ont fortifié cette conviction que la question sociale est une question exclusivement économique, puisqu'au fond de toutes les misères, tant morales que matérielles, on trouve le défaut d'argent, et à la source de toutes les oppressions la puissance du Capital; elles ont encore appris le néant des promesses politiques, la folie des révolutions n'ayant pour résultat qu'un changement de régime, puisque les régimes ne valent que ce que valent les hommes et que les hommes ont une regrettable tendance au despotisme, et elles ont ainsi hâté dans une incalculable mesure l'approche de la transformation sociale.

Il est donc nécessaire de multiplier les Bourses du Travail et c'est le moyen d'y parvenir que ce Mémoire a pour but de faire connaître.

*
* *

La méthode à employer pour créer une Bourse du Travail diffère, suivant que les syndicats de la localité sont isolés ou constitués déjà en Union fédérative. Nous allons examiner successivement les deux cas.

1° Syndicats isolés. — Dans ce premier cas, le secrétaire d'un syndicat ou tout autre citoyen syndiqué convoque une assemblée plénière des syndicats ou, au moins, de leurs conseils d'administration et leur expose l'utilité d'une Bourse du Travail.

Dans la société actuelle, la Bourse du Travail doit être une société de résistance. Société de résistance contre la réduction des salaires, contre le prolongement excessif de la durée du travail, et aussi (sans quoi les autres avantages resteraient sans résultat) contre une augmentation, ou plutôt, car le mécanisme du commerce rend cette augmentation inévitable, et c'est pourquoi la révolution est fatale, contre l'augmentation *exagérée* du prix des objets de consommation. Maintenir *le plus possible* l'équilibre entre le prix de location du travail et le prix d'achat des produits, c'est là le rôle *présent* des Bourses, et, pour le remplir, il leur faut engager avec le Capital une guerre qui ne finira que par la disparition du système économique et politique actuel.

Si l'assemblée accepte le principe de cette création, elle nomme, séance tenante, une Commission, composée, autant que possible, d'un représentant de chacune des corporations réunies, et chargée de réaliser le projet.

*
* *

La première chose que cette Commission ait à examiner, c'est, d'une part, les dépenses qui seront absolument nécessaires, et, de l'autre, les ressources sur lesquelles la future Bourse pourra compter.

Dépenses. — Les services d'une Bourse du Travail sont : le Secrétariat, la Trésorerie, les Archives et la Bibliothèque, le Placement, la tenue du registre général des chômeurs si, parmi les adhérents, il s'en trouve qui possèdent une caisse de chômage, et, éventuellement, l'organisation d'une Caisse de secours pour les ouvriers de passage et la création de Cours d'enseignement professionnel.

Mais il est évident que le nombre de ces services et leur importance respective sont subordonnés aux ressources de l'institution. Telles Bourses les possèdent tous; telles autres n'en ont organisé que quelques-uns. Nous donnons ici le budget le plus réduit, en suposant que la future Bourse ne pourra compter sur aucune aide étrangère.

Parmi les dépenses indispensables, nous trouvons en premier lieu le loyer de l'immeuble. Cet immeuble comprend au moins : une salle pour le Secrétariat, les réunions du Comité général et de la Commission exécutive; une salle pour la Bibliothèque et les Archives, et deux ou trois pour les réunions *à tour de rôle* des syndicats adhérents; le local peut être évalué, prix moyen, à 800 francs par an.

2° Les frais d'éclairage et de chauffage, calculés sur le pied de deux heures par jour pendant trois cents jours, les soirées d'été, les dimanches et les fêtes compensant la longueur et le nombre des soirées d'hiver. Cette dépense peut être évaluée à environ 1 franc par jour, soit 300 francs.

3° Le paiement des fonctionnaires de la Bourse : Secrétaire et Trésorier. Certaines Bourses ne les paient point, et, dans ce cas, il viennent seulement deux ou trois heures le soir pour expédier les affaires courantes, tenir à jour la corespondance, les procès-verbaux, recevoir la contribution des syndicats et surveiller le service de la Bibliothèque. D'autres Bourses, qui les emploient le même laps de temps, leur allouent une *indemnité*, proportionnée à l'importance du budget et tantôt fixe, tantôt calculée par heure. Dans ce second cas, le total de l'indemnité s'élève généralement par année à 300 fr. pour le Secrétaire et à 200 francs pour le Trésorier. Les Bourses plus riches, enfin, possèdent un Secrétaire *permanent* et emploient leur Trésorier-comptable trois heures par jour. Le mode de paiement le plus ordinaire est alors l'heure de travail fixée à 1 franc. Le nombre d'heures imposé au Secrétaire varie suivant l'importance du service; mais, quel qu'il soit, le taux mensuel de l'indemnité ne peut être moindre de 150 francs dans les villes comptant de 20 à 30.000 habitants, de 200 francs dans les villes comptant jusqu'à 100.000 habitants et de 8 francs par jour pour les villes au-dessus de 100.000 habitants.

Le taux de l'indemnité varie donc de 1.800 à 2.700 francs (en moyenne 2.300 francs) pour le Secrétaire, et de 900 à 950 francs pour le Trésorier. Le Secrétaire permanent a pour fonctions l'expédition de la correspondance, la rédaction des procès-verbaux du Comité général (aux séances duquel il assiste comme fonctionnaire, non comme membre délibérant), la tenue du registre des chômeurs, l'inscription des offres et demandes d'emplois, enfin le service de la Bibliothèque (à moins qu'un camarade ne l'effectue gratuitement le soir et le dimanche matin, ou qu'il ne soit rempli par le Trésorier).

4° La rétribution du concierge de l'immeuble (emploi de création facultative).

5° Les frais de bureau, évalués pour les petites Bourses à 200 francs, pour les autres à 500 francs par an (chiffres moyens).

6° Les achats de livres pour la Bibliothèque, dépense généralement couverte par un crédit mensuel fixe.

7° Enfin les frais déterminés par le service des Cours professionnels (achats d'instruments et rétribution des professeurs). Ce service n'existant que dans les Bourses très importantes, nous n'avons pas à nous en occuper. Nîmes, Saint-Etienne, Béziers, Toulouse, Marseille, etc., pourraient fournir à son sujet des détails précis.

Le tableau suivant résume pour toutes les catégories de Bourses du Travail les dépenses moyennes par année :

NATURE DES DÉPENSES	1re Cat.	2e Cat.	3e Cat.	4e Cat.
Loyer	800	800	1.500	2.000
Chauffage et éclairage	300	300	300	600
Frais de bureau	200	200	300	500
Bibliothèque	120	200	300	500
Secrétaire	»	300	1.500	2.300
Trésorier	»	200	950	1.800
Dépenses imprévues (secours, grèves)	200	300	500	1.000
Cours professionnels (instruments, rétributions des professeurs, livres pour les distributions des prix)	»	»	»	»
Totaux	1.620	2.300	5.350	8.700

Recettes. — En principe, les Bourses ne doivent compter pour subvenir à leurs dépenses que sur leurs ressources personnelles, c'est-à-dire sur les cotisations des syndicats. Une Bourse dont les dépenses s'élèvent à 1.600 francs et qui compte de 700 à 900 syndiqués, répartis en une quinzaine de syndicats, peut fixer la cotisation mensuelle de chacun d'eux à 20 ou 30 centimes, soit en moyenne 10 fr. par syndicat. Ainsi seulement la Bourse conservera dans ses relations avec les pouvoirs publics et les patrons la plus large indépendance. Néanmoins, nous allons examiner rapidement les subventions que doivent exiger et peuvent recevoir les Bourses du Travail.

Certaines d'entre elles touchent une subvention totalement payée en espèces et calculée sur le budget établi soit par le Comité général lui-même, soit par la Commission municipale des finances. De celles-là nous n'avons pas à nous occuper. D'autres reçoivent leur subvention, partie en espèces, partie en nature.

10° Pour le chapitre de l'immeuble, trois procédés sont en usage. Tantôt l'immeuble est loué par l'administration de la Bourse et le montant du loyer acquitté par la Recette municipale; tantôt cet immeuble est loué par l'administration municipale elle-même, quand il ne lui appartient pas, et le prix de location acquitté par l'administration ou par la Bourse; tantôt, enfin, la Bourse est placée dans une dépendance de l'Hôtel de Ville.

La Bourse de Saint-Nazaire, par exemple, choisit librement son local et le loyer en est acquitté par la municipalité; celle de Boulogne-sur-Seine est logée dans une ancienne école, propriété municipale ; d'autres, comme Nîmes, ont un immeuble édifié spécialement pour elles par l'administration; les dernières, enfin, comme Le Puy, Narbonne, Saint-

Chamond, Issy-les-Moulineaux, etc., ont leur siège
à la Mairie.

2° Certaines municipalités paient elles-mêmes les
frais de chauffage, d'éclairage et de bureau, sur
factures présentées chaque mois par le Conseil
d'administration de la Bourse. Ce système, qui évite
des mécomptes, est fort avantageux pour les Bourses à budget modeste.

3° En outre de la subvention accordée pour le
fonctionnement *administratif* de la Bourse (Secrétariat, Trésorerie, loyer, chauffage, éclairage), les
municipalités peuvent encore accorder des crédits
extraordinaires pour le service du Placement, les
acquisitions de livres, les achats d'instruments,
etc., etc.

Voici la moyenne (1) des subventions accordées
en espèces ou en nature aux Bourses de chacune
des quatre catégories précédentes :

1re catégorie. — De 900 à 1.200 francs;
2e —   — Environ 2.000 francs;
3e —   — De 4.000 à 8.000 francs;
4e —   — De 10.000 à 20.000 francs.

Dans la première catégorie entrent les Bourses
des villes comptant moins de 30.000 habitants; dans
la deuxième, celles des villes de 30 à 50.000; dans
la troisième, celles des villes de 50 à 80.000; dans
la quatrième, les Bourses des villes de population
supérieure à 80.000. De cette dernière, il faut ex-
cepter Paris, Lyon, Bordeaux, Nantes, dont les
Bourses se sont vu retirer ou réduire leur subvention. D'ailleurs, la division précédente souffre des
exceptions, déterminées par l'importance, plus ou
moins considérable, de la population ouvrière, laquelle déterminera elle-même l'importance de la

---

(1) L'Annuaire des Syndicats professionnels publié par le
ministère du Commerce indique la subvention reçue par chaque Bourse, soit du Conseil municipal, soit du Conseil général.

19

Bourse, et surtout par les sentiments que professe
la municipalité.

Quel que soit, en tout cas, le montant de leur
subvention, les Bourses du Travail, pour éviter les
fâcheuses conséquences d'un conflit toujours possible et le plus souvent certain avec les administrations municipales, agiraient prudemment en inscri-
vant dans leur budget des recettes un chapitre dit
de réserve, alimenté par une cotisation variant de
2 à 5 francs par syndicat et par mois. De plus, les
Conseils d'administration des Bourses nouvelles
feront bien de s'efforcer d'obtenir que le paiement
de leur subvention soit annuel, ou tout au moins
semestriel, et EFFECTUÉ D'AVANCE.

CONSTITUTION DE LA BOURSE

Le budget ainsi établi et le local loué, la Commission rédige un avant-projet de statuts (1). Cela fait,
la Commission convoque à nouveau l'assemblée
plénière des Syndicats adhérents et lui soumet son
travail. Si son budget et ses statuts sont approuvés,
l'assemblée nomme un Comité général composé
d'un certain nombre de délégués par syndicat (deux
ou trois si la Bourse ne compte que 1 à 10 syndicats, un au-dessus de ce nombre).

A ce moment, le rôle de la Commission est terminé. Le Comité général ou Conseil d'administration nomme à son tour, et dans son sein, une Commission exécutive, chargée de veiller à l'exécution
de ses délibérations, et élit les fonctionnaires : le
Secrétaire, le Trésorier, le Bibliothécaire (s'il y a
lieu) et leurs adjoints. Après quoi, il ne reste plus

(1) Pour faciliter aux Commissions cette partie de leur tâche, la Fédération des Bourses du Travail met à leur disposition des exemplaires des statuts des Bourses existantes, ne
demandant en échange que la remise d'exemplaires de ceux
de la Bourse nouvelle.

qu'à déposer à la Préfecture (ou, dans les chefs-
lieux d'arrondissement, à la mairie), en double
exemplaire et signés de deux membres du Conseil
d'administration, la liste nominative des membres
de ce Conseil, celle des syndicats adhérents et les
statuts de la Bourse.

FÉDÉRATION DE SYNDICATS

Nous avons dit au début que le moyen de constituer une Bourse du Travail diffère suivant que les
syndicats de la localité sont isolés ou fédérés. Il est
évident que s'il existe déjà une fédération des syndicats, la tâche préparatoire se trouve simplifiée
et, pour ainsi dire, supprimée. Cette fédération possède, en effet, des statuts, un budget, un local, un
Conseil, des fonctionnaires. A quoi donc se réduit
son œuvre ? A obtenir des syndicats qui la composent l'autorisation d'*ajouter* à son titre de Fédération celui de Bourse du Travail, qui dit Bourse di-
sant fédération de syndicats.

Les avantages de cette simple *addition de titre*
sont considérables :

En premier lieu, la Fédération obtiendra de la
municipalité sous son nouveau titre (lequel, répé-
tons-le, n'exclut pas l'ancien) l'aide qu'elle n'aurait
jamais obtenue, parce que l'habitude n'en a pas été
prise, sous le titre de Fédération de Syndicats.

En second lieu, elle pourra sous ce titre être
admise à faire partie de la Fédération des Bourses
du Travail (1) et tirer ainsi profit du concours moral et pécuniaire que cette Fédération accorde à
tous ses membres et dont la Bourse de Cholet, par
exemple, bénéficia si largement lorsqu'elle eut perdu sa subvention municipale.

(1) Cela n'est plus exact, la Fédération admettant actuellement au même titre les Unions de Syndicats et les Bourses
du Travail.

En outre, et par suite de la décision implicitement prise cette année (1895) par le Congrès national des syndicats tenu à Limoges et le Congrès national des Bourses du Travail tenu à Nîmes, de fixer les Congrès futurs dans les villes qui posséderont une Bourse du Travail, les fédérations locales de syndicats qui adopteront le titre de Bourse auront droit à réclamer l'organisation de ces Congrès.

Enfin, chaque transformation de fédération de syndicats en Bourse du Travail est un pas vers l'unification de l'organisation corporative, dont les dénominations multiples jettent la confusion dans l'esprit des travailleurs.

Toutefois, il y a ce point essentiel à noter : que, du jour où la fédération des syndicats, subventionnée, est devenue Bourse du Travail, non plus seulement de nom, mais de fait, qu'elle possède un ou plusieurs des services d'une Bourse, ses statuts et ses fonctionnaires doivent, *dans la mesure du possible*, cesser d'être les fonctionnaires et les statuts de la Bourse. Le cas, en effet, peut se présenter de syndicats disposés à adhérer à la Bourse sans vouloir entrer dans la Fédération, ou de syndicats voulant se retirer de la Fédération sans quitter la Bourse. Les uns ni les autres ne pourraient le faire si l'administration de la Fédération était aussi celle de la Bourse. Par conséquent, la Fédération doit être ou devenir une Union particulière dans l'Union générale, ce qui d'ailleurs ne l'empêche nullement de comprendre, s'il se peut, tous les syndicats adhérents à la Bourse du Travail (1).

(1) La nécessité de cette double constitution a été comprise par toutes les fédérations ouvrières des villes où, le nombre des syndicats étant considérable, le respect de l'autonomie de chacun d'eux est le gage de l'union de tous. Ainsi à Paris, à Marseille, à Toulouse, à Bordeaux, à Lyon, etc. C'est le moyen de neutraliser l'effet des germes de division inévitables avec une organisation et une administration uniques.

FONCTIONNEMENT DE LA BOURSE

On comprendra que nous ne puissions aborder ici ce chapitre de la vie des Bourses du Travail. Si le nombre des services est restreint, leur fonctionnement est facile et toute indication serait superflue. Si, au contraire, il comprend un service de placement important, un roulement de chômage chargé et la surveillance de Cours professionnels, il nous faudrait entrer dans des détails qui, pour être abondants, n'en resteraient pas moins obscurs. Le meilleur moyen pour les nouvelles Bourses de se familiariser avec leurs futurs services, de déterminer le nombre de leurs assemblées générales, etc., c'est de lire avec attention, outre les Bulletins officiels des Bourses, l'*Annuaire* publié en 1892 par la Bourse du Travail de Paris et que le Comité de la Fédération des Bourses du travail met gracieusement à leur disposition. Elles y trouveront les plus minutieux détails, les documents les plus intéressants et les plus précis. D'autre part, les Bourses nouvelles devront demander les statuts du viaticum ou secours de voyage fédératif, les guides et statuts nécessaires pour la constitution de syndicats agricoles ou maritimes.

FÉDÉRATION DES BOURSES DU TRAVAIL

En dehors des travaux spéciaux à chaque Bourse, il en est qui intéressent simultanément l'ensemble des Bourses et qu'elles ne pourraient accomplir sans une correspondance et des pertes de temps considérables. Ces travaux, elles en ont confié le soin à un Comité qui siège à Paris et qui, composé d'un délégué par Bourse, constitue le trait d'union entre toutes les Bourses du travail.

Dès qu'une Bourse est constituée, elle envoie son

adhésion et ses statuts à la Fédération. En outre, elle fait choix parmi ceux de ses compatriotes *syndiqués* habitant Paris ou, à défaut, sur une liste de candidats établie par le Comité Fédéral, d'un représentant au Comité, chargé soit de défendre les projets d'intérêt collectif pour la solution desquels elle a besoin du concours des autres Bourses, soit d'examiner les projets venus d'ailleurs.

Parmi les questions ou travaux ainsi confiés à l'étude du Comité fédéral figurent : la notification à toutes les Bourses des progrès ou des inventions opérées par chacune d'elles; l'application du viaticum fédératif, l'ouverture d'enquêtes sur des propositions de lois, des problèmes de statistique, etc., l'examen et, par suite, l'approbation ou la désapprobation des appels faits par telle ou telle Bourse, fédérée ou non, à la solidarité des autres Bourses, l'établissement de guides pour la création de syndicats (agricoles ou maritimes), de cours professionnels, de musées, etc., enfin l'organisation des Congrès nationaux annuels, auxquels ne sont admises que les Bourses fédérées.

La cotisation fédérative, payable par trimestre, est fixée à 0 fr. 35 par syndicat et par mois, avec minimum de 1 fr. 75 par mois pour les Bourses comprenant moins de cinq syndicats.

Paris, octobre 1895.

Pour la Fédération des Bourses du Travail
de France et des Colonies.

Le Secrétaire,

Fernand PELLOUTIER.

Statuts du viaticum

ARTICLE PREMIER. — Entre les travailleurs affiliés à une Bourse du Travail ou une Union de Syndicats fédérée et adhérents aux présents statuts, il est créé un service de secours de route destiné à faciliter les déplacements nécessités par les recherches du travail.

ART. 2. — Ce service est constitué dans chacune des Bourses du Travail par une caisse qu'administre la Bourse du Travail et qui s'alimente à son gré :

a) Par une cotisation de 10 cent. par membre et par mois, cotisation qui pourra être réduite suivant les fluctuations du nombre des ouvriers secourus;

b) Par les produits de fêtes, de réunions, de collectes, de dons, etc.

ART. 3. — Les cotisations sont perçues par le trésorier de chaque Syndicat, puis versées, sous le contrôle et la responsabilité du Conseil d'administration, au trésorier de la Bourse, qui ouvre, pour le service du viaticum, des livres spéciaux.

ART. 4. — Pour avoir droit au secours de route, chaque syndiqué doit : 1° avoir trois mois au moins de noviciat; 2° avoir acquitté régulièrement ses cotisations, sauf dans le cas de chômage, de maladie dûment justifiée ou de service militaire.

ART. 5. — La condition posée par le paragraphe 1er de l'article 4 n'est pas exigible, si l'ouvrier a perdu son travail pour un des actes de solidarité ouvrière conformes aux revendications de son Syndicat ou de sa corporation.

Art. 6. — Tout syndiqué aura droit au viaticum à la condition expresse qu'il n'en fasse pas abus. S'il était prouvé qu'un syndiqué a fait abus du secours de route, le Syndicat de sa profession et la Bourse du Travail où l'abus aura été constaté seront seuls juges du fait, et détermineront la durée pendant laquelle le fédéré cessera d'avoir droit au viaticum. La décision sera transmise au Comité fédéral.

Un syndiqué ne pourra avoir droit au viaticum, en partant d'une ville où il aura déjà travaillé, que s'il y a subi au moins trois jours de chômage involontaire.

Art. 7. — Le viaticum, basé sur les distances kilométriques, se règle de la manière suivante :

Chaque voyageur recevra, pour toute distance de 40 kilomètres et au-dessous, un premier secours de 2 francs depuis la Bourse du Travail la plus voisine dans la direction d'où il vient, et à la condition qu'il ait rempli dans cette Bourse les formalités prescrites par les articles 4, 5, 6 et 9.

Toute distance supérieure à 40 kilomètres donnera droit à une subvention supplémentaire de 0 fr. 75 c. par fraction de 20 kilomètres et jusqu'à concurrence de 200 kilomètres.

Les sommes versées au voyageur seront totalisées en toutes lettres au bas de chaque page du livret, afin de faciliter le contrôle. Les Bourses du Travail devront, chaque fois qu'elles accorderont le viaticum, indiquer la date du versement.

Chaque Bourse aura un livret-répertoire, indiquant le nom, le prénom, la date du passage du fédéré, sa profession, la ville d'où il venait et le total des sommes portées sur son livret au moment de son passage.

Art. 8. — Le fédéré qui aura omis de visiter une Bourse intermédiaire placée sur sa route n'aura droit au viaticum que pour la distance existant entre cette Bourse et celle où il se présente.

Art. 9. — A son arrivée dans une ville, le voyageur devra se présenter immédiatement à la Bourse du Travail s'il en existe une, pour recevoir du secrétaire général tous les renseignements utiles, celui-ci devra lui faire connaître les maisons de sa profession pour l'aider à chercher du travail. Chaque Bourse déterminera elle-même les moyens propres à s'assurer si l'ouvrier a bien visité les ateliers de sa corporation.

Si le fédéré n'a pu visiter tous les ateliers le même jour, il recevra, si la caisse le permet, un supplément de secours en nature pour le lendemain.

Le visa de départ sera apposé sur le livret du fédéré par le secrétaire général de la Bourse du Travail ou suivant les dispositions que les Syndicats de la ville auront prises.

Le fédéré qui aura trouvé du travail dans une ville possédant un Syndicat de sa profession ne pourra commencer le travail sans s'être assuré auprès du Secrétaire de la Bourse que la maison où il doit entrer est en règle avec les conditions de la Chambre syndicale.

Faute de ce faire, et au cas où la maison serait en interdit, le fédéré perdrait tout droit au viaticum et il serait immédiatement signalé au Comité fédéral.

Art. 10. — Si le fédéré qui a trouvé du travail est occupé moins de huit jours consécutifs, il conserve son droit au viaticum sans formalités d'aucune sorte; dans le cas contraire, il doit faire constater de nouveau sur son livret la raison pour laquelle il a cessé le travail.

Art. 11. — Chaque Bourse du Travail dressera un indicateur des distances existant entre elle et les Bourses du Travail les plus voisines dans toutes les directions. Le Comité fédéral dressera une carte d'ensemble indiquant les distances entre toutes les Bourses.

ART. 12. — Le fédéré ne pourra recevoir plus de 150 francs de viaticum en trois ans. Passé cette somme, il devra s'écouler dix-huit mois avant qu'il ait droit au secours de route. Mais si le fédéré continue à remplir ses devoirs de syndiqué, les Bourses du Travail devront faire tout leur possible pour lui venir en aide suivant leurs moyens et suivant sa situation. Ces secours ne figureront pas sur le livret.

ART. 13. — La Bourse qui aura parfait les 150 **fr.** prévus à l'article précédent devra en aviser immédiatement le Comité fédéral.

ART. 14. — Tous les trois mois, chaque Bourse enverra au Comité fédéral la liste des fédérés ayant reçu le viaticum, le total en toute lettres des sommes versées, et le total des fonds de viaticum restant en caisse.

A l'aide de ces feuilles, le Comité fédéral fera la balance des charges respectives des Bourses et publiera le montant des sommes dues de Bourse à Bourse pour compensation de créances.

ART. 15. — Chaque Bourse devra envoyer une fois par semaine, et suivant une formule qui sera établie par le Comité fédéral, un état du travail dans chaque Syndicat. L'ensemble de ces états, communiqué 48 heures après à toutes les Bourses, permettra de diriger les voyageurs vers les endroits indiqués comme disposant de travail et de les écarter de ceux où il aurait chômage.

ART. 16. — Tout fédéré convaincu d'avoir reçu indûment le viaticum cessera d'y avoir droit pendant une durée déterminée par la Bourse qui aura constaté l'abus.

Si le fédéré emploie pour l'obtenir des moyens

frauduleux, il sera exclu des organisations syndicales.

Ces mesures seront immédiatement notifiées au Comité fédéral.

ART. 17. — Les Bourses du Travail d'Algérie, étant donnée leur situation particulière, seront laissées en dehors de l'organisation fédérative du viaticum; elles auront à s'entendre pour former entre elles une institution similaire.

Statuts de l'Office national ouvrier de statistique et de placement

ARTICLE PREMIER. — Il est constitué, sous la surveillance du Comité fédéral des Bourses du Travail, un bureau distinct de celui de la Fédération et exclusivement chargé de dresser chaque semaine la statistique des emplois vacants dans le ressort des Bourses du Travail.

(Par emplois vacants il faut entendre ceux qui n'ont pu, pour un motif quelconque, être occupés par aucun des ouvriers en chômage de la localité ou pour l'occupation desquels il n'y a dans la localité aucun ouvrier disponible.)

ART. 2. — Le bureau sera composé : 1° d'un employé occupé tous les jours, sauf les dimanches et jours fériés, pendant huit heures; 2° et en cas de besoin, d'un auxiliaire occupé deux jours par semaine.

ART. 3. — Les fonctions de l'employé principal consisteront :

1° A dresser, le vendredi de chaque semaine et à l'aide de renseignements fournis par chaque Bourse, le tableau général des emplois vacants dans toutes les Bourses;

2° A surveiller l'impression et la correction de ce tableau et à en expédier le samedi un exemplaire à chaque Bourse;

3° A expédier toute la correspondance déterminée par le service;

4° A fournir sur l'état du chômage en France tous les renseignemnts qui lui seront demandés par les ouvriers de passage à Paris.

ART. 4. — Les fonctions de l'employé auxiliaire consisteront principalement à aider l'employé titulaire dans l'exécution des deux premiers paragraphes de l'article précédent.

ART. 5. — L'établissement du tableau général, son impression et son expédition devront être effectués dans le délai maximum de quarante-huit heures.

Il ne sera donné satisfaction à aucune demande d'ouvriers faite directement par les patrons, avant d'en avoir référé aux Bourses du Travail ou aux Syndicats locaux.

ART. 6. — L'employé principal aura droit à un traitement annuel de 3.600 francs; l'auxiliaire, à une indemnité annuelle de 800 francs.

ART. 7. — Si, en dehors de ses quarante-huit heures de travail par semaine, l'employé auxiliaire est obligé de suppléer l'employé principal, par suite de congé ou de maladie de celui-ci, il sera indemnisé par l'employé principal à raison de 10 francs par journée.

ART. 8. — L'employé principal sera nommé par le Comité fédéral des Bourses du Travail, sauf opposition du ministère du Commerce.

ART. 9. — Pour assurer la confection du tableau d'ensemble, chaque Bourse devra remplir chaque semaine une feuille indiquant le nombre des emplois vacants connus dans chacune des professions fédérées en y ajoutant, autant que possible, le taux du salaire.

ART. 10. — Cette feuille, établie le mercredi, devra être expédiée le même jour et parvenue à Paris dans la journée du jeudi.

ART. 11. — Le service du tableau général sera assuré gratuitement aux Bourses du Travail et aux Unions locales, départementales ou régionales de Syndicats.

Les Syndicats ouvriers isolés pourront en recevoir chaque semaine un exemplaire moyennant un abonnement annuel de 3 francs.

ART. 12. — Budget provisoire de service.

ART. 13. — Il sera adressé chaque année au ministère du Commerce, ainsi qu'aux Conseils municipaux de Paris et des villes où il existe une Bourse du Travail, un rapport contenant pour l'exercice écoulé le nombre des emplois disponibles et des placements opérés dans chaque profession, ainsi que le budget du bureau de statistique et généralement toutes les indications de nature à faire connaître le mouvement du travail en France.

En outre, il sera adressé chaque semaine à la Direction du Travail, au ministère du Commerce, un exemplaire du tableau général.

ART. 14. — Le siège du bureau de statistique est établi à la Bourse centrale du Travail de Paris (bureau 6, 2ᵉ étage).

Statuts-type des Syndicats des travailleurs de la terre et des industries annexes

PRÉAMBULE

Le revenu de la terre diminue constamment. D'où cela vient-il? De ce que les maîtres du marché agricole, qui sont d'ordinaire des spéculateurs étrangers à la culture, étant obligés par la concurrence de vendre les produits de moins en moins cher, en donnent, bien que l'augmentation des quantités vendues compense la dépréciation particulière de chaque produit, un prix de plus en plus restreint au producteur.

Le taux moyen du revenu par hectare diminuant ainsi d'année en année, la situation financière des cultivateurs ne pourrait se maintenir que par une extension constamment proportionnelle de leurs propriétés. Mais cette extension n'est permise qu'aux cultivateurs pourvus de capitaux, car d'une part la disproportion croissante entre le prix du fermage et le revenu de la terre, l'accroissement des impôts de toute nature, la difficulté de vendre ses produits à prix rémunérateur, si, en cas de surabondance sur le marché, on ne peut attendre le désencombrement, tout cela, diminuant la puissance d'achat du petit cultivateur, le rend incapable d'étendre ses exploitations dans une mesure correspondant à la diminution du revenu par hectare; pour pourvoir d'autre part aux exigences d'une culture plus vaste, il lui faudrait se procurer des engrais coûteux, faire les avances d'une main-d'œuvre plus considérable, acheter des instruments mécaniques d'un prix élevé, bref, posséder un capital qui lui manque ou le louer fort cher, sans être certain de pouvoir l'amortir; il faudrait enfin qu'il pût soustraire aux intermédiaires la vente de ses produits et, à cet effet, emmagasiner ses récoltes en attendant la découverte de débouchés nouveaux, que rend nécessaires l'encombrement actuel du marché.

La crise économique a donc pour effet de rendre le développement des exploitations obligatoirement proportionnel à l'avilissement du prix des denrées, et par suite, de vouer à la ruine les agriculteurs à qui ce développement est impossible faute de capitaux et de restreindre le nombre des petits domaines en en expropriant les possesseurs, de telle sorte qu'on pourrait presque déterminer l'époque où le sol ne sera plus divisé qu'en un certain nombre de vastes domaines, seuls capables, grâce à une culture mécanique perfectionnée, de rivaliser avec les terres neuves de la Russie, de l'Amérique, de l'Australie et des Indes.

Les cultivateurs pourront-ils conjurer leur perte? Nous ne le croyons pas. La fièvre capitaliste s'est si profondément infiltrée dans le corps social, l'appétit de plus en plus immodéré de la fortune (alors que la concurrence réduit de plus en plus le prix des choses) est devenu si général, que les gros capitaux dirigent le monde et qu'aucun gouvernement (le voulût-il) ne pourrait lés empêcher d'absorber tout ce qui est matière à négoce. La disparition de la petite propriété est donc fatale et l'évolution économique nous conduit sans retour possible à une révolte des millions de dépossédés contre les quelques centaines de possesseurs.

En attendant, que faut-il faire? Tirer du mode de production capitaliste la preuve qu'il nous fournit de la puissance de l'association, des avantages que comportent le travail en commun et la concentration de toutes les forces (physiques et intellectuelles), non plus sur les entreprises modestes, mais sur de grandes exploitations.

Assurément ce n'est point une solution, car le jour où les laiteries, les fromageries, les sucreries coopératives menaceront de diminuer le revenu des riches propriétaires fonciers, ceux-ci se coaliseront contre elles, comme il arrive en Belgique et en Allemagne; et si la guerre n'est menée qu'à coups d'argent, les entreprises les moins pourvues de capitaux seront détruites. Mais à ce mode de travail, les cultivateurs auront appris les bienfaits du travail associé, perdu l'amour aveugle et désormais sans objet de la petite propriété, seront, par conséquent, préparés, non seulement à prendre part à la transformation sociale, mais encore à consommer le sacrifice de la propriété parcellaire, pour rendre à jamais impossible une nouvelle spoliation.

STATUTS

1° Il est formé entre : 1° les ouvriers, journaliers, domestiques de ferme et ouvriers des industries annexes à l'agriculture; 2° les colons, fermiers et métayers cultivant par eux-mêmes; 3° *à titre exceptionnel*, les propriétaires de fonds ruraux ne dépassant pas 10 hectares en cultures diverses et 1 hectare en vignes à complant, qui adhéreront aux présents statuts, une union qui aura pour titre : *Syndicat des travailleurs de la terre et des industries annexes du canton de...;*

2° La durée de cette union et le nombre de ses membres sont illimités;

3° Tout travailleur d'une des catégories énumérées dans l'art. 1 peut faire partie de l'union, quels que soient son sexe et sa nationalité;

4° L'union a pour but de sauvegarder les intérêts matériels et moraux de ses membres;

5° § 1. Elle se préoccupera d'abord des conditions du travail, s'efforcera non seulement de maintenir, mais d'élever par tous les moyens possibles le taux des salaires; interviendra dans les discussions et les conflits qui naîtront entre les patrons et les ouvriers, se mettra en rapports avec les propriétaires et tâchera d'obtenir d'eux les conditions les meilleures, s'efforcera de procurer des emplois à ses membres de façon à amener progressivement la diminution, puis la disparition des *louées* publiques.

§ 2. Pour éviter à ses membres des frais de justice, elle établira des comités d'arbitrage chargés de régler à l'amiable les conflits entre ouvriers et patrons qu'elle n'aurait pu résoudre elle-même.

§ 3. En ce qui concerne les conditions du métayage et du fermage, elle recueillera toutes les données possibles sur le prix des terres dans la contrée, le montant de leur affermage, le rapport entre ce montant et le revenu brut et net des terres, puis elle établira des modèles de baux, et, en général, fournira aux colons, métayers et fermiers tous les renseignements statistiques et judiciaires de nature à leur permettre de discuter leurs intérêts avec les propriétaires sur le pied de l'égalité.

§ 4. Elle exigera, des propriétaires admis par le § 3 de l'art. 1, qu'ils n'emploient, le cas échéant, d'autres ouvriers, journaliers et domestiques, que ceux ayant adhéré à ses statuts, et elle établira avec eux le taux des salaires à payer.

§ 5. Elle organisera ou encouragera les entreprises de travail en commun : transport aux marchés voisins du plus grand nombre de produits avec le moins d'animaux, de voitures et de personnnel possible; pacage collectif dans les landes et les prés communaux; création de coopératives pour la fabrication du beurre, du fromage, etc.; organisation d'équipes de batteurs; en un mot, elle suscitera toutes les entreprises collectives possibles et propres à diminuer les frais de revient d'outillage, de transport et de locaux.

§ 6. Elle favorisera l'entente entre ses membres pour l'achat collectif des outils, semences et engrais; elle recherchera les acquéreurs de produits agricoles et s'efforcera de les mettre en rapports avec ses adhérents.

§ 7. Elle soutiendra, en matière de salaires, de blessures entraînant une incapacité de travail, de dol, etc., les intérêts de ses membres devant les tribunaux et se chargera de faire exécuter les jugements; elle consentira les avances d'argent à ceux de ses membres qui ne pourraient attendre l'exécution du jugement rendu en leur faveur.

§ 8. Elle fera tous les efforts nécessaires, non seulement pour éviter qu'on aliène, mais encore pour obtenir qu'on augmente les biens communaux;

6° § 1. Pour aider au développement moral de ses membres, l'union créera une bibliothèque. Elle organisera en outre des conférences périodiques ayant pour but : 1° d'exposer les avantages du syndicat au point de vue de l'amélioration immédiate du sort des travailleurs; 2° d'indiquer pourquoi cette amélioration ne peut être que temporaire et est subordonnée à l'aggravation du sort d'autres groupes d'individus, la fin nécessaire de toute association de producteurs étant ainsi la suppression de la propriété individuelle; 3° d'exposer le fonctionnement économique de la société et de montrer qu'en même temps que les méthodes de production nouvelles augmentent de plus en plus la richesse générale, le nombre de ceux qui possèdent moins que le nécessaire devient de plus en plus considérable; 4° de montrer les avantages de l'association et du travail en commun à l'aide d'instruments mécaniques, tant en ce qui concerne l'augmentation de la production qu'en ce qui concerne l'économie des frais;

7° L'union viendra pécuniairement en aide, selon ses ressources, à tous les travailleurs agricoles syndiqués en chômage;

8° Pour faire partie de l'union, il faut verser un droit d'entrée de....., cette cotisation étant payable dans le courant de l'annnée, aux époques fixées par l'adhérent.

Sont dispensés de la cotisation les membres malades, en chômage ou accomplissant une période d'instruction militaire. Cette exception ne concerne pas les adhérents des deux dernières catégories; .

9° L'Union est administrée par un sociétaire et un trésorier élus en assemblée générale, toujours révocables et rééligibles, et par une commission de contrôle permanente composée, tous les trimestres, de trois membres de l'Union pris dans l'ordre alphabétique;

10° L'Union se réunit tous les trois mois en assemblée générale;

11° Le bureau se réunit ordinairement tous les huit jours, et extraordinairement sur la demande de deux de ses membres. Il a pour mission de veiller aux intérêts de la Société, d'appeler son attention sur tout ce qui se rattache à l'objet de l'Union, ainsi que sur tout ce qui pourrait produire l'amélioration matérielle et morale des sociétaires, sans nuire à l'exercice de leur liberté.

Il organise les conférences et recueille tous les documents énumérés au § 3 de l'article 5;

12° Le secrétaire rédige les procès-verbaux et la correspondance et noue des relations avec les autres syndicats similaires de la France et de l'étranger, la fédération départementale des syndicats de travailleurs de terre de la région et la Bourse du Travail voisine;

13° Le trésorier recouvre toutes les sommes dues à l'Union, solde les dépenses visées par le secrétaire, dresse chaque trimestre un état financier destiné à être examiné par la commission de contrôle et discuté par l'assemblée générale. Il doit déposer dans une caisse publique toute somme excédant le montant normal des dépenses du trimestre;

14° L'Union adhère à la Bourse du Travail voisine;

15° Elle ne traite que de questions économiques et n'adhère à aucun parti politique.

Méthode pour la création des Maisons de marins
et des Syndicats de pêcheurs (1).

...Dès les premiers jours de janvier, nous pressentîmes quelques-unes des Bourses du Travail des ports sur les moyens qui nous semblaient propres à l'organisation des marins, des pêcheurs et des ouvriers des docks. Au moment, disions-nous, où s'agite la population qui vit de la pêche (allusion aux grèves nombreuses et parfois violentes qui ont éclaté depuis deux ans sur le littoral de l'Océan et dont *l'Ouvrier des Deux-Mondes* s'est occupé l'année dernière, n° 6, pp. 88-91) et où dirigeants et capitalistes s'efforcent, les uns d'exploiter au profit de leurs intérêts économiques le mécontentement des pêcheurs contre les fabricants de conserves, les autres de servir leurs intérêts politiques en ouvrant aux marins, pendant leurs séjours à terre, des asiles où ils puissent les soustraire à la prédication socialiste; il est urgent que les syndicats ouvriers mettent toute l'énergie et toute la force dont ils disposent au service des exploités de la mer. Et comme, ajoutions-nous, ces travailleurs sont d'humeur indépendante et vivent peu à terre, le seul moyen de les attirer et de les obliger, en quelque sorte, à entendre notre enseignement, c'est de leur offrir ce que leur offrent les maisons-de-marins capitalistes : le placement rapide et avantageux et, dans l'intervalle de leurs campagnes, l'alimentation saine et économique d'une maison ouvrière. Entrés ainsi

(1) Extrait du rapport sur les travaux du Comité fédéral pendant l'exercice 1897-1898, présenté au VIIe Congrès national des Bourses du Travail (Rennes, 21-24 septembre 1898). — *L'Ouvrier des Deux-Mondes*, n° 18, août 1898.

dans l'organisation corporative, rien ne sera plus facile que de les y retenir en leur ouvrant nos livres et nos journaux et en leur exposant les principes d'association économique et de liberté individuelle qui sont toute la doctrine socialiste.

Pour faciliter la réalisation de ce programme, nous esquissons (laissant aux camarades de chaque port le soin de la perfectionner ou même de la modifier) la méthode de propagande à notre sens la plus pratique. Parmi les maisons-de-marins qu'ont fondées de concert armateurs, conseils généraux et municipaux et chambres de commerce, aidés du ministère de la Marine, quelques-unes, il est vrai, disposent d'un budget considérable, et, bien que les Bourses du Travail nous paraissent posséder des moyens exceptionnels qui leur permettent de faire concurrence aux capitaux bourgeois, peut-être n'aurions-nous pas osé proposer aux Bourses de rivaliser avec nos adversaires, si toutes les maisons-de-marins s'étaient constituées avec les ressources qu'ont eues, par exemple, celles de Bordeaux et de Marseille. Mais, outre que les hôtels-de-marins pourvus de grosses dotations n'ont sur les autres que la supériorité d'une installation plus luxueuse (les services étant les mêmes et les marins n'y fréquentant pas plus que dans les hôtels de second ordre), la modicité du budget d'hôtels comme celui de Nantes nous avait frappés. Si, pensions-nous, avec quelques milliers de francs seulement par an (beaucoup moins que ne dépensent bien des Bourses du Travail), sans aucune des ressources que possèdent les organisations ouvrières, sans les affinités latentes qui existent entre hommes de même condition et également exploités, sans l'habileté d'organisation et de propagande qu'une longue expérience a donnée aux syndicats, et surtout malgré la naturelle répugnance que doivent éprouver les marins à se soumettre involontairement pendant leur sé-

jour à terre au joug patronal subi par force pendant
leurs campagnes, si, malgré tous ces obstacles, quelques milliers de francs ont suffi aux conservateurs
pour créer au moins un embryon de Fédération
parmi les travailleurs de la mer, à quels résultats
nos associations ouvrières, mues par l'idéal socialiste, ne pourront-elles pas prétendre? L'utilisation
de leurs ressources matérielles et morales, limitées
financièrement, mais pour ainsi dire infinies et extrêmement variées par ailleurs, jointe à une savante
division du travail, leur facilitera le succès. Aux
Bourses du Travail, le groupement des marins et
des pêcheurs, leur placement, leur éducation économique, la coordination des tentatives faites par eux
depuis quelques années pour la défense de leurs intérêts; aux sociétés coopératives, l'administration
des hôtels-de-marins et la constitution d'associations pour la vente directe aux consommateurs des
produits de la pêche, presque intégralement absor-
bés aujourd'hui par les fabricants de conserves.

En ce qui concerne les pêcheurs, du reste (et l'ouverture de parenthèse n'est pas inutile, car les Bourses du Travail doivent connaître les tentatives oc-
cultes faites contre leur œuvre par la classe bourgeoise), un événement récent nous a prouvé que
notre projet était de réalisation relativement facile
et de nature à séduire tous ceux qui *s'intéressent*
aux travailleurs encore étrangers au socialisme :
les uns pour les mettre en garde contre le socialisme, les autres pour le leur enseigner. En rendant
compte (n° 10, p. 152) des Congrès de Toulouse,
l'Ouvrier des Deux-Mondes annonça la constitution,
sous le titre: *les Pêcheurs français* et l'étiquette
coopérative d'une société ayant pour but de « créer
dans chaque centre de pêche un magasin qui distribuerait aux pêcheurs à des prix de gros les aliments et les objets nécessaires à leur industrie; de
vendre en commun le produit de la pêche, sans in-

termédiaire ni criée locale, etc. » Cete société était, en réalité, l'œuvre d'un seul, et un seul parvint non seulement à poser les fondements d'une Fédération gigantesque comprenant tous les pêcheurs du littoral, mais encore à augmenter de 60 0/0, par la vente directe des produits de la pêche à Paris, le bénéfice des pêcheurs. Depuis, et *pour des motifs où les intérêts de la politique conservatrice ont une part prépondérante*, l'initiateur de la Société *les Pêcheurs français* vient d'être supplanté par *le Musée social*, et une Société (celle-ci composée de *conseillers supérieurs* de la marine marchande, de *commissaires généraux* de la marine) est en voie de formation pour travailler sur nouveaux frais à l'exploitation de l'ignorance des pêcheurs.

Or, ce qu'un homme seul, privé de capitaux, doué seulement de son activité, a pu tenter avec succès, la Bourse des sociétés ouvrières de consommation de Paris, les Sociétés coopératives et les Bourses du Travail des ports ne pouvaient-elles pas l'accomplir? Pour le groupement et la coopération des pêcheurs, frais de propagande et d'administration presque nuls. Tandis qu'une personnalité devait pourvoir pendant la période d'organisation aux dépenses nécessitées par ses séjours dans les différents ports de pêche, les Bourses du Travail et les Sociétés coopératives, constituées sur place ou à proximité, pouvaient associer les pêcheurs, leur prodiguer aide et conseils, les mettre en garde contre les manœuvres des fabricants de conserves, en utilisant leur administration propre; d'autre part, la Fédération des Sociétés coopératives socialistes de Paris pouvait constituer l'administration chargée à la fois des relations avec les ports et avec les consommateurs parisiens. Quant aux hôtels-de-marins, leur établissement était plus facile encore, puisque (la consommation des marins pourvoyant aux dépenses d'alimentation) l'unique dépense qui incomberait aux Bourses du Travail et aux Sociétés coopératives serait la location de modestes immeubles contenant une salle de restaurant et une salle mixte : à la fois bureau de placement, bibliothèque, centre de conférences.

Nous exposâmes donc aux Bourses du Travail la partie de ce projet la plus immédiatement réalisable, celle, au reste, en qui se trouve contenu le projet tout entier, à savoir : l'ouverture des hôtels-de-marins et la création parmi les pêcheurs de syndicats, qu'il serait ensuite facile de fédérer et d'amener à une entente avec les sociétés coopératives *ouvrières* de Paris. Ce projet, qui, pour le dire en passant, intéresse plus de cent mille travailleurs, et a été en partie préconisé par les Congrès nationaux maritimes, notamment par celui tenu à Bordeaux en 1892, fut favorablement accueilli. De Nantes, de Saint-Nazaire et du Havre, des encouragements nous sont venus; néanmoins, l'effort nécessaire a paru trop grand, étant donné les insuccès antérieurs. Des tentatives, nous déclare-t-on, ont été faites pour grouper les marins; malheureusement, cette catégorie de travailleurs est si préoccupée, dans l'intervalle des campagnes, de dépenser les réserves de forces accumulées pendant les campagnes mêmes, qu'elle est, pour ainsi dire, insaisissable et que, jusqu'ici du moins, il n'a pas été possible de la faire participer à l'action ouvrière socialiste. Les maisons-de-marins conservatrices avouent elles-mêmes, dans des rapports récents, n'avoir « pas recruté parmi les marins toute la clientèle sur laquelle elles comptaient ». D'autre part, on nous objecte que les sociétés coopératives ont assez à lutter contre les coalitions commerciales pour ne pouvoir actuellement disperser leurs efforts en essais nouveaux.

Assurément nul n'espérait que la campagne de propagande ouverte par le sixième Congrès des

Bourses du Travail pût produire des résultats immédiats; peut-être y faudra-t-il des années, et l'assurance donnée par nos camarades des villes maritimes qu'ils entendent ne point négliger les travailleurs de la mer, nous permet d'augurer favorablement de l'avenir; cependant, les objections exigent dès maintenant les réponses suggérées par une étude plus approfondie de la campagne commencée.

Tout d'abord, le groupement des marins ne sera difficile, croyons-nous, que si, au lieu de les conquérir à l'idée de ce groupement par la perspective d'avantages comprenant à la fois l'affranchissement de l'exploitation des placeurs et surtout le respect de leur indépendance, on ne leur présente que des avantages moraux dont l'utilité leur échappe. Leur recommander l'association pour l'association, la constitution de syndicats pour l'attrait exclusif de l'enseignement social qu'ils y recevront, c'est intervertir l'ordre logique des choses, puisque leur indifférence pour le syndicat vient précisément de leur ignorance en matière de socialisme. Bien plus facile, à notre sens, serait leur recrutement et, par suite, la tâche de les enseigner, si on leur offrait, avec la certitude d'un embarquement net de toutes les charges imposées aujourd'hui par les marchands d'hommes, une hospitalité fraternelle qui laisserait intact leur appétit de liberté. En tout cas, le problème consiste, étant donné l'indifférence et l'insaisissabilité des marins, à trouver les moyens les plus pratiques de les faire entrer dans le mouvement syndical, c'est-à-dire là seulement où ils seront, en quelque sorte, obligés de connaître le socialisme.

En second lieu, pour réaliser ce but, il est évident que si les Bourses du Travail et les Sociétés coopératives, unies, peuvent tout, isolées, elles seront impuissantes. Les *sailors' home*, par exemple, ont un double caractère : syndical et corporatif, qui ne peut pas, qui ne doit pas être méconnu ou négligé.

Les Bourses du Travail n'ont pas plus les facultés administratives des sociétés coopératives que celles-ci n'ont les facultés d'organisation et de propagande des Bourses; ces deux formes d'association ouvrière doivent concourir également à l'œuvre mixte qui concerne les travailleurs de la mer et y concourir par une entente, non par une fusion.

Ces observations émises, il importe de considérer les conséquences capitales d'une propagande telle que nous venons de l'exposer parmi les marins et les pêcheurs. Elle ferait pénétrer le socialisme doctrinaire dans des cerveaux qui lui ont été jusqu'ici fermés; elle adjoindrait aux forces révolutionnaires des hommes dont la sincérité et l'énergie sont considérables; enfin, l'union créée par elle entre les asociations ouvrières de tout genre donnerait à l'ensemble de ces associations une cohésion telle qu'elles pourraient désormais entreprendre avec les plus grandes chances de succès tout ce qui est de nature à hâter la transformation sociale et n'auraient, pour ainsi dire, plus rien à craindre de l'arbitraire capitaliste et gouvernemental, maître aujourd'hui du sort de nos institutions divisées.

Statuts de la Fédération des Bourses du Travail de France et des Colonies

ARTICLE PREMIER. — Une Fédération est formée entre toutes les Bourses du Travail de France et des Colonies. Elle prend le titre de : *Fédération des Bourses du Travail de France et des Colonies.*

Elle a pour but :

1° D'unifier et de faire aboutir les revendications des Syndicats ouvriers;

2° D'étudier et de propager l'action des Bourses du Travail dans les centres industriels et agricoles;

3° De réunir tous les éléments statistiques et de les communiquer aux Bourses adhérentes, et en même temps de généraliser le placement gratuit des travailleurs des deux sexes et de tous les corps d'état.

ART. 2. — Pour l'exécution des décisions de la *Fédération des Bourses du Travail de France et des Colonies,* immédiatement après la réunion du Congrès annuel, les Bourses du Travail fédérées nommeront chacune un délégué afin de constituer le *Conseil fédéral,* qui siégera dans la ville désignée par le Congrès. Ces délégués devront faire partie d'un Syndicat ahérent à une Bourse du Travail.

Le Comité fédéral nomme son bureau ainsi composé: un secrétaire (permanent si besoin est et si la caisse le permet); un secrétaire-adjoint, un trésorier, un trésorier-adjoint. Le secrétaire ou le trésorier représentent la Fédération pour signer ou recevoir toutes pièces ou valeurs adressées au nom de la Fédération.

ART. 3. — Une Commission de trois membres pris dans le Comité fédéral est nommée pour vérifier la gestion financière de la Fédération et présenter un rapport au Congrès.

ART. 4. — Au cas où les pouvoirs publics entraveraient l'action du *Comité fédéral*, celui-ci serait remplacé d'office par la Commission exécutive de la Bourse du Travail où aurait eu lieu le dernier Congrès de la Fédération.

Cette Commission ferait convoquer immédiatement les Bourses fédérées en un Congrès extraordinaire dans la ville précédemment désignée.

ART. 5. — Il est créé, au sein de la Fédération des Bourses, une *Commission d'initiative et de propagande* chargée d'envoyer des conférenciers dans les centres ne possédant pas de Bourse, afin d'étendre le plus possible ces institutions. Le *Comité fédéral* est autorisé à charger les Bourses du Travail elles-mêmes de faire cette propagande dans leur région.

ART. 6. — Les frais créés par le Comité fédéral sont à la charge des Bourses du Travail fédérées.

ART. 7. — Les statuts de la Fédération ne sont revisables que par un Congrès. L'ordre du jour du Congrès de la Fédération devra être publié et envoyé aux Bourses deux mois au moins avant le Congrès.

ART. 8. — Les délibérations officielles du Comité fédéral seront insérées dans les Bulletins des Bourses du Travail.

ART. 9. — La présence de la moitié plus un des représentants des Bourses du Travail fédérées sera nécessaire pour assurer la validité des délibérations du Comité fédéral.

Le Comité fédéral devra avertir les Bourses du Travail fédérées lorsque leur membre aura manqué trois fois de suite à ses séances.

Les Bourses du Travail devront statuer dans le délai d'un mois.

Art. 10. — Sont admises au Congrès toutes les
Bourses du Travail, mais l'adhésion au Congrès implique l'adhésion à la Fédération.

Les Bourses qui n'auront pas justifié d'un trimestre de présence et de cotisation à la Fédération
n'auront que voix consultative.

Nul délégué ne pourra avoir plus de 4 mandats.

Art. 11. — Les Bourses du Travail adhérentes à
la Fédération doivent refuser tout concours pécuniaire aux Bourses du Travail non fédérées, ainsi
qu'aux Syndicats qui ne sont adhérents ni à l'Union
nationale de leur profession, ni à l'Union locale des
Syndicats.

Art. 12. — Les ressources de la *Fédération des
Bourses du Travail de France et des Colonies* se
composent des cotisations des Bourses du Travail
fédérées. Elles sont ainsi fixées :

Bourses ayant de 1 à 5 Syndicats, 1 fr. 75 par
mois;

Bourses ayant plus de 5 Syndicats, 0 fr. 35 par
Syndicat et par mois.

Art. 13. — Les Bourses du Travail fédérées devront acquitter leurs mensualités au moins tous les
trimestres.

Celles dont les municipalités ou l'Etat auront supprimé les subventions devront inviter les organisations syndicales les composant à pourvoir au paiement des cotisations à la Fédération. Ces cotisations
seront centralisées par elles, pour être versées par
trimestre au moins.

Art. 14. — Toute Bourse fédérée, en retard du
paiement de ses cotisations, sera considérée comme
démissionnaire, après un avis de payer resté sans
réponse, dans un délai de trois mois.

Toutefois, elle ne pourra être rayée que par décision du Congrès des Bourses.

Dans le cas de force majeure, et sur demande, un

laps de temps lui sera accordé pour se liquider. En aucun cas, ce délai ne pourra excéder une année.

Art. 15. — Toute Bourse du Travail radiée ou démissionnaire, pour être admise de nouveau à la Fédération, devra acquitter ses cotisations à partir du jour où les paiements ont été suspendus jusqu'au jour de la demande de réadmission.

Le *Comité fédéral* appréciera les raisons qui empêchent une Bourse de payer ses cotisations. Le Congrès décidera.

Art. 16. — Un règlement intérieur sera élaboré par le *Comité fédéral*.

TABLEAU
des Bourses existant au 30 juin 1901

BOURSES FÉDÉRÉES	Syndicats payants	BOURSES FÉDÉRÉES	Syndicats payants
1 Aix-en-Provence	8	*Report.*	497
2 Alais.	»	45 Niort.	»
3 Albi	7	46 Nimes	10
4 Alger.	15	47 Orléans.	12
5 Amiens	7	48 Paris.	75
6 Angers.	23	49 Perpignan	10
7 Angoulême.	18	50 Rennes.	17
8 Arles.	7	51 Roanne.	10
9 Belfort.	14	52 Rouen	18
10 Besançon.	15	53 St-Etienne	25
11 Béziers.	18	54 St-Nazaire	15
12 Blois	5	55 Saumur	10
13 Bordeaux.	61	56 Toulon.	»
14 Boulogne-s/Mer. . . .	9	57 Toulouse.	28
15 Boulogne-s/Seine. . .	»	58 Tourcoing	5
16 Bourges	14	59 Tours	21
17 Brest.	»	60 Tulle.	10
18 Calais	6	61 Vallée de l'Hers . . .	»
19 Carcassonne	5	62 Valence	exonéré
20 Châlon-s/Saône. . . .	exonéré	63 Versailles	5
21 Châteauroux	8	64 Vienne.	9
22 Cholet	5	65 Villeneuve-sur-Lot . .	5
23 Clermont-Ferrand . .	5		
24 Cognac.	11	Totaux.	782
25 Commentry.	5		
26 Constantine	8		
27 Creil	15		
28 Dijon.	20		
29 Elbeuf	»		
30 Fougères.	11		
31 Laval.	5		
32 Le Havre.	10		
33 Le Mans	13		
34 Levallois-Perret . . .	»		
35 Limoges	»		
36 Lons-le-Saulnier . . .	5		
37 Lyon.	43		
38 Mâcon	5		
39 Montpellier.	20		
40 Mustapha.	6		
41 Nantes.	28		
42 Narbonne.	14		
43 Nevers.	10		
44 Nice	18		
A reporter.	497		

BOURSES EN VOIE D'ADHÉRER

66 Agen.
67 Bagnères-de-Bigorre.
68 La Rochelle.
69 Marseille.
70 Moulins.
71 Oran.
72 Périgueux.
73 Rochefort.
74 Saint-Quentin.

BOURSES RÉADHÉRENTES

Calais.
Cognac.
Valence.
Toulon.

DOCUMENTS ANNEXES

Les Bourses du Travail et les lois ouvrières

*Projet de loi portant modification à la loi du 21 mars 1884
sur les Syndicats professionnels*

Le projet donna lieu au débat suivant, dans la séance du Comité fédéral du 9 mars 1900 :

Montpellier s'oppose à ce que les syndicats soient autorisés à faire des actes de commerce, car ce serait incompatible avec le caractère de sociétés de résistance qui est le caractère naturel de ces associations. Il est également contre les art. 10 et 11 du projet et demande l'abrogation de l'art. 1382 du Code civil.

Toulouse ne croit pas qu'il y ait lieu de discuter même ce projet. Nous réclamons depuis des années le droit intégral de réunion et d'association ; persistons simplement dans cette attitude et ne perdons pas notre temps à examiner un projet qui diminue nos libertés.

Le Havre rappelle combien à l'origine parut dangereuse la loi du 21 mars 1884, au point que de tous les côtés on refusait de s'y soumettre. Puis, le temps faisant son œuvre, on céda, on accepta le nouveau régime légal, et au lieu d'y trouver les inconvénients qu'on avait redoutés, on trouva, au contraire, certaines garanties. Aujourd'hui, nous sommes en présence d'un nouveau projet, plus dangereux assurément que ne le fut la loi de 1884, car il a pour but de soustraire les syndicats à la propagande socialiste ; mais ne pouvons-nous pas en tirer des avantages ? Actuellement, les travailleurs qui ne sont pas socialistes entrent dans les sociétés de secours mutuels et dans les coopératives, où ils échappent à notre action. Or, on nous offre le moyen de les attirer dans les syndicats pour les mêmes raisons qui les ont attirés dans les sociétés coopératives ou de secours mutuels ; allons-nous donc laisser échapper cette occasion de les initier à nos principes ?

D'autre part, qu'ont fait les socialistes et les syncats pour conquérir les ouvriers des champs? Rien, ou à peu près, car le peu qu'on a fait l'a été dans un intérêt purement électoral. Or, si nous voulons créer des syndicats agricoles, nous devons accepter le projet de loi déposé.

Oui, le projet en lui-même est mauvais et inspiré par le désir d'étouffer la résistance syndicale; mais que nous le voulions ou non, il sera voté. Or, si nous savons nous en servir, il pourra, entre nos mains, s'améliorer, comme s'est améliorée par la force des choses la loi du 21 mars 1884.

Tours et *Rouen* sont contre le projet, car, disent-ils, les gouvernants ne pouvant pas raisonnablement avoir le désir de favoriser la classe ouvrière, qui est leur ennemie naturelle, le projet est un piège tendu aux syndicats militants.

Nevers (Pelloutier) fait remarquer tout d'abord qu'aucune loi nouvelle n'est nécessaire pour permettre la création de syndicats agricoles, attendu qu'il en existe un ou deux milliers vivant sous un régime légal; en outre, la Fédération des Bourses n'a-t-elle pas elle-même, il y a deux ans, dressé un plan de propagande agricole qui, appliqué (et il peut l'être dès aujourd'hui même légalement), réaliserait ce que se propose d'accorder le projet Waldeck-Rousseau? On objectera peut-être que les syndicats agricoles ne peuvent pas actuellement vendre à d'autres qu'à leurs adhérents ni posséder des biens meubles ou immeubles; mais combien y a-t-il de syndicats agricoles qui ne vendent qu'à leurs membres ? Est-ce qu'ils ignorent qu'avec un peu d'habileté et à condition de ne pas faire d'opérations malheureuses, ils échapperont toujours à la loi ? Et combien d'associations possèdent par personnes interposées, échappant ainsi à toutes poursuites civiles, alors que si, elles possédaient en nom propre et faisaient œuvre socialiste, elles seraient traquées et dépouillées par la magistrature de classe au profit du patronat ? A ce premier point de vue donc, la loi projetée est inutile. Mais, à d'autres points de vue, elle est excessivement dangereuse.

En autorisant les syndicats à faire des actes de commerce et d'industrie, elle a pour but (avoué ou non) de donner le pas sur les minorités militantes des syndicats à ces majorités d'hommes syndiqués uniquement par esprit de lucre. « Le prolétariat, dit le citoyen Jaurès, doit avoir confiance en lui-même. » Bon conseil, en vérité, quand, dans chaque syndicat, il y a un militant pour neuf égoïstes, quand on sait que les syndicats les plus riches sont ceux qui pratiquent le moins le devoir de solidarité. Combien de syndicats consentiront à faire grève ou à soutenir des grèves quand, ayant acquis des biens et engagé leurs capitaux dans des opérations commerciales, ils auront pris le goût de la propriété ?

Le projet accorde aux unions de syndicats le droit d'ester en justice. Voilà qui semble au moins compenser les inconvénients précédents. Hélas ! ce n'est encore qu'une illusion. L'impossibilité actuelle pour les unions d'ester en justice a pour contre-partie l'impossibilité où l'on est de les poursuivre civilement, et ce n'est pas un mince avantage, car une union de syndicats ou de métiers peut ainsi, sans aucun risque et à condition seulement de ne commettre aucun fait délictueux, c'est-à-dire entraînant poursuite correctionnelle, employer en cas de grève, et pour le compte d'un syndicat, des moyens de ré-

sistances qui vaudraient au syndicat des poursuites
en réparation du préjudice causé. Qu'au contraire
l'union acquière le droit d'ester en justice, et la
voilà du même coup exposée à toutes les conséquences de la « personnalité légale ». Aujourd'hui,
l'union, ne pouvant pas poursuivre, ne peut pas
être poursuivie, on en a eu un exemple récent par le
procès intenté à la Fédération des Mouleurs sur
métaux; avec la nouvelle loi, elle pourra poursuivre
(ce dont elle sent rarement le besoin), mais elle
pourra être poursuivie, et cela lui arrivera à chaque
grève, à moins que, ayant pris elle aussi le goût
de la propriété, elle n'hésite à risquer ses richesses.

Enfin, la réglementation du droit de mise en interdit est une diminution de la *liberté* qu'assure le
simple droit commun, car les rares patrons qui
viendraient à être poursuivis pour atteinte à la liberté du travail sauraient toujours attribuer à leurs
renvois d'ouvriers ou à leur refus d'embauchage
des « motifs légitimes », tandis que les syndicats ne
le pourraient pas et seraient frappés dans leurs
biens.

Nevers conclut qu'en combattant le projet il ne
repousse pas une extension de liberté (c'est un so-
phisme de le prétendre), car l'homme libre n'est
pas celui qui se préoccupe de savoir dans quelles
limites légales il faut agir, mais celui qui se met
hors les lois, si libérales qu'elles puissent être, en
attendant qu'il arrive à les détruire. Il dépose l'ordre du jour qui figure plus loin.

Lyon considère que, du moment où nous avons
pour objectif de nous emparer d'une façon quelconque de la propriété sociale et que nous voulons
faire l'économie de révolutions politiques stériles,
nous devons accepter le projet de loi, car il nous
permet de réaliser nos désirs. Ce n'est pas à dire
que ce projet soit bon, ni qu'on l'ait établi en vue
d'être agréable aux syndicats; nous devons même

l'amender, réclamer l'abrogation, sinon de l'art 1382 du Code civil (lequel a un caractère général), du moins des art. 414 et 415 du Code pénal, qui s'appliquent spécialement au droit de grève, demander aussi que toute décision prise par la majorité d'une corporation devienne obligatoire pour la corporation tout entière. Mais nous n'avons pas le droit de dire que la liberté commerciale sera mauvaise; c'est, en effet, raisonner par hypothèse, et avant de prononcer aussi catégoriquement, il conviendrait peut-être de laisser les ouvriers faire eux-mêmes l'expérience.

En 1884, le gouvernement était bien armé pour étouffer l'action révolutionnaire; il le tenta, mais ne réussit pas; il ne le pourra pas davantage aujourd'hui. Acceptons donc le projet de loi et sachons en tirer le meilleur parti.

Montpellier établit que le projet soulève des risques dangereux et n'offre aucun avantage compensateur. Le droit de mise en interdit n'est que la reconnaissance du droit légal de grève, et, en accordant aux unions le droit d'ester en justice, on se donne le moyen de les poursuivre, alors qu'il faut actuellement poursuivre les syndicats qui les composent. On objecte que le projet permettra, du moins, d'entreprendre la propagande syndicale agricole; mais d'abord il n'est pas besoin pour cela de loi projetée, puisqu'il existe déjà des syndicats agricoles; et, d'ailleurs, faut-il, dans l'espoir de constituer quelques syndicats agricoles, risquer de compromettre le mouvemement syndical industriel?

Toulouse dépose l'ordre du jour suivant :

Considérant que les travailleurs conscients ont de tout temps réclamé à la classe dirigeante la liberté absolue de réunion et d'association, les délégués du Comité fédéral persistent dans ce sens et rejettent la tutelle gouvernementale et bourgeoise présentée au prolétariat sous forme de loi sur les syndicats.

Le Havre, répondant aux délégués de Toulouse et de Tours, constate combien il est illogique de combattre les lois quand non seulement on concourt à élire des députés, mais qu'on fait soi-même à l'occasion acte de candidat. Le projet de loi n'oblige pas les syndicats à faire du commerce, il se contente de les y autoriser; seront donc libres de ne pas bénéficier de la loi les syndicats qui ne le voudront pas. La question, par conséquent, n'est pas de savoir si la loi est bonne ou mauvaise, mais si, votée malgré nous, nous ne devons pas chercher dès maintenant à l'utiliser et, grâce à elle, conquérir les paysans, sans qui la révolution sera toujours impossible.

Paris montre, par l'exemple de la coopérative projetée de Gueugnon, l'inanité des avantages qu'on prétend tirer du droit pour les syndicats de faire acte de commerce. Cette coopérative, que donnera-t-elle aux malheureux ouvriers? 1 franc, 1 fr. 50 peut-être par jour, et à condition encore que les entreprises capitalistes de la région ne se liguent pas contre elle. Le résultat vaudra-t-il les dépenses d'argent et de force qu'on aura faites pour créer la coopérative? Non, évidemment. Réclamons donc purement et simplement, avec l'abrogation de l'article 1382 du Code civil, la liberté complète de réunion et d'association.

Tours trouve trop vague la proposition de Toulouse et préfère celle de Nevers, qui vise au même but, mais a l'avantage de préciser notre pensée.

Rennes se déclare convaincu par les arguments qu'a présentés Nevers et souhaite que toutes les Bourses les connaissent avant de prendre une décision. Mais il constate que ces arguments mêmes exigent que nous combattions des entreprises semblables à celle de la coopérative de Gueugnon. Nous ne pouvons pas laisser épuiser le prolétariat sans, au moins, lui avoir montré l'inutilité et même le danger des sacrifices qu'il aura faits.

Nevers opine dans ce sens, car il est bien évident que, la concurrence économique s'opérant à coups d'argent, ni les syndicats commerciaux que médite le projet de loi, ni les coopératives de Gueugnon ou d'ailleurs ne peuvent vivre, car ils auront contre eux la coalition des grandes entreprises capitalistes.

Les favoriser, c'est donc gaspiller des ressources précieuses.

La discussion est close. Le *Havre* demande que les deux ordres du jour soient renvoyés aux Bourses. Mais le Comité fédéral repousse cette demande, en rappelant que le groupe socialiste parlementaire l'a prié de donner son avis indépendamment de l'avis des Bourses fédérées. On décide également de fondre les deux ordres du jour qui se complètent, et à l'unanimité, moins les abstentions de Nîmes (sans mandat) et du Havre, le Comité adopte l'ordre du jour unique suivant, qui devra être communiqué au groupe parlementaire socialiste, au Comité général du Parti, aux Bourses du Travail et à la Presse :

La Fédération des Bourses du Travail, après avoir examiné les modifications à la loi du 21 mars 1884 sur les syndicats professionnels proposées par le gouvernement, considérant :

1° Que celles d'entre elles qui ont pour objet d'autoriser les syndicats à faire de leurs ressources un usage commercial, auraient pour effet de dénaturer le rôle des organisations corporatives en y attirant les hommes exclusivement inspirés par l'esprit le lucre et en écartant ceux qui considèrent le syndicat comme devant être, avant tout, une société de résistance à l'exploitation capitaliste;

2° Que le droit d'ester en justice accordé aux unions de syndicats, loin d'être pour elles un accroissement de liberté, est le meilleur moyen que puisse trouver le gouvernement de les frapper, puisque ce droit les soumettra

à la réparation civile, à laquelle elles échappent sous le
régime actuel et les contraindre ainsi, en cas de grève,
à la neutralité ou à des poursuites dûment garanties
par les saisies légales et, partant, ruineuses;

3° Que la détermination du droit de mise en interdit, stipulée par l'art. 10 et destinée, en apparence, à
protéger les syndicats, leur serait au contraire bien
plus favorable qu'une liberté limitée par le droit commun, le patronat pouvant toujours attribuer à ses renvois ou à ses refus d'embauchage des motifs légaux et,
par conséquent, licites, tandis que les syndicats ne le
pourront jamais;

Demande le retrait pur et simple du projet de loi
déposé;

Et considérant que, dans l'état de lutte auquel l'inégalité économique réduit la classe ouvrière, celle-ci
n'a nul souci de l'ordre social;

*Réclame, avec l'abrogation des lois des 7-9 juin sur
les attroupements, de 1872 contre l'Internationale et
des articles 414 et 415 du Code pénal, la liberté complète de réunion et d'association.*

« Cet ordre du jour fut envoyé, accompagné du
procès-verbal de la discussion, à toutes les Bourses.
Heureuse communauté de vues : dans le mois qui
suivit, les Bourses déclarèrent partager l'avis du
Comité fédéral; deux seulement (celles de Rouen et
de Nice) (1) se prononcèrent en faveur du projet.
Ainsi, aucune des controverses engagées autour de
ce projet par des personnes étrangères au mouvement corporatif n'avait troublé les Unions de syndicats. Hautement et unanimement, elles procla-
maient qu'elles préfèrent à la sollicitude de l'Etat,
d'autant plus suspecte qu'elle est toujours révocable, la liberté qu'elles conquièrent elles-mêmes et
qui les a transformées de groupes minuscules et
amorphes en éléments actifs de la vie sociale. » (Extrait du rapport sur les travaux du Comité fédéral
pendant l'exercice 1898-1900).

(1) Auxquelles se joignirent un peu plus tard Nîmes et Ver-
sailles.

Projet de loi sur les retraires ouvrières (1)

Dans le courant de l'année écoulée depuis le dernier Congrès, le Comité fédéral a pris à tâche de discuter amplement le projet de loi sur les *retraites ouvrières.* Après de sérieuses discussions, parfois très animées, il s'est mis d'accord pour rejeter ce projet et le secrétaire fut chargé de rédiger une circulaire très courte, invitant les Bourses du Travail à étudier ce projet comme il le fit lui-même, et à relire attentivement la circulaire qui y serait adjointe et qui contient une critique du projet Guieysse que les Bourses reçurent déjà l'année dernière.

Nous croyons devoir reproduire ces deux circulaires qu'ont reçues toutes les Bourses et auxquelles toutes ont répondu à peu près dans le même sens que le Comité fédéral, avec des considérations toutes justifiées contre un si piètre projet :

FÉDÉRATION

DES BOURSES DE TRAVAIL DE FRANCE
ET DES COLONIES

Mai 1901.

Cher Camarade,

Le Comité fédéral me charge de rappeler à votre souvenir la circulaire que vous faisait parvenir, au mois d'août de l'année dernière, le regretté camarade Pelloutier, à propos du projet de loi Guieysse pour la création d'une caisse de retraites.

Cette circulaire, je crois ne pouvoir mieux faire que de vous l'adresser de nouveau en vous priant d'engager tous les militants de votre Bourse du Travail à la

(1) Critique contenue dans le rapport sur les travaux du Comité fédéral pendant l'exercice 1900-1901.

relire attentivement, car elle est faite d'arguments qui démasquent merveilleusement toute la philanthropie bourgeoise, sœur jumelle de la charité chrétienne.

Je dois en outre vous avertir que le projet actuel, sur le point d'être discuté à la Chambre, ne vaut pas même le projet Guieysse.

Les interprètes les plus autorisés de la société capitaliste exaltent ce projet parce qu'ils pensent que, s'il était voté, cela captiverait assez l'ouvrier pour qu'il ne trouble plus l'ordre et la tranquillité publique.

Comme toutes les lois ou projets de lois, dites ouvrières, celui-ci est un piège, défions-nous en !

Pour le Comité Fédéral,

Le Secrétaire : Georges Yvetot.

FEDERATION
DES BOURSES DU TRAVAIL DE FRANCE
ET DES COLONIES

Paris, 25 août 1900.

Au camarade Secrétaire de la Bourse du Travail de...

Après délibération, le Comité fédéral croit devoir vous transmettre, en vous priant de le soumettre à l'étude du Conseil d'administration, le manifeste ci-dessous que lui a inspiré l'examen du projet présenté par M. Guieysse pour la création d'une Caisse de retraites :

Le projet de loi sur les retraites ouvrières que M. Guieysse présentera à la Chambre des députés soumet tous les travailleurs — commerce, industrie et agriculture — environ 7 millions, à un prélèvement obligatoire sur leurs salaires : 0 fr. 05 par jour sur les salaires au-dessous de 2 francs, 0 fr. 10 par jour sur les salaires au-dessus de 2 francs. La retenue sera faite par le patron, qui aura lui-même à verser à l'Etat une somme égale aux prélèvements faits sur les salaires de son ou de ses ouvriers.

Le rapport estime à 200 millions les sommes qui

seront versées annuellement moitié par les patrons, moitié par les ouvriers.

Trente années après que le projet sera devenu loi, c'est-à-dire après trente années de versements, l'ouvrier âgé de 65 ans aura droit à une pension annuelle d'au moins 360 fr., accompagnée d'une assurance de 1.000 francs qui, en cas de décès, revient à sa famille.

Pendant ce délai de trente années, précédant le fonctionnement de la Caisse de retraite, les travailleurs âgés de 65 ans auront droit à une pension annuelle de 150 fr., 12 fr. 50 par mois, 0 fr. 40 par jour, et à une assurance de 1.000 francs pour la famille en cas de décès.

Le projet compte dans les rentrées une somme de vingt millions, produite par un impôt de 0 fr. 20 par jour sur chaque ouvrier étranger travaillant en France.

Si les sommes versées n'atteignent pas le chiffre prévu et jugé indispensable par la Commission, l'Etat devra intervenir pour parfaire les versements.

Tel est, dans ses grandes lignes, le projet que M. Guieysse défendra à la tribune de la Chambre.

Une pension, si ridiculement modique qu'elle puisse être, semble encore préférable dans l'esprit de beaucoup à la mendicité, à la prison pour vagabondage, ou à la mort par la faim que la société bourgeoise offre comme avenir à ceux qui passent leur vie à l'enrichir; cette apparence de tranquillité pour leurs vieux jours tente les travailleurs et les dispose à accueillir favorablement un tel projet.

Pourtant, du projet Guieysse, comme de tous les projets analogues, ils doivent se désintéresser. Ligne de conduite tracée précédemment par les Congrès de Toulouse et de Rennes.

Le Comité fédéral croit devoir appuyer son opinion de quelques arguments. Le projet Guieysse est **inacceptable**, non seulement parce que l'échéance de trente années rend fort problématique l'amélioration du sort des vieux travailleurs, mais encore parce que, pendant et après le délai de trente années nécessaire pour cumuler les capitaux et les intérêts, il a comme conséquence immédiate une aggravation certaine, absolue, indiscutable de la situation de tous les travailleurs.

Le projet dit fort bien que les versements de 0 fr. 05 et 0 fr. 10 devront être faits par les patrons et par les ouvriers. Mais il faudra établir que les sommes qui devraient être versées par les patrons ne seront pas récupérées sur les salaires de l'ouvrier. Ce qui paraît fort probable, étant donné l'antagonisme des intérêts en présence, le passé et le présent pouvant pour la circonstance servir d'indication. Or, les versements, devant atteindre annuellement la somme de 200 millions, seront effectués, en totalité ou en presque totalité, par les travailleurs. On diminue donc de pareille somme leur puissance de consommation, alors que les salaires sont déjà *inférieurs* de 4 à 5 0/0 au prix des choses absolument nécessaires à l'existence. Les versements qui précèdent et rendent possible l'application du projet élèvent encore cette différence et éloignent la classe productrice de la possibilité de consommation. C'est la constatation d'un fait que nul ne peut nier.

Mais en plus, ces *prélèvements directs* s'augmentent et s'aggravent des *prélèvements indirects*, qui résultent forcément d'un projet tel qu'on le soumet à notre appréciation.

Les versements annuels, même en les supposant faits parallèlement par les patrons et les ouvriers, devront être convertis en rentes d'Etat produisant des intérêts, lesquels intérêts rendent seuls réalisable le projet Guieysse. Mais le capital n'ayant pas lui-même de faculté reproductive, les travailleurs n'auront pas seulement versé directement les sommes constituant le capital jugé nécessaire pour le fonctionnement de la Caisse de retraites, ils paieront encore en plus indirectement les intérêts des sommes versées par eux, le Travail seul donnant une valeur au Capital.

Et lorsqu'on pense à l'énormité des sommes entassées (200 millions pendant 30 années), à l'importance des intérêts que produiront ces sommes, il est permis d'affirmer que l'application d'une telle loi constituerait un danger pour la classe ouvrière.

Le Travail ne reçoit pas aujourd'hui du Capital ce qui lui est indispensable, il est inadmissible qu'on le prive, qu'on réduise sa part :

1° Des 200 millions à verser annuellement;

2° Des intérêts des sommes capitalisées (environ 8 milliards, produisant au taux actuel de la Rente française environ 200 millions).

Par un tel entassement de Capitaux tout le système capitaliste est ébranlé, et les conditions de vie faites aux travailleurs sont profondément changées. Le projet Guieysse rend sûrement plus mauvaise la situation des travailleurs valides, il ne peut aucunement l'améliorer, il a comme résultat un surcroît de misères, de privations et de souffrances, et fait peser plus lourdement sur toute la classe ouvrière le joug capitaliste.

Le Comité fédéral croit que les Bourses du Travail, Syndicats, doivent repousser comme inacceptable le projet dont M. Guieysse est rapporteur.

En conséquence, il vous prie de statuer sur le projet de déclaration ci-dessous, lequel, au cas d'acceptation par la majorité des Bourses du Travail, serait publié et notifié aux intéressés ;

« Considérant que, malgré les affirmations de la statistique officielle, la Fédération des Bourses du Travail se fait forte de prouver que les salaires actuels sont inférieurs de 3 à 5 0/0 au prix des choses nécessaires à l'existence;

« Que, par suite, les Congrès ouvriers de Limoges, de Toulouse et de Rennes ont eu raison de déclarer inacceptable tout système de retraite nationale qui, demandant à l'ouvrier une contribution personnelle, diminuerait encore ses moyens d'existence;

« Que, spécialement, le projet Guieysse, outre qu'il impose à l'ouvrier une cotisation particulière, repose sur le système de la capitalisation, c'est-à-dire sur la production d'intérêts par les capitaux versés à l'Etat;

« Que ces intérêts ne pouvant provenir que d'achats de rentes ou d'autres valeurs, c'est le travailleur qui se trouverait en payer la plus forte part, ayant ainsi à supporter, non seulement sa contribution officielle, mais une nouvelle et indirecte contribution;

« Que, d'ailleurs, tout autre système aboutirait aux mêmes résultats, en remplaçant l'intérêt des capitaux par l'augmentation de la contribution et, par conséquent, en diminuant toujours la puissance d'achat de l'ouvrier et en obligeant l'Etat à des achats de rentes qui troubleraient la situation économique;

« La Fédération des Bourses du Travail croit qu'il est de l'intérêt des organisations ouvrières de repousser, non seulement le projet Guieysse, mais tous les projets de retraite nationale, les uns étant aussi utopiques que les autres;

« Elle les engage, par contre, à redoubler d'énergie pour obtenir l'augmentation des salaires et la diminution de la durée du travail, moyen beaucoup plus sûr de garantir l'existence des travailleurs. »

Le Comité Fédéral.

Projet de la loi sur la réglementation des grèves
et l'arbitrage obligatoire (1)

Encouragé par l'assiduité que mirent les Bourses du Travail à répondre aux circulaires lancées par le Comité fédéral, celui-ci ne voulut pas laisser passer l'occasion que lui donnait le projet Millerand, pour éveiller, une fois encore, l'attention des militants sur le projet d'une telle loi. Il envoya à chacune des Bourses la circulaire suivante :

FÉDÉRATION

DES BOURSES DU TRAVAIL DE FRANCE
ET DES COLONIES

Paris, le 25 mai 1901.

Au camarade secrétaire de la Bourse du Travail.

Après délibération, le Comité fédéral croit devoir vous prier de soumettre à l'étude du Conseil d'administration de votre Bourse du Travail le manifeste ci-dessous que lui a inspiré l'examen du projet de loi présenté par M. Millerand, ministre du Commerce, sur l'arbitrage obligatoire et la réglementation des grèves;

Le projet de loi Millerand, plus que tout autre projet, est attentatoire au droit de défense des spoliés contre leurs spoliateurs.

Avec la meilleure volonté il est impossible de trouver dans cette loi un bon côté, quelque chose qui avantage l'ouvrier. Ce qui semble le meilleur est le plus hypocritement tourné.

Ainsi l'arbitrage obligatoire qui semble toucher le patronat, en réalité ne l'atteint pas, car il faudrait ne

____

(1) Même annotation que précédemment.

pas connaître la justice bourgeoise pour être dupe de ce moyen.

Sous la domination capitaliste, ce qui est appelé à être réglementé ou jugé entre la classe qui exploite et celle qui travaille ira toujours contre cette dernière. Les exemples fourmillent et les très rares exceptions sont dues à l'état d'esprit d'un seul homme dont la plupart des jugements sont ou seront annulés.

D'ailleurs, l'ouvrier qui croit à la justice est un naïf, puisque cette justice est rendue par des hommes qui n'ont pas la même éducation que lui, qui n'ont aucun des mêmes besoins et dont les intérêts sont absolument contraires aux siens.

Or, avec cette loi les ouvriers seraient toujours punissables, mais jamais les patrons.

Nous savons tous bien que n'importe quel conflit entre le capital et le travail, entre le patronat et le salariat, est toujours légitime et que ce n'est que le débordement d'une coupe emplie de privations, de vexations, d'atteintes à la parcelle de liberté des travailleurs, qui en sont toujours la cause. Et lorsqu'une grève éclate, comme toute insurrection, comme toute révolution, elle est due, la plupart du temps, à l'initiative courageuse d'une minorité intelligente, consciente et hardie. C'est cette minorité-là qui est visée par les sanctions et pénalités des articles 26, 27, 28 et 29 de la future loi.

En instituant des délais, des atermoiements, des votes, des réglementations, des pénalités contre ceux qui violeraient ces réglementations arbitraires, les auteurs de ce projet pensent étouffer l'initiative de cette minorité éclairée qui effraie le Patronat dont n'importe quel gouvernement est et sera l'inéluctable défenseur puisque c'est sa raison d'être. Ils savent que l'abus de la réflexion et de la réglementation tue les actes.

Ils savent qu'en parlementarisant les grèves, ils tueront l'esprit de révolte légitime qui les anime.

S'il plaît aux travailleurs d'organiser leurs grèves, de faire usage du referendum, libre à eux, ils n'ont nullement besoin d'une *loi* réglementant avec toutes sortes de complications cette façon d'agir, d'une loi dont ils ne sont pas les auteurs, mais dont ils peuvent être les dupes et dont ils seront certainement les victimes.

Le Comité fédéral des Bourses du Travail de France et des Colonies prie tous les militants de chacune des Bourses adhérentes à la Fédération de bien examiner comme il l'a fait lui-même ce nouveau projet de loi et de mettre en garde tous les ouvriers susceptibles d'être victimes un jour ou l'autre de ce nouveau traquenard, au moment où ils revendiqueront un légitime mieux-être et n'accepteront pas une diminution de salaire.

LE COMITÉ FÉDÉRAL.

Par les réponses faites à cette circulaire par les Bourses du Travail qui rejetaient toutes avec énergie un tel projet, le Comité fédéral eut plaisir à constater combien il était en communion d'idées avec la majorité des Bourses et que, réellement, le Prolétariat montrait bien qu'il avait conscience de sa force et que, s'éduquant tous les jours davantage, il n'était plus dupe des gouvernants quels qu'ils soient qui ne peuvent rien faire pour lui qu'autant qu'il est fort, organisé et prêt à prendre ce qu'il exige, si on le lui refuse.

TABLE DES MATIÈRES

—

DOCUMENTS COMPLÉMENTAIRES

DOCUMENTS ANNEXES

Imprimerie RINCHEVAL et Fils, 20 *bis*, rue de Paris, Saint-Denis.